MITRA ZONATA

6

EDWIN CERIO

CAPRI

EIN KLEINES WELTTHEATER IM MITTELMEER

EDIZIONI LA CONCHIGLIA

Titel der italienischen Ausgabe "L'ORA DI CAPRI". Erschienen 1950 bei INSULA Editrice, Capri
Deutsche Übertragung von NORA URBAN

Der Verlag dankt Claretta und Silvia Cerio.

Edizioni La Conchiglia
Via Le Botteghe, 12 - 80073 Capri (Napoli - Italia)
Tel + 39 0818376577 - Fax + 39 08119723718
www.edizionilaconchiglia. it
e-mail: info@laconchigliacapri.it

Meiner
lieben Frau und Tochter,
Claretta und Silvia

I.

LEBEN, TOD UND AUFERSTEHUNG DES TIBERIUS

Auf der vom großen Weltregisseur errichteten Bühne Capris bewegen sich die verschiedensten Personen und suchen einen Autor.

Der Fremdenverkehr, der zu Beginn des Jahrhunderts der Capri-Literatur neuen Auftrieb gab, ließ es als zweckmäßig erscheinen, das klassische Panorama der Insel zu erweitern. Das homerische *Anthemoessa*, die blumige Wiese der Sirenen, auf der die Gebeine ihrer Opfer bleichten, wurde zum geistigen Besitz der Insel, und man unterstellte den kannibalischen Vogeljungfrauen, diesen ersten mythischen Bewohnerinnen Capris, gleiche Gepflogenheiten wie den weiblichen Badegästen unserer Zeit, die sich wie sie auf dem Sirenenfelsen sonnen.

Das alte Kyme, ja selbst die Insel Aia, die man im Kap der Kirke wiedererkennen will, sind, obwohl an den Grenzen unseres Blickfeldes liegend, mit freiem Auge zu erkennen, wenn man es versteht, sie in die mythische Vision unserer literarischen Landschaft zu verweben.

Vom Mythos zur Geschichte ist nur ein Schritt. Und schon füllt sich die Szene mit vertrauteren Gestalten. Augustus tritt auf und eröffnet den Reigen. Im Jahr 29 v. Chr., nach der Schlacht bei Aktium, erlebte er auf Capri das Wunder der abgestorbenen Steineiche, – sie grünte wieder, als er die Insel zum erstenmal betrat ein köstlicher Schwindel der Insulaner, der den Kaiser bewog, Capri, das damals der Stadt Neapolis gehörte, gegen Ischia einzutauschen. Er setzte dann alles daran, die Insel zum schönsten Lustort seines Imperiums zu machen. Wie Sueton erzählt, habe der Kaiser anläßlich seines letzten Besuches der Insel im Jahre 14 n. Chr. den Todestag eines seiner Lieblinge, Masgaba, gefeiert, ihn scherzhaft den *Gründer*, den Erbauer seiner Faulenzerstadt *Apragopolis* genannt und dabei einen griechischen Vers improvisiert, der seine Höflinge in Entzücken versetzte:

„*Des Gründers Grabmal seh ich hell im Fackelschein.*"

Vielleicht scheute er Vergleiche und duldete aus Eitelkeit keinen anderen Dichter auf der Insel. Dennoch durfte er die großen Geister seines Imperiums nicht von sich fernhalten. So traf er in Campanien mit Vergil zusammen und ließ sich von ihm die letzten Gesänge der Georgica vorlesen, Verse, denen er mit besonderer Genugtuung gelauscht haben mag, denn sie erhoben ihn zu den Göttern. Man weiß auch, daß Vergil aus einer glücklichen Anregung des Augustus Nutzen zog und im Auftrage des Kaisers das große Heldengedicht schuf, das die Taten des Aeneas besang, der ja als Stammvater des Julischen Kaiserhauses galt.

In diesem geschichtlichen Panorama erscheint auch Horaz, mit dem Augustus in Baiae zusammentraf, und Vedius Pollio, in dessen Villa Pausylipon sich der Kaiser aufhielt, wenn er in Regierungsgeschäften nach Neapolis kam. Auf Capri selbst sehen wir Livia Augusta, die Kaiserin, Julia, die lasterhafte Tochter, und Caligula als Jüngling, der hier die *Toga virilis* anlegte.

So wird uns die Insel in einer umfangreichen, manchmal sogar gelehrten Literatur beschrieben und treibt gemächlich durch das *mare tenebrosum* des mittelmeerländischen Mythos, um sich am Ende im Seetang der Geschichte zu verfangen.

Da erhebt sich schon ein Windhauch des Widerspruchs: weg mit dem Mythos, weg mit der Geschichte! Wollen wirklich auch wir den ganzen Ballast der Griechen und Römer über Bord werfen?

Doch halt, an Bord befindet sich Tiberius – nicht irgendein Römer oder irgendein Mythos, sondern der Kaiser von Capri, der Mythos der noch immer lebendigen Orgie. Er gehört nicht so sehr der Weltgeschichte an als der Chronik der Insel: er steht unter Denkmalschutz!

Wo die Historie versagt, hat es die Literatur übernommen, den großen Einsamen auf die Bühne seines langen und freiwilligen Exils zu stellen. Von vielen unvollendeten Versuchen italienischer Autoren abgesehen, die der Vorwurf skandalöser Begebenheiten lockte, können wir die Werke weniger Fremder erwähnen, die sich in Versen und Prosa versucht haben, darunter Marie Joseph Chénier, der Bruder des André, Geibel, Gregorovius, Richard Voss und selbst Byron, der sich in seinem Tagebuch mit dem Stoff beschäftigte. Unter den großen Verleumdern unseres Tiberius gebührt, der poetischen Würde entsprechend und chronologisch gesehen, die erste Stelle dem großen englischen Dichter Milton, einem hervorragenden Latinisten, der die saure Milch des Römertums aus den unreinsten Quellen getrunken hat. Im *Wiedergewonnenen Paradies* sagte er von Tiberius, er sei *alt und lasterhaft* nach Capri geflüchtet, um hier insgeheim schrecklichen Lüsten zu frönen.

Wenn aber bisher alle Versuche mißglückten, den großen und unglücklichen Liebhaber der Insel in würdiger Weise zu verlästern, so wäre es doch immerhin möglich, seine Gestalt als Vorwurf zu einer dramatischen Darstellung zu benützen.

Nun leuchten aus der Zeit der Bürgerkriege zwei Gestalten, die dem römischen Imperium die endgültige Form gaben, Julius Cäsar und Augustus, der geniale

Capri als Mittelpunkt der Welt. Nach E. Cerio

Administrator. Aber ein dritter Großer sollte ihnen folgen: Tiberius, den das Schicksal ausersehen hatte, Roms Macht und Glorie auf den Gipfel zu heben. Er betrat die Bühne des Weltgeschehens und brachte die Werte, die durch die militärischen Eroberungen Cäsars und die Reformen des Augustus verwirklicht worden waren, mit seiner eigenen Auffassung vom Staat in Einklang, so wie er die expansiven

Kräfte des Römertums, die unter seiner Regierung die äußersten Grenzen der damals bekannten Welt erreicht hatten, eindämmte.

Eine Überprüfung der Geschichte des großen Kaisers wäre tatsächlich überflüssig, weil es den Historikern mißlungen ist, ihn mit Lügen zu beflecken. Man müßte versuchen, ihn nicht mit den Augen des Geschichtskritikers zu betrachten, sondern mit den Augen des Dichters zu schauen und das Drama einer großen Seele künstlerisch darzustellen. Das Bild des Kaisers erschiene leuchtend, hätte es die Landschaft der Insel zum Hintergrunde. Nicht nur der Kontraste der Szene wegen müßte die kleine Insel des Mittelmeeres gewählt werden, sondern um die Hauptperson in der ihr gebührenden Größe auf die Bühne zu stellen.

So wie sich die Gestalt Christi tragisch von dem unscheinbaren Ort in Judäa abhebt, wo das menschgewordene Wort seinen Ausgang nahm, erscheint auch die Gestalt des Mannes, unter dessen Regierung Jesus gekreuzigt wurde, um so dramatischer, wenn man sich vor Augen führt, daß der Befehl zu dieser Tragödie von Capri aus gegeben wurde.

Rom und Judäa, Capri und Bethlehem, das sterbende Heidentum und die Geburt des Christentums, wundervolle Motive, zu einer Vision verschmolzen, in der die heidnische Idee in der christlichen weiterlebt.

Die Geschichte hat Tiberius genügend Gerechtigkeit widerfahren lassen, wenigstens soweit sie die imperiale Gestalt des Feldherrn, des Konsuls und Tribunen hervorhebt. Selbst seine Verleumder sehen in ihm den ersten Bürger der Republik, den *Princeps civitatis*. Im Leben erscheint er als ganzer Mann, dem kein Laster fremd ist und der nicht heuchelt, die Tugenden seiner Zeit zu besitzen.

Die Kunst allein könnte ihn in einer neuen Geisteshaltung darstellen; in der eines religiösen Reformators.

Nachdem der große Einsame sich auf Capri zurückgezogen hatte, pflog er nur mit wenigen Gelehrten Umgang. Er unterhielt sich nächtelang mit dem Astrologen Trasyllos, und auf Grund der philosophischen und mathematischen Schulung, die er im Exil auf Rhodos genossen, befragte er die Sterne. Tiefe Zweifel quälten ihn. Er sah das religiöse polytheistische Gefüge des Imperiums wanken und den griechisch-römischen Olymp in Trümmer gehen. Das Problem drängte sich ihm auf, die Vielzahl der Götter durch einen einzigen Gott zu ersetzen. Kein anderer als Tiberius schien besser geeignet, diese Frage zu lösen.

Mit weniger als zwanzig Jahren zum Priester geweiht, mit etwas über vierzig schon Pontifex Maximus, war er ein Experte in religiösen Dingen. Durch den Besuch der theologischen Kurse auf Rhodos hatte er die erforderlichen Grundkenntnisse erworben: die der Astrologie und der Magie.

Man muß sich daran erinnern, daß die Legionäre des Tiberius einen neuen Kult auf

Capri eingeführt hatten, eine orgiastische Wiederbelebung persischer und vorderasiatischer Riten – die Stieropfer zu Ehren des Mithras, des Sonnengottes, verbunden mit den schon immer orgiastisch aufgemachten Gottesdiensten zu Ehren der Kybele, der *Mater Magna*, deren Name in dem der *Grotta di Matromania* erhalten geblieben ist. Die Idee des Sonnenkultes schien nicht ganz originell, und auch für Capri, das immer als polytheistischer Stützpunkt des Mittelmeeres galt und dessen Bewohner schon damals gewohnt waren, ihren Glauben in religiösen Feiern auszutoben, wenig geeignet. Es genügte die simple Ankündigung, daß einige Götter abgeschafft würden, um lebhaftes Mißvergnügen unter der Bevölkerung hervorzurufen. Tiberius war jedoch nicht der Mann, der sich beirren ließ. „Brot", sagte er in Anspielung an das berühmte *panem et circenses*, „soviel Brot für das Volk, als es braucht, aber, bei den Göttern, genug der Zirkusspiele!"

Er hatte sich auf die Insel zurückgezogen, um in heiterer Ruhe seine letzten Sinnenfreuden auszuleben. Die vielen kleinen und großen Feste, die heiligen Handlungen und Feierlichkeiten, die das Volk ständig in Atem hielten, störten ihn. Man muß die religiösen Verhältnisse jener Zeit kennen, um diesen Seelenzustand zu verstehen. Griechen und Römer hatten durch die Einführung von Göttern und Halbgöttern aus allen Provinzen des Imperiums Capri zu einem Pandämonium gemacht. Jedes der zwei kleinen Städtchen, die von alters her auf der Insel lagen, ja, jedes Stadtviertel verlangte seinen Gott oder seine Göttin. Es genügte, daß die Wachteljäger Diana zu ihrer Schutzgöttin erhoben, damit die Fischer einen Tempel zu Ehren Neptuns errichteten und ihn um Schutz und reichen Fischfang anflehten, von Caligula ganz zu schweigen, der kaum die Mannestoga trug, als er schon Drusilla, für die sein Herz entflammt war, einen Tempel weihen und göttliche Ehren erweisen lassen wollte.

Wie war diesem Zustand abzuhelfen? Traditionalist aus Temperament und Erziehung, sagte sich Tiberius: zurück zur Antike! Zum Sonnenkult und zu dem Gott, der ihn verkörperte. Doch in Zweifel befangen, wandte er sich erst an Trasyllos, damit dieser die Sterne über die Ansicht der Götter befrage. Das Horoskop fiel verheerend aus. Die Abschaffung aller Gottheiten bis auf eine würde von den Göttern als *diminutio capitis* betrachtet werden. „Um so schlechter für sie", entschied Tiberius.

Niemand verstand, daß er göttliche Ehren nicht aus okkulten Gründen zurückwies, sondern um gutes Beispiel zu geben und für das Reich des Himmels zu erreichen, was Julius Caesar und Augustus für das Imperium vollbracht hatten: die Einigung, den Sturz der Oligarchie ... und zufälliger oder angenehmerweise auch Ersparnisse in den kultischen Fonds. Die geistige Welt nach dem Beispiel des römischen Imperiums zu gestalten – konnte es etwas Besseres geben?

So konnte auf Capri nur der Sonnenkult geboren oder vielmehr wiedergeboren werden. Mithras, die Sonne, sollte aus dem Meer steigen, um Licht und Wärme zu spenden und der Menschheit den Glauben an den großen und allmächtigen Schöpfer zu schenken.

Während seines langen Aufenthaltes im Orient hatte er sich in die Offenbarungen dieses Gottes vertieft, der mit seinem ewigen Rhythmus jeden Tag wiedergeboren wird, um das Leben auf der Welt zu erneuern, auf Capri sich in den Ritus der mithraischen Liturgie einweihen lassen. Er fand die Stieropfer nach seinem Geschmack, weil sie das Nützliche mit dem Angenehmen verbanden, Fleisch, das sie boten, mit dem Vergnügen, das Blutvergießen Priestern und Gläubigen verschaffte. Das Volk sah sich allerdings der fröhlichen Feste beraubt, die ihm die heidnischen Feiern geboten hatten, während die Priester, in dem Bestreben, ihre einträglichen Pfründe nicht zu verlieren, sich dem neuen Kult in die Arme warfen. Auch sie fühlten, daß das Heidentum an diesen Ufern niemals sterben konnte. Sie trafen eifrig Vorkehrungen an den Orten, die dem neuen Kult bestimmt wurden: der Tempel des Apollon in der Ebene von San Costanzo wurde, aller heidnischen Attribute beraubt, zur Mithras-Kathedrale. Die Grotten Capris, früher Nymphäen der Sinnesfreude, wie die *Grotta di Matromania*, berühmt wegen der Orgien, die sich dort während der *Floralia*, der Frühlingsfeste, abspielten, wurden jetzt in mithraische Kirchen und Kapellen oder Oratorien für die Stieropfer verwandelt. Auch mußte Beschäftigung für den Klerus, der sich freudig allen Wünschen gefügt hatte, gefunden und die Ephebenschule zu einem Seminar der Jünger des Mithrakultes umgewandelt werden.

Um die Gläubigen zufriedenzustellen und einen zu jähen Übergang vom Polytheismus zur neuen Religion zu vermeiden, schloß man Kompromisse. Die Vorstellung eines einzigen Gottes, die in der Theorie vollkommen schien, hatte in der Praxis den Nachteil, zu leicht verständlich zu sein. Also wurde das Dogma der mithraischen Dreieinigkeit proklamiert: Die Sonne ist Gott, der Himmel ist Gott, der Geist ist Gott, aber alle drei sind nur ein Gott: Mithras. Auf diese Weise gelang es, die neue Gottheit zu einem Mysterium zu gestalten. Auch wurde der Glaube an andere Verkörperungen der Sonne, wie Ormuzd, Osiris und Helios zugelassen.

Die Götzenanbetung wurde als barbarisches Überbleibsel des Heidentums streng verpönt, doch die Bilder der Großen Mutter Kybele, der Magna Mater, die den Gott jungfräulich empfangen hatte, durften verehrt werden. In den Tempeln zerschlug man die Götzenbilder, ersetzte sie durch Bildnisse des neuen Gottes und erklärte ihn zum Vater aller Zeiten, zum ewigen Vater.

Abweichungen von den Riten waren zugelassen. Zwar wurden noch keine Orgien abgehalten, doch fanden Feste im Freien statt und dann und wann eine nächtliche Feier bei Kymbeln, Trommeln und Tschinellen – wie in der guten alten Zeit. Allerdings kannten die Priester in theologischen und liturgischen Fragen keine Nachsicht und verlangten immer häufiger Opfer für den erzürnten Gott, der imstande war, der Frevel der Menschheit wegen Gewitter losbrechen zu lassen, Stürme zu entfesseln, Felder zu verheeren, Olivenwälder zu zerstören und Monat um Monat den Regen fern zu halten.

Man mußte sich diesen Mithras zum Freund machen und ihm, wie allen Göttern, Opfer anbieten. „Les petits cadeaux entretiennent les grands Dieux!" ... Und da die Insel die nötige Menge Stiere nicht aufbringen konnte, begnügte sich die Priesterschaft mit Spanferkeln, Schafen, Ziegen und selbst Hühnern für ihre Opferungen.

Inzwischen hatte sich im Orient etwas ereignet, was niemand gewahren wollte. Eine Empörung war ausgebrochen, nicht wie seinerzeit die des Spartakus, eine Gladiatoren- oder Sklavenrebellion, sondern ein Aufstand der Demütigen und Enterbten, erweckt von einem künftigen König – einem König des Himmels allerdings – und getragen von einer mystischen Idee. Niemand nahm ernstlich Notiz von diesem Ärgernis, und Pilatus, der für eine Politik der reinen Hände war, wusch die seinen in Unschuld.

Vielleicht empfand nur Tiberius in Capri die Größe des Ereignisses.

Man fühlt, daß sich das Drama dem Ende nähert, und es wird notwendig, die Szene zu erweitern. Trasyllos deutet auf den Himmel, wo sich Gewitterwolken sammeln und murmelt: „Wir sind am Umbruch der Zeiten!"

Tiberius, über diese unheilvollen Vorzeichen erzürnt, bemerkt mit Widerwillen, daß die von ihm eingeführte Religion, die Stieropfer, längst orgiastische Formen angenommen haben, zieht sich in das Innere seines Palastes zurück und schreibt auf einer Wachstafel einen Brief an den Senat. Erschütternd ist die Einsamkeit in der Seele des großen Mannes, die sich im Briefanfang offenbart:

> „Was ich euch schreiben soll, Senatoren, oder wie ich schreiben soll oder was ich zu dieser Zeit überhaupt nicht schreiben soll ... wenn ich das weiß, so sollen mich die Götter noch härter schlagen, als ich mich täglich geschlagen fühle ..."

Aber dann stockt er. Ob er nicht zu tief in seine Seele schauen ließ, er, der im Geiste bereits die Grenzen seines Lebens überschritten hat? Dann aber erinnert er sich, daß der Senat ihm göttliche Ehren angeboten hat und er seine Ablehnung begründen muß ... und so schreibt er weiter:

> „Versammelte Väter, was mich betrifft, so bin ich ein sterblicher Mensch, und die menschliche Natur hat mir Grenzen gesetzt ..."

Nur auf Capri konnte er die große, stolze Entdeckung machen: mehr sein als ein vom Senat ernannter Gott . . . ein Mensch! Immer drohender ziehen sich die Wolken am Himmel zusammen; das Meer ist vom Sturm aufgewühlt.

Tiberius, müde von durchwachten Nächten, liest gähnend einen Bericht, in dem der Prokurator Judäas sich über die Schwierigkeit der Steuereintreibung beklagt, über die Teuerung jammert und am Ende meldet, er habe während der Niederschlagung einer Revolte der Enterbten zwei Räuber, die sich die Gelegenheit zur Plünderung nicht entgehen ließen, mit dem Anführer des Aufstandes, den sie Jesus den Nazarener nannten, kreuzigen lassen.

In diesem Augenblick bricht das Gewitter los und der Blitz – es ist der berühmte Blitz, von dem die Historiker sprechen – schlägt in den Leuchtturm neben der Villa Jovis und zündet. Der Blitz ist natürlich auch symbolisch, und christlich ausgelegt, bedeutet er den Zerfall des Römischen Reiches, jenes Imperiums, dessen Licht so hell von der Insel des Tiberius strahlte.

Als die Furcht vor den Türken, die die wenigen Reisenden auf ihrem *Grand Tour* nach Neapel von der Insel fernhielt, nachzulassen begann, war es Tiberius, auferstanden im antiken Mythos der Ruchlosigkeit, der die gelehrten Reisenden Europas nach Capri zog.

Der Ruf nach einer Rehabilitierung des von seinen Historikern so verleumdeten Imperators war von Capri schon ausgegangen. Doch die Fremden, gierig nach Sensationen, wollten die Gründe nicht verstehen, und so übernahm es ein vernünftiger Neapolitaner zu Beginn des 19. Jahrhunderts, einem gelehrten Reisenden Lektionen in praktischer Geschichte zu erteilen, einem Autor, der anonym die Briefe *Naples and the felice campania* 1802 bei Ackermann in London herausgegeben hatte und, wie sich später herausstellte, Lewis Engelbach hieß.

Don Michele, in dessen Haus Engelbach Unterkunft gefunden, wie sein Mieter sagt: ein Mann von guter Form und pompöser Höflichkeit –, wurde Engelbach ein guter Gefährte und Führer bei allen archäologischen, geselligen und galanten Unternehmungen.

Die beiden kamen mit einem Boot unter mancherlei Schwierigkeiten nach Capri, über das Engelbach sich ausgiebig unterrichtet erwies. Er schickte seinem Korrespondenten in London eine korrekte Beschreibung und nützliche statistische Notizen, beschrieb schließlich das Leben des Kaisers Tiberius und legte mit besonderem Vergnügen Nachdruck auf die Obliegenheiten des Caesonius Priscus, des Staatssekretärs für Liebesangelegenheiten – *in voluptatibus*.

Doch Don Michele regte sich über den Bericht so vieler Infamien auf und, nüchtern erwägend, übernahm er die Verteidigung des Imperators.

„Don Luigi", sagte er, wie Engelbach berichtet, „wäre ich weniger überzeugt von eurer Art zu denken, müßte ich schließen, daß alles was ihr über den Kaiser Tiberius sagt, eine Erfindung eurer Phantasie ist, um euren bescheidenen Diener blöd zu machen. Da ich aber eine bessere Meinung von euren Prinzipien habe, bin ich geneigt zu glauben, daß nicht ich es bin, der von dieser Geschichte blöd gemacht wird. Ich zweifle nicht daran, daß diese Fabeln von eurem Sueton und eurem Tacitus für manche ein Evangelium sind. Warum? – Weil es ihnen gefällt, sie Klassiker zu nennen! – Nette Klassiker, die Geschichten von solcher Bestialität erfinden, daß ihre Bücher eher verbrannt als in die Hände junger Leute gelegt werden sollten. Ich bitte mir zu erklären, wie diese Wissenschaftler es zustande gebracht haben, hinter alle Gemeinheiten und Skandale zu kommen, da sie nicht die Türsteher und Diener des Tiberius waren! Ihr müßt zugeben, daß der Kaiser – ein abgefeimter Schurke, wie ihr behauptet – es wohl verstanden hätte, seine Streiche besser zu verbergen, schon gar auf einer Insel, die besonders dazu ausgesucht war, seine Handlungen geheim zu halten. Hören sie, was ich sagen will: dieser Sueton muß einen besonderen Geschmack daran gefunden haben, Gemeinheiten, die sich mit seiner Veranlagung deckten, in die Welt zu setzen; darum verfehlen gewisse Leute seines Geschmackes nicht, diese Geschichten mit Genuß zu lesen."

Nach dem Tod des Tiberius nahm die Geschichte unerbittlich ihren Lauf. Die Insel hörte auf, der Mittelpunkt der damals bekannten Welt zu sein – elf Jahre lang war sie es gewesen – nun war sie nur noch irgendeine Landschaft Italiens, den Zerstörungen der Barbaren preisgegeben.

Goten, Longobarden und Franken zogen über sie hinweg. Im neunten Jahrhundert zeigten sich die Sarazenen im Golf von Neapel und hielten die Insel unter dauernder Bedrohung, von Barbaresken und Türken abgelöst, die, als es nichts mehr zu rauben gab, sich von ihr junge Sklavinnen aus Anacapri für ihre Serails holten.

Die Normannen errichteten ihre Herrschaft und die Anjous erhoben Capri zur eigenen Domäne und überhäuften die Mönche der Certosa mit Privilegien. Schließlich wurde die Insel ein Teil des spanischen Vizekönigreiches und gelangte unter das österreichische Szepter.

So wäre die Geschichte fortgegangen, hätten die Capresen nicht selbst Geschichte gemacht. Denn als es gegen Ende des vorigen Jahrhunderts nötig wurde, den daniederliegenden Fremdenstrom neu zu beleben, feierten sie die Auferstehung des Imperators, nicht mehr des Vaters des Vaterlandes, des Pontifex Maximus, nicht einmal des Tiberius Claudius Nero mit allen Attributen, die ihm während seiner als Quästor begonnenen Karriere von Rom zukamen. In Capri wiedergeboren, übernahm der Kaiser stolz den Namen, den ihm die Insulaner gaben: Timberio. Er machte die ersten Schritte ungeschickt und verwickelt in historische Dokumente, von Tacitus und Sueton über die Taufe gehalten, führte ein trauriges und grämliches Leben, wie alle historischen Figuren, die nach Capri kamen, und wuchs mager, schwach und melancholisch auf.

Der feurige, phantasievolle Priester Padre Serafino Montorio, ein Generalprediger, der zu Beginn des 16. Jahrhunderts seinen prächtigen *Zodiaco di Maria, ovvero le dodici province di Napoli* geschrieben hat, lieferte das Original des Mythos, die ersten wirklichen Schändlichkeiten, die vornehmsten Gemeinheiten, die dann dem Kaiser und der Insel ihren unvergleichlichen Ruf verschafften.

Alle Schriftsteller, die Böses über Capri sagen, sind langweilig. Padre Serafino hat mit lyrischem Sinn verleumdet und mit der ganzen Wucht seiner Zeit entwirft er ein farbenreiches Bild.

Vom Felsen des Tiberius gibt er folgende Schilderung:

„Er besteht im Umfang von acht Meilen aus solch steilen Abstürzen, und sein unförmiger Rücken ist so zerklüftet und abschüssig, daß man ihn den Felsen der Verzweifelten nennen könnte. Hier ist kein Vorsprung, kein Riff, auf dem man nicht aus schwindelnder Höhe fallend in tausend Stücke zerschellen würde ... Die Natur konnte keinen unzugänglicheren und einsameren Ort schaffen als diesen hohen Felsen, auf den die göttliche Gerechtigkeit alle Laster der Welt verbannen sollte ... Aber die Laster kamen hierher nicht in Verbannung, sondern sie schufen sich auf diesen Felsen ein entzückendes Paradies."

Kein Dichter hat es besser gesagt. Es mußte ein Mann der Kirche, ein berühmter Prediger erscheinen, um Capri ein solches Zeugnis auszustellen, um aus der Insel, die das Gefängnis für alle Lasterhaften der Welt abgeben könnte, den Ort der Seligkeiten zu machen.

Der fromme Mann, der mit der Vorrede zu seinem Werk dem in der Tugend Verhärteten das Wasser im Munde zusammenlaufen läßt, sagt, daß sämtliche Laster durch Tiberius eingeführt worden seien, daß dann auch Octavian und Vitellius sich hier vergnügt hätten. Ob es nun Laster, Vergnügen, die Luft oder alles zusammen ist, so kann doch von einem Luftkurort kaum mehr verlangt werden.

Kehren wir aus dem Bereich des Mythos wieder in der Geschichte zurück, so müssen wir feststellen, daß sich erst fünfzehnhundert Jahre nach dem Tod des großen Tiberius wieder Dokumente finden, die allgemein menschliches Interesse erwecken. Erst an der Schwelle des siebzehnten Jahrhunderts, während der verhängnisvollen Regierung der spanischen Vizekönige, kommen vergilbte Papiere zum Vorschein, die Erinnerungen an unversöhnlichen Hader wachrufen, überschattet von furchtbaren Übeln, Pest und Vesuvausbrüchen einer ganzen Welt voll Elend. Aber aller Heroismus, alle moralischen Niedrigkeiten werden von jenem Frohsinn des Daseins gewürzt, der auf Capri das Pathos der menschlichen Tragödie mildert und die Tränen hinter der heiteren Maske des Lächelns verbirgt.

1. „La bella Carmelina", die berühmte Tarantellatänzerin, war die „Historikerin des Tiberius".

2. Seeschlacht zwischen capresischen und sarazenischen Schiffen. Votivtafel in der Pfarrkirche von Capri.

II.

XVII. JAHRHUNDERT

Im siebzehnten Jahrhundert hielt *die Türkenangst* die Reisenden von den Küsten Italiens fern. Ein seltener Reisebericht *ad limina* des Bischofs Monsignore Troiano Bozzuto aus dem Jahre 1619 gibt folgende geographische Beschreibung: „Stadt und Insel Capri liegen zwanzig Meilen von Neapel entfernt inmitten des Meeres und sehr gefährdet von den Türken."

So konnte man die Insel zu jener Zeit nicht als angenehmen Aufenthalt und beliebtes Reiseziel betrachten. Trotzdem kam gerade damals ein Reisender aus Frankreich, durchquerte Italien, hielt sich in Rom und in Neapel auf und besuchte schließlich Capri, ein Reisender, der uns von diesem abenteuerlichen Unternehmen einen überaus interessanten Bericht hinterließ, ein fast unbekanntes, aber darum nicht weniger aufschlußreiches Dokument jener Zeit.

Die *Bibliothèque de l'École des Beaux-Arts* in Paris bewahrt ein dickes, in Pergament gebundenes Manuskript, auf dessen Umschlag der Spender, ein Marquis de Chennevière, folgendes vermerkte: „Ich habe dieses Manuskript 1850, am Ende des Pont des Arts, bei dem Stand des Buchhändlers Laine gekauft. Ich konnte in diesem ganzen interessanten Bericht voll sonderbarer Einzelheiten über die Sitten der Zeit, der sicherlich von einem Menschen mit Geist und Geschmack abgefaßt ist, keine andere Andeutung über den Autor finden, als den zur Hälfte verwischten Namen auf dem Rücken des Einbandes, der vielleicht nur der Name eines der einander folgenden Besitzer ist – Bouchard. Man erkennt auf der ersten Seite, daß er 1632 geschrieben wurde, daß der Schreiber der Gesandtschaft in Rom angehörte und ein Edelmann aus der Gesellschaft M. de Chalois war. Er bezeichnet sich selbst mit dem griechischen Pseudonym Orest oder Orèces (der Neugierige). Er war ein Gelehrter, ein Altertumsforscher, der im Griechischen und Lateinischen ebenso bewandert war wie in der Politik, vernarrt in Feste, Musik und Vergnügungen aller Art."

Der fast unleserliche Name ist tatsächlich der des Verfassers Jean Jacques Bouchard, der, wie man aus den spärlichen Nachrichten erfährt, ein gebildeter Mann war, ein Altertumsforscher, belesen und in der Münzkunde besonders bewandert, „... aber wahrscheinlich ein Spion". Jedenfalls war er ein reisender Abenteurer

zu Beginn des 17. Jahrhunderts, ein Don Juan mit erotischen Neigungen, der, wenn er auch nicht die Genialität und Lebensart eines Casanova besaß, das schöne Land doch auf der Jagd nach Abenteuern und Vergnügen durchquerte, und zwar nicht immer in guter Gesellschaft und nicht immer in den Grenzen des Anstandes.
Es ist das Verdienst des französischen Gelehrten Lucien Marcheix, seinerzeit Bibliothekar der „*École des Beaux-Arts*“, die Handschrift des unbekannten Bouchard ausgegraben und, angeregt durch Eugène Muentz, Material für eine Monographie daraus geschöpft zu haben, die unter dem Titel *Un Parisien à Rome et à Naples en 1632* in Paris bei Leroux erschienen ist. Nicht minder verdient hat er sich dadurch gemacht, daß er nach mühevollem Forschen die Identität dieses Parisers nachwies, vervollständigt durch eine Aufzählung der Schriften Bouchards, die sonst einer ungerechten Vergessenheit anheimgefallen wären.
Diese lobenswerte Mühe wird allerdings beeinträchtigt durch die Behandlung, die er seiner Arbeit angedeihen ließ; denn durch die Ausführlichkeit des Originals erschreckt, hat er offensichtlich Kürzungen vorgenommen, die weder glücklich sind, noch dem Inhalt entsprechen. Von diesen Kürzungen ist besonders der Teil des Berichtes betroffen, der sich auf Capri bezieht.
Über Person und Leben des Autors war folgendes in Erfahrung zu bringen: Jean Jacques Bouchard, geboren 1606 in Paris, lebte mit den Seinen in Unfrieden. Er belegt sie in seinem Bericht mit griechischen Namen, nennt den Vater Agamemnon, die Mutter Klytämnestra, ein Hausmädchen Aglaure; sich selbst gibt er den Namen Orest und behält diesen Namen während der ganzen abenteuerlichen Reise bei.
Die Familie, durch seine Machenschaften in Unruhe versetzt, beschloß, ihn aus Paris zu entfernen und ihn zu zwingen, sein Glück in Rom zu suchen.
Am 29. Oktober 1630 reist also der junge Jean Jacques, versehen mit 106 Pistolen, deren einige ihm der Vater Agamemnon zugesteckt, während er den Rest der Magd Aglaure entwendet hatte, nach Rom, ausgestattet mit Empfehlungsbriefen von Gassendi, dem Widersacher Campanellas, und Peiresc, dem gelehrten Korrespondenten aller Wissensdurstigen Europas aus der ersten Hälfte des 17. Jahrhunderts.
In Rom wurde er gut empfangen und von Peiresc wichtigen Persönlichkeiten vorgestellt, so dem Cavaliere Pozzo, dem Kardinal Barberini, Lukas Holstein und dem Botschafter Frankreichs.
Ein 1850 entdecktes Manuskript, das in die Hände des Paulin Paris geriet, handelt von dieser Fahrt nach Italien. Wegen des Bildes, das er vom damaligen Frankreich und den Reisegewohnheiten dieser Epoche entwirft, ist es von großem Interesse. Herausgegeben bei Lisieux, 1881, endet es mit der Ankunft in Rom und läßt eine

Fortsetzung vermuten, die eben jener vom Marquis de Chennevière aufgefundene Teil ist.

Dieser zweite Teil, begonnen 1632, beschreibt den Karneval in Rom, an welchem Jean Jacques Bouchard mit größtem Eifer teilnahm. Da er zum Gefolge des Grafen von Chalais gehörte, bereitete er sich vor, mit diesem das Osterfest in Neapel zu begehen. Ein zwischen Spanien und Frankreich drohender Krieg hielt jedoch den Grafen in Rom zurück. So unternahm Bouchard die Reise allein, gebrauchte aber einige Vorsichtsmaßregeln, unter anderen die, sich für einen Italiener auszugeben und Titel und Kleid eines französischen Abbés abzulegen, die er im Kirchenstaat getragen hatte.

Er verließ Rom am 13. März 1632 und zog am 18. durch die Porta San Gennaro in Neapel ein. Interessant ist die typische und damals noch gefährliche Reiseroute über Velletri, Sermoneta, Piperno, Abbazia di Fossa Nuova, Terraccina, Gaeta und Capua. Dieser Teil des Berichtes endet mit einer genauen Aufstellung der Reisekosten: „Ausgaben in 5 Tagen auf der ganzen Reise für Ausrüstung, Essen, Speisen und Wegezölle: 51 Giulios."

Die Seiten, die die ersten Zeiten seines Aufenthaltes in Neapel beschreiben, enthalten wichtige Informationen über den Zustand der Unterkünfte für die gewöhnlichen Reisenden und die in den Klöstern, wo Anstandspersonen mit den nötigen Beglaubigungsschreiben bessere Aufnahme fanden.

Es folgt die Erzählung seiner Freundschaft mit Domenico Campanella, der sich trotz der Verwandtschaft mit dem großen und berühmten Onkel tückisch benimmt; und die mit einem Deutschen, Bemige, dem Gefährten gewisser Schurkereien, dem Freund und Diener des französischen Abenteurers.

Über sein Leben in Neapel erzählt Bouchard kleinere und größere Schandtaten, ohne die geringste Scham. Er nimmt an den Osterfestlichkeiten teil und findet Geschmack an den religiösen Zeremonien, den Prozessionen und dem Anblick gutgewachsener Weiber. Pausenlos jagen sich die Feste: auf Ostern folgt am 21. April Madonna dell' Arco; dann Santa Maria del Faro und so fort, und überall begleitet von Musik, Böllerschüssen, Feuerwerk, Blumen und Tanz.

Übersättigt von so viel Vergnügen, blickt er endlich um sich, überrascht von der Schönheit der Landschaft, überwältigt von den beiden Punkten, die seither weltberühmt geworden sind: vom Vesuv und von Capri.

Einer der furchtbarsten Ausbrüche des Vesuv war der vom 16. Dezember 1631, der alle Häuser an den Abhängen des Vulkans zerstörte und dreitausend Menschen das Leben kostete. Die Lava des Berges floß weit ins Meer hinaus, und mehrere Tage lang verdunkelte die Asche den Himmel Süditaliens bis nach Tarent.

Vier Monate nach der Katastrophe fand Bouchard, in Neapel ankommend, die

Erinnerung noch in aller Herzen zittern. Verschiedene Beschreibungen beeindruckten ihn so, daß er beschloß, die von der Lava zerstörten Orte eingehend zu besichtigen. Allein und in Gesellschaft machte er mehrere Ausflüge und entschied sich schließlich, auch Capri zu besuchen.

Er landet am 17. Mai 1632, ist in der Certosa untergebracht und bleibt zwei Tage. Am Himmelfahrtstag, eine Barke nach Salerno benützend, reist er ab und nimmt die erste Niederschrift seines Berichtes mit, dessen schöner Kopie er später eine topographische Skizze von großem dokumentarischem Werte beifügte.

In dieser ersten, von einem Fremden verfaßten Beschreibung Capris erweist sich Bouchard als guter Philologe und gefällt sich darin, seine griechische Bildung leuchten zu lassen. Er muß jedenfalls Gelegenheit gehabt haben, sich mit den Schriften Capaccios und Cluverius vertraut zu machen, den zünftigen Reisehandbüchern jener Tage.

Der Eindruck, den unsere Landschaft vor drei Jahrhunderten auf einen Reisenden machte, beweist, wie konventionell der Geschmack ist und wie er mit den Zeiten wechselt; denn Bouchard bemerkte nichts von der Grazie der Architektur, die heute als *Capri-Stil* bekannt ist. Er findet sie sogar „assez laid à voir".

Erst Le Corbusier mußte drei Jahrhunderte später kommen, um sich für diese Architektur zu begeistern und zu erkennen, daß heimische Bauart die logischste und einfachste und ihrer Form nach die rationellste ist.

Das wegwerfende Wort *Anticaglia*, womit die Skizze Bouchards die römischen Ruinen bezeichnet, drückt die Verachtung aus, mit der Altertümer betrachtet wurden, ehe sie der Fremdenverkehr entdeckte. Gewiß ist, daß die Inselbewohner zur Zeit Bouchards nichts von ihnen hielten und auch die wenigen Fremden sie kaum beachteten. Erst als sie im vorigen Jahrhundert von dem Geschäftsmann Hadrawa, der noch heute für einen Archäologen gilt, mit großem Gewinn ausgewertet wurden, fanden sie ein sich immer steigerndes Interesse.

Der französische Abenteurer sammelte auch Nachrichten über Land und Leute, rastete bald hier, bald dort, um sich die Legenden der Fischer anzuhören, fragte sie über die Orte aus, an denen sie vorüberfuhren, und korrigierte die Karte des Ligorius, die an vielen Stellen falsch ist. Die Fischer wurden mißtrauisch, als sie ihn so neugierig sahen. Schließlich machte er sich zwei neugewonnenen Freunden, einem Schuster und einem Arzt, die er zu täuschen versuchte, verdächtig, was damit endete, daß er selbst von den beiden getäuscht wurde. In eine Grotte geführt, sah er sich plötzlich einem spanischen Hauptmann gegenüber. Er wurde untersucht und man fand die Karte des Ligorius, eine Beschreibung des Königreichs Neapel, und – als corpus delicti – den Plan Capris: „Den einzigen Plan, den Orest jemals in seinem Leben gezeichnet hatte."

Er wurde festgenommen und in die greulichen Gefängnisse von Salerno gesperrt. Die Wechselbriefe, die er bei sich trug, offenbarten seine französische Nationalität, und ein Spanier bemerkte wenig tröstlich: „Bruder, morgen hängst du, ohne Zweifel!"

Er kam jedoch mit dem bloßen Schrecken davon und wurde nach wenigen Tagen wieder freigelassen. Trotzdem ist es nicht unwahrscheinlich, daß Bouchard Reise und Abenteuer mit dem gefährlichen Nutzen der Spionage verband. In einer Zeit der die raschen Verbindungen fehlten, waren die Reisenden, wie Chaucer sagt, „bearer of tidings" — Überbringer von Nachrichten.

Zum Schluß erwies er sich als übelwollend, und sein Bericht ist das erste Beispiel für jene Literatur, in der die Schönheit der Orte gepriesen, die Einwohner des Landes aber herabgesetzt werden. Viele Schriftsteller haben auf diese Weise den Dank für die in Capri genossene Gastfreundschaft abgestattet.

Während er im Entwurf des Manuskriptes sagt: „Le peuple est très pauvre, orgeuilleux et larron ...", verdoppelt er in der Reinschrift die Dosen. Glücklicherweise widerspricht er sich und lobt die Insulaner als vorzügliche Schiffer und Bootsbauer, große Meister im Bauen und Kalfatern von Schiffen, und in den Arsenalen Neapels sehr gesucht.

Über die Frauen Neapels äußert er sich wenig schmeichelhaft: „Les femmes sont grandes p ... et font volontier la courtoisie ..." Von den jungen Männern sagt er Schlimmeres! Dann bespricht er die vertraulichen Fälle aus dem Beichtstuhl, die ein noch zweifelhafteres Licht auf die Moral und die Ehrlichkeit der Leute werfen. Wozu allerdings zu bemerken ist, daß er nicht allein die Capresen jener Zeit solcher Laster beschuldigt. Der Grund ist äußerste Armut und wird immer wieder in den Berichten der Bischöfe hervorgehoben, die behaupten, der Papst habe sie nur nach Capri geschickt, um ihre Sünden abzubüßen.

Bouchards Plan könnte für die älteste topographische Skizze Capris gelten, wäre der Vorrang nicht einem berühmteren Plan einzuräumen, und zwar der perspektivischen Skizze, die den Bericht Fabio Giordanos *De Capreis Insula* abschließt. Dieser Bericht bildet einen Teil der *Historia Neapolitana*, einer äußerst wertvollen Handschrift der Nationalbibliothek in Neapel, die auf die Mitte des 16. Jahrhunderts zurückgeht. Das Werk dieses hervorragenden Botanikers, Archäologen, Dichters und Historikers ist fast ganz unbekannt, obwohl viele Geschichtsforscher aus diesem unveröffentlichten Werk geschöpft haben und Beloch wie Mommsen ihm das höchste Lob zollen.

Übrigens erwähnt Bouchard noch, von Capri und Anacapri sprechend: „Les peuples de ces deux terres s'haïssent extrêmement." Man fragt sich: wie ist das möglich? Doch darüber nachdenkend entdeckt man, daß gerade die Liebe zum Geburtsort

Haß gegen die Nachbarn erzeugt, wie ja auch der Nationalhaß aus der Liebe zur eigenen Nation entsteht. Bouchard fragte sich, ob der Haß zwischen Capri und Anacapri nicht auf griechisch-römische Ursprünge zurückzuführen sei, ob nicht möglicherweise schon die verfeinerte, hellenisierende, augusteische Kultur Anacapris zur plumpen, genußsüchtigen Zivilisation des Tiberius auf Capri in Gegensatz gestanden habe?

Doch wozu so weit zurückschweifen? In viel näheren Zeiten werden Fälle aufgedeckt, die das Verschwinden einer alten insularen Tradition bedauern lassen, nämlich die noch vor fünfzig Jahren im Schwunge gewesenen klassischen Steinschlachten zwischen Capresen und Anacapresen, von denen die Geschichte der Anjou Ergötzliches zu berichten weiß. Sie schildert, wie zur Zeit Roberts von Anjou die Anacapresen von der Höhe der antiken augusteischen Treppe Steine gegen die Capresen schleuderten, die das heilige Kreuz während einer Prozession vor sich hertrugen. Später bauten die Brüder der Höhe einen regelrechten Turm, um sich gegen die der Niederung zur Wehr zu setzen. Zu allen Zeiten kämpften die beiden Orte aus vielerlei Gründen gegeneinander: um die Selbstverwaltung, die gemeinsam aufzubringenden Steuern, um die Mehlzuteilung, die Fischerei, den Gouverneur, kurzum bei jeder Gelegenheit, die sich bot, ihre Liebe zum Geburtsort auszutoben. Über ein Jahrhundert kämpften die Priester Anacapris gegen Bischof und Kapitel, füllten ganze Bände mit ihren Anklagen und ließen sich lieber einkerkern, als an der Prozession San Costanzos, des Schutzpatrons der Insel, der jedoch aus Capri stammte, teilzunehmen. Die Priesterschaft der Höhe suchte sich schließlich für Anacapri einen besonderen Schutzpatron aus, nur um nicht mit Capri zu einem gemeinsamen Heiligen beten zu müssen.

Als 1493 die Pest in Capri wütete, hofften die Anacapresen, sich durch die Sperrung ihrer Tore vor dieser Geißel zu schützen, boten jedoch den Capresen damit Gelegenheit zu einer Bosheit, die diese sich nicht entgehen ließen. In der Nacht rissen sie die Torflügel aus und warfen sie in den Abgrund von Porcello. Diese heldenhafte Tat gab Anlaß zu einem Prozeß. Dem Akt ist eine kleine Skizze beigeschlossen, die als das älteste graphische Dokument Anacapris anzusehen ist; denn als der Kommissar der *Summaria* (des Königlichen Gerichts) nach Capri kam, um die Streitfrage zu lösen, glaubte er die Orte des Kampfes illustrieren zu müssen. Dieser Rechtsverdreher der damaligen Zeit könnte, der wenigen hingemalten Kleckse wegen heute für einen Symbolisten gelten, um so mehr, als er auch die Barriere, die damals die beiden Orte tatsächlich voneinander trennte, mit wenigen Worten bezeichnete, die ein ganzes Programm enthalten. Er nannte sie: „Porta della differencia ...“

In den Akten blätternd stößt man noch auf manches politische Motiv des Hasses

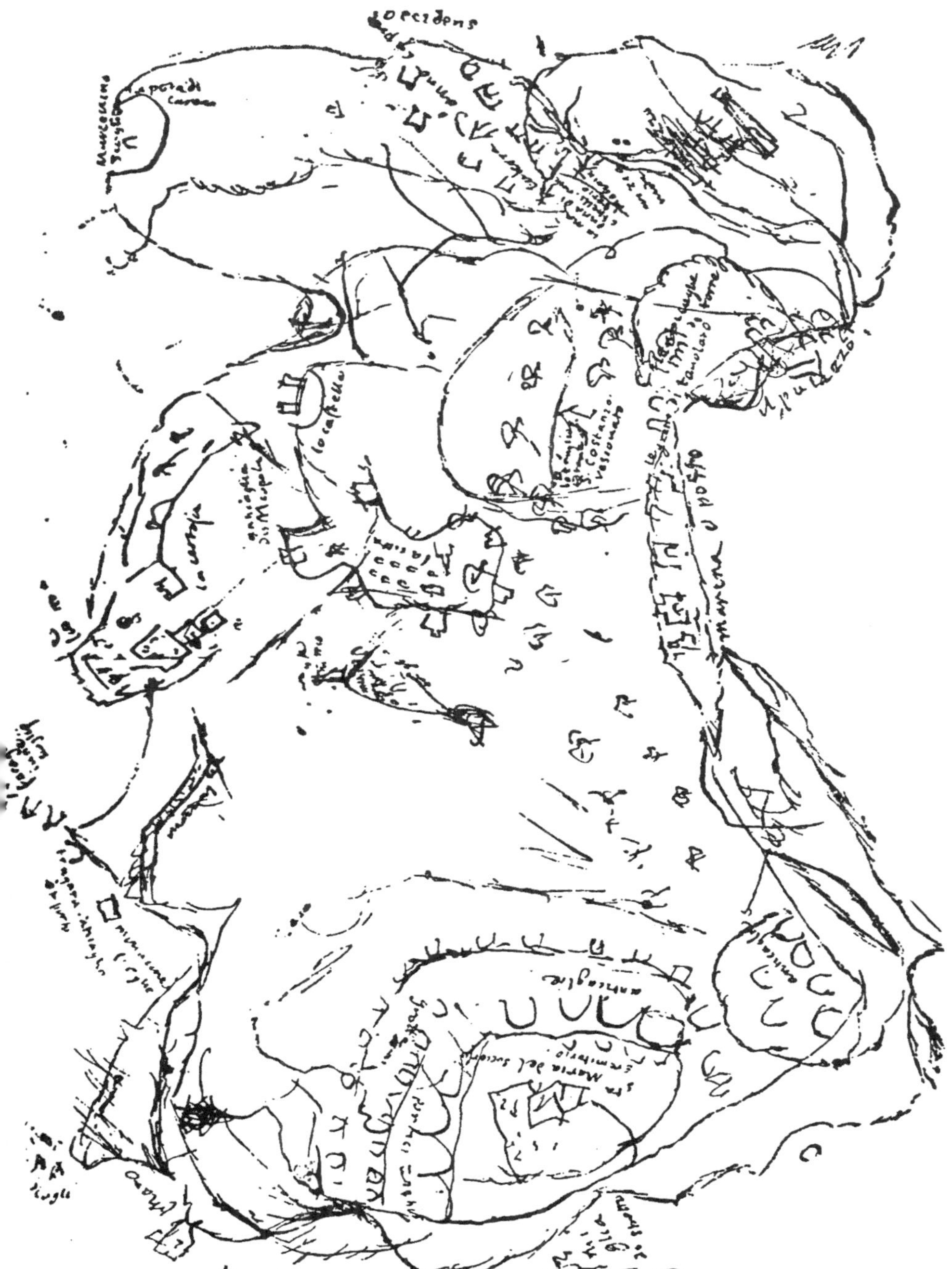

Skizze der Insel von dem ersten Ausländer, der Capri besuchte: J. J. Bouchard. Auf Grund dieser rudimentalen Inselkarte wurde Bouchard von den Spaniern als Spion verhaftet.

zwischen Capri und Anacapri. So bemühen sich die Anacapresen zu Beginn der aragonesischen Herrschaft, dem neuen Herrscherhause ihre Ergebenheit zu erweisen, während die Capresen den Anjou die Treue hielten. Ein Zeuge sagte damals aus, daß die Capresen Andrea Bacca, einen Pagen der Königin, außerdem Mincio und Andriaco Russo aus Anacapri gefangen nahmen und vierteilten. Dann stürmten sie Anacapri, zündeten es an und zwangen die Bewohner, nach Massa, Sorrent und Castellamare zu flüchten.

Ein weiterer Zeuge aus Anacapri unterstreicht die Treue seiner Landsleute zum Hause Aragon und erzählt, die Capresen hätten einmal die Anacapresen zwingen wollen, an einer Empörung zugunsten der Anjou teilzunehmen, wobei sie sich zweier Anacapresen bemächtigten und sie hängten, eine Rebellion, die 1441 stattgefunden haben muß, als Alfons von Aragon Capri in Besitz nahm, weil, wie Colenuccio sagt: „die Capresen sich freiwillig ergeben hätten".

Tatsächlich fiel die Insel, wie Capaccio versichert, durch den Verrat eines Priesters, der sich nach Capua in das Lager des Königs begab und die Übergabe anbot.

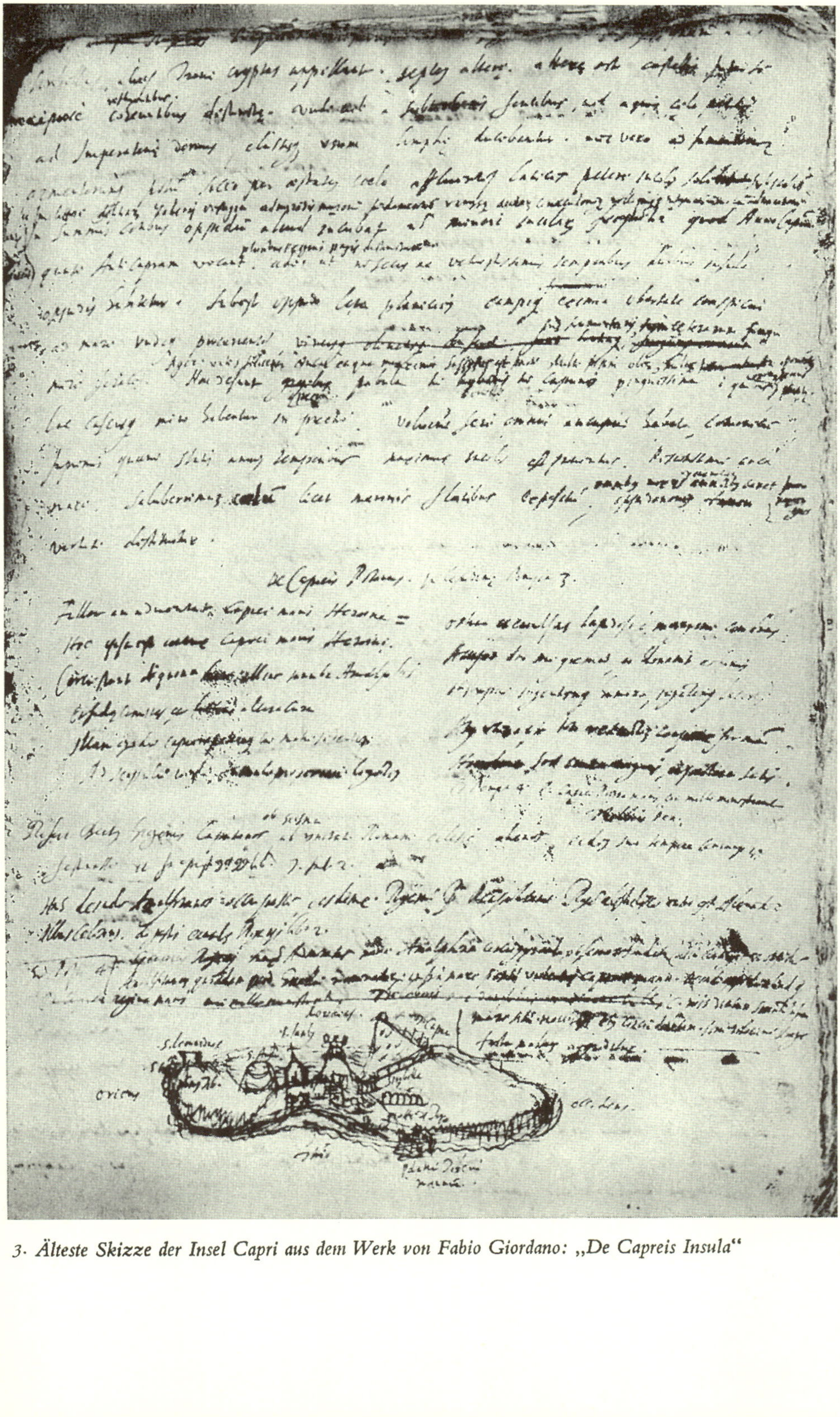

3. Älteste Skizze der Insel Capri aus dem Werk von Fabio Giordano: „De Capreis Insula“

4. Ein Stück Capri-Barock (Hauptkirche).

III.

SUOR SERAFINA DI DIO

Nun erscheint die erste Frau auf der Bühne: Suor Serafina di Dio. Dieser außerordentlichen Klosterfrau, die mit vollen Segeln der Heiligsprechung entgegeneilte, um dann auf der Sandbank eines hundertjährigen Prozesses festzufahren, ist eine ganze kleine, in den von ihr gegründeten Klöstern begrabene Literatur gewidmet. Sie selbst schrieb Hunderte von Broschüren und Traktaten und über zweitausend Briefe; aber alle diese Schriften wurden vom Heiligen Offizium während des Prozesses ihrer Seligsprechung eingezogen. In einem Kloster werden die Tagebücher zweier Nonnen aus Capri — der Schwester Arcangela Fortunata und der Schwester Ammirabile della Solitudine — aufbewahrt, welche Tag für Tag, von 1666 bis 1689, das wunderbare Leben der Suor Serafina festhielten.

Prudentia Pisa, die künftige Suor Serafina, wurde am 24. Oktober 1621 in Neapel geboren und im Alter von zwei Jahren nach Capri gebracht, wo ihre Mutter, die aus Capri stammte, Grund und Boden besaß.

Das Leben der Schwester Serafina ist mit dem der heiligen Therese verglichen worden, und einer ihrer Beichtväter sagte von ihr: „Lest die Leben der heiligen Therese oder der heiligen Katherina, und ihr findet das der Mutter Serafina."

Die ersten Zeichen ihrer wundertätigen Natur offenbarte sie in zartestem Alter. Schon bei der Taufe erweckte sie durch ihre Beseligung das Staunen des Priesters. Noch mehr Staunen erweckte ihre früh entwickelte Schamhaftigkeit; so weigerte sie sich schon in den ersten Tagen ihres Lebens, von der Mutterbrust zu trinken, wenn diese nicht mit einem Tüchlein bedeckt war. Den gleichen Widerwillen zeigte sie für das männliche Geschlecht, wie der Abscheu bewies, den sie vor dem eigenen Vater empfand, dessen Gegenwart sie nur schwer ertrug. Hingegen freute sie sich über die Gesellschaft ihres Onkels, des Pfarrers, den sie aus Gründen seines Amtes nicht als männliches Wesen ansprach.

Der Anblick ihres kleinen nackten Bruders verletzte sie tödlich, und sie weigerte sich nachdrücklich, Stühle zu benützen, auf denen Männer gesessen hatten.

Dieses sonderbare Verhalten war geeignet, Mutter und Onkel auf ihre künftige

Bestimmung aufmerksam zu machen und ihre Erziehung in die Spuren der heiligen Theresa von Avila zu lenken. Das Kind suchte von sich aus den Weg zur Heiligkeit, trug Sandalen aus grobem Spagat, um die Füße an Leiden zu gewöhnen, schlief auf Stroh, gönnte sich weder Speise noch Trank und knotete sich einen Strick um den Leib. Doch sein Verhalten richtete sich nicht nur nach dem Beispiel der berühmten Heiligen, sondern entwickelte fast geniale Erfindungsgabe in der Wahl der auferlegten Martern.

Vor der Kommunion leckte Prudentia den Boden ihrer Kammer, um ihn zu reinigen, in Form kleiner Kreuze auf und tropfte sich, um die geistliche Vorbereitung des heiligen Aktes zu vervollständigen, das heiße Wachs der Kerzen auf die Haut.

Ein kleiner Unfall, der ihr in ihrer Jugend zustieß, wäre ihr anderswo als recht weltliche Passion ausgelegt worden; auf Capri bestätigte er ihre Berufung zur Heiligen. Denn es war ein Unfall bei der Vogeljagd, die auf der Insel von jeher als heilig galt. Sie war nämlich in ihrer Jagdleidenschaft auf einen Nußbaum gestiegen und jählings herabgefallen. War die heilige Therese im Alter von vierzehn Jahren den Versuchungen des Satans erlegen, wurde auch sie im selben Alter ein Opfer menschlicher Eitelkeit. Wie ihre Altersgenossinnen ließ sie die Haare über die Schläfen hängen, umschlang sie mit Bändern, rieb ihr Gesicht mit Speck ein und besah ihr Spiegelbild in der Waschschüssel. An einem Karnevalstag schlich sie sich von zu Hause fort, um dem Maskentreiben zuzusehen. Obwohl sie sofort reuevoll zurückkehrte, um Buße zu tun für diese böse Tat, schrieb sie ihrem Beichtvater: „Ich habe alle Sünden begangen, die man auf dieser Welt begehen kann."

Als sie fünfzehn Jahre alt war, trat eine neue Prüfung an sie heran: ihr Vater, Colantonio Pisa, wollte sie mit einem reichen Franzosen, dem vierundzwanzigjährigen Simon Gil, verheiraten, der ihm zwei Tage Bedenkzeit ließ, seinen Antrag anzunehmen. Colantonio beauftragte den Beichtvater, seine Tochter zu diesem Schritt zu überreden. Aber das junge Mädchen bat, die Frist im Haus ihrer Freundin verbringen zu dürfen, wo es sich die Locken abschnitt, was damals den Entschluß, ins Kloster zu gehen, bedeutete.

Selbstredend lobt der kirchliche Biograph diesen Entschluß, der Beichtvater aber hielt ihr Voreiligkeit vor.

Durch einen sonderbaren Zufall wurde jener Simon Gil, der verhinderte Bräutigam der Prudentia, der ein höherer Palastbeamter geworden war, dreißig Jahre später, im Oktober 1665, vom Kardinal d'Aragona beauftragt, Suor Serafina eine reiche Spende des Vizekönigs ins Kloster des Erlösers auf Capri zu bringen.

Als der alte Colantonio durch den Beichtvater von der Weigerung der Tochter erfuhr, verfluchte er sie und gestattete nicht, „daß sie nach Hause zurückkehre".

In den Denkwürdigkeiten der Nonnen, die das Leben Suor Serafinas beschreiben,

wird gesagt, daß alle Übel, die der arme Mann in der Folge erlitt, die gerechte Strafe für die Mißhandlung der künftigen Dienerin Gottes waren.
Kränklich und mitgenommen von den Martern, die sie sich auferlegte, machte Prudentia, wie die heilige Therese ein Jahrhundert früher, eine Seelenkrise durch und glaubte unterliegen zu müssen. Aber rechtzeitig offenbarte sich ihr die Hilfe des Himmels: in einem Augenblick der Ekstase erschien ihr ein Kind von göttlicher Schönheit — gewiß das Kind Jesus — und durchstach ihr Herz mit der göttlichen Lanze. Sie hatte nichts anderes erwartet und erklärte sich zur Braut Christi.
Schon als Kind war sie auf Stühle gestiegen, um den Gekreuzigten zu umarmen, jetzt nahm diese Liebe leidenschaftliche Formen an. In einem Kloster in Massa Lubrense wird das Kreuz noch aufgehoben, das zu ihr sprach. Sie schrieb nun auch zahlreiche Briefe und Gedichte, die nicht ohne gewisse Schönheit sind; der Stil ist barock und überspannt, der Ton rhapsodisch. Es genügte ihr, den Namen Jesus zu hören, um sich schmelzen zu fühlen, und Jesus, erst taub für diese Liebe, erschien ihr endlich in zahlreichen Gesichten, und sie sagt nun, wahrhaft dichterisch: „Herrliches Schweigen, das Gespräch mit Jesus!"
Als Prudentia zwanzig Jahre alt war, gab der Vater, von vielerlei Unglück betroffen es endlich auf, das Mädchen verheiraten zu wollen, stellte aber, ihren Zukunftsplänen scheinbar zustimmend, die Bedingung, daß sie sich erst zu reichen Verwandten nach Neapel begebe. Prudentia gefielen das große Haus und der Luxus nicht. Sie verlangte, nach Capri zurück gebracht zu werden, wo sie ihre klösterlichen Gewänder wieder anlegte und den Plan faßte, mit ihrer Schwester Vittoria in die Grotte des Castiglione zu flüchten. Da starb der Vater, der sich Prudentias Absichten immer widersetzt hatte, 1645, und nun konnte sie, vom Rat und der Großmut eines Onkels unterstützt, endlich den Schleier nehmen. Doch gelang es ihr erst im April 1661, als ihr Onkel gestorben war und sie sein Erbe antrat, das erste Kloster nach den Regeln der heiligen Therese zu gründen, das sie nach dem Erlöser benannte.
Mit dem vierzigsten Lebensjahr begann für sie ein neues Leben: ihr Genius entfaltete sich mit einer Realistik für das Praktische, die es ihr möglich machte, in wenig Jahren sieben Klöster ins Leben zu rufen. Ihr Geschäftsgeist war überraschend, und sie wendete ihn schöpferisch an. Das Elend des Daseins war ihr nicht fremd, und sie verstand es, obwohl von göttlicher Liebe besessen, die sozialen und wirtschaftlichen Erfordernisse der Epoche für ihre Zwecke auszunützen. Kinderreiche und bedürftige Familien waren damals nämlich gezwungen, sich der Töchter, welche sie nicht günstig verheiraten konnten, zu entledigen, damit das Vermögen den Söhnen zufiele. Diese Gelegenheit, „Christus keusche Jungfrauen zuzuführen", ließ sich die fromme Mutter nicht entgehen.

Die Chronistinnen haben die sonderbaren Züge dieser so ganz auf ihre Ziele ausgerichteten Persönlichkeit aufbewahrt. Sie erzählen, daß sie es wie eine Sünde bereute, eine Träne am Grab ihrer Schwester Vittoria geweint zu haben; daß sie Müttern, die ihren Töchtern verbieten wollten, in ein Kloster einzutreten, mit Tod und Verdammnis drohte und an ihren Beichtvater schrieb: „Könnte ich doch alle Töchter ihren Müttern stehlen, um sie in ein Kloster zu sperren!"

Soweit die Mütterlichkeit Suor Serafinas.

Später, überreich mit Gütern zum Bau von Klöstern gesegnet, verweigerte sie jede Hilfe zum Aufbau der alten Kathedrale Capris, die verfiel und den Bedürfnissen nicht mehr genügte. Auch schrieb sie in Zeiten großer Not und Teuerung an edle Spender in Neapel, daß Gott die Zuwendungen an Klöster viel höher schätze als solche an die Armen.

Zur Zeit der Erstgründung war sie geistig von den Jesuiten abhängig, überließ sich aber später der Führung der Philippiner oder Oratorianer, die sie nicht nur berieten, sondern auch mit Macht und reichlichem Almosen ausstatteten.

Als sie endlich in den Besitz des Hauses Don Marcellos gelangte, gestaltete sie es mit geringen Kosten um und verblieb dort während der vier Jahre, die sie benötigte, um den Entwurf des neuen Klosters vorzubereiten, das 1666 fertig wurde und heute noch unsere Bewunderung erregt. Es folgte der Bau sechs weiterer Klöster. In Anacapri blieb nur die Kirche von San Michele erhalten, ein kleines Kunstwerk bäuerlichen Barocks, mit einem herrlichen Fußboden aus Majolika von Leonardo Chiaiese, dem ausgezeichneten Majolikabrenner aus den Abruzzen, die Vertreibung aus dem Paradiese darstellend. Die Zeichnungen, die von Solimea stammen, dürften in England sein, wo die meisten Werke des großen neapolitanischen Koloristen zu finden sind.

Nach der Gründung des Klosters San Salvatore stürzt sich Mutter Serafina wieder in den Kampf. Ihr Mystizismus nimmt aggressive Formen an und der Weg zur Heiligkeit wird immer dichter von den Dornen umrankt, die zur Glorie der Altäre gehören.

Als sie auf der Bühne Capris Beifall zu ernten begann, übernahm noch eine andere Persönlichkeit eine Rolle als Mitspieler und wurde schließlich zum Hauptdarsteller des dramatischen Geschehens: Monsignore Paolo Pellegrino, der Bischof.

Jetzt wurden die Reibereien zwischen Kloster und Kurie immer heftiger und erbitterter. Wir befinden uns im vollen Barock, und Mutter Serafina, in ihrer Überspanntheit und Unerbittlichkeit der barockste Ausdruck des religiösen Lebens ihrer Zeit, ist von einer treuen Gefolgschaft von Laienschwestern umgeben, die, exaltiert, Namen anzunehmen beschließen, wie sie besser in den Pentameron des Gianbattista Basile gepaßt hätten: Smeralda del Splendore, Angela del Deserto, Ammirabile della

Solitudine, Gemma del Cielo, Rosa del Giardino . . . Die Chronistinnen behaupten, diese Namen wären ihnen von Gott eingegeben worden, zweifeln aber an der Zustimmung des Prälaten. In der Tat, Monsignore Pellegrino findet die Namen zu extravagant, widersetzt sich der Annahme und bringt die Insassen des Klosters zur Verzweiflung. Schließlich, nachdem ihm klargemacht wird, daß die Namen aus biblischen Texten stammen, gibt er nach.

Monsignore Petra, der, nachdem Monsignore Pellegrino in Ungnade gefallen war, dessen Nachfolger wurde, rollte die Frage wieder auf, und das Heilige Offizium befahl, die Namen verschwinden zu lassen.

Nun aber wurde Mutter Serafina von neuem religiösem Eifer ergriffen: sie sagte ihren Feinden Unheil und Plagen voraus, die dann auch eintrafen. Es starben der Bischof von Nocera und der Erzbischof von Sorrent, weil sie ihr nicht genügend Achtung erwiesen hatten; hingegen wurden die beiden grimmigen Feinde Monsignore Pellegrinos, der Erzbischof von Amalfi und der Bischof von Massa, die Mutter Serafina verehrten, mit einem Überfluß an Wachtelzügen belohnt, die sie der Fürbitte der frommen Frau verdankten.

Ihre Chronistinnen, Schwester Ammirabile und Schwester Arcangela, berichten diese Tatsache und fügen hinzu, daß selbst der Vizekönig, Marchese del Carpio, vom Unglück verfolgt wurde, weil er den Ratschlägen Mutter Serafinas nicht gefolgt war. Man muß also zugeben, daß die heilige Frau wirklich wundertätig war. Wenn sie sich aber auch genötigt sah, hie und da Unglück zu stiften, ertrug sie doch freudig alle Leiden, die zur christlichen Vollkommenheit nötig sind. Denn sie wurde vom Bischof, von den Mönchen der Certosa, vom Teufel, ja von den Insulanern aller Bösartigkeiten, selbst der Ketzerei und der Magie beschuldigt, und mußte die Rivalität eines Priesters ertragen, der, wie sie von religiösem Eifer beseelt, den Weg der Heiligkeit hinanstürmte. Mutter Serafina, entschlossen, sich das religiöse Primat zu erhalten, kämpfte erbittert gegen diesen Kleriker, dem es gelungen war, sich die Gnade des Bischofs zu erschleichen, als die Pest des Jahres 1656 fast alle Priester getötet hatte. Die Chronistinnen schildern den Skandal, der aus diesem Kampf um die Vorherrschaft entbrannte.

Zwar gelang es Suor Serafina, den Konkurrenten auszuschalten, aber nun wurde sie noch härteren Prüfungen unterworfen, und zwar einem Prozeß, den das Heilige Offizium in Rom wegen schwerer theologischer Irrtümer in ihren Schriften und wegen der Teilnahme an der quietistischen Bewegung des spanischen Asketen Miguel Molinos gegen sie anstrengte. Man kerkerte Molinos ein und zwang Mutter Serafina, die Lehre zu widerrufen, die von der Kirche als Ketzerei betrachtet wurde.

Ein zweiter Prozeß wurde ihr gemacht, weil sie sich von den Visionen des Paters d'Acuzio — er war 1676 Generalvikar auf Capri — hatte überzeugen lassen. Und schließlich begann der dritte im Jahr 1686, der 1689 wieder aufgenommen wurde und in dessen Verlauf die theologischen Voraussetzungen ihrer Schriften verworfen wurden. Zu Zellenhaft verurteilt, war sie zweieinhalb Jahre eingesperrt, bis sie auf Fürsprache ihrer Protektoren befreit wurde.

Dieser letzte Prozeß hatte schwere Auswirkungen auf ihre Gründungen und ließ einen Augenblick den Zusammenbruch ihres ganzen Werkes befürchten. Er setzte das Ansehen der Priorin in einer Weise herab, daß viele Nonnen, die unter der strengen Klosterzucht stöhnten, schlecht beraten und aufgewiegelt, sich gegen die Oberin wandten. Der Aufruhr griff auch auf andere Klöster über und wuchs sich zu einer regelrechten Verfolgung der Gründerin aus. Zwar blieben ihr die Zöglinge des ersten Jahres treu, aber Suor Serafina hatte nicht mehr die Kraft, das wachsende Durcheinander einzudämmen. So wurde infolge einer Krankheit, die unter den Laienschwestern ausbrach, ein junger Arzt hinzugezogen, der vielen Nonnen den Kopf verdrehte. Nach sechsmonatigem Wirken wurde er vom Laiengericht aus Capri ausgewiesen, da man ihn als Verfasser gewisser Maueranschläge überführte, die den Arzt der Gemeinde, Dr. Arcucci, verleumdeten. Es wurde Mutter Serafina vorgeworfen, selbst die Urheberin dieser Anschläge zu sein, um auf diese Weise den von den Nonnen nur zu gerne gesehenen Arzt hinauswerfen zu können. Tatsächlich waren auch in diesen sechzehn Monaten, bei Gesamteinkünften des Klosters von 1800 Dukaten, allein 1200 für Heilmittel ausgegeben worden. Man hielt es für richtig, einen Arzt zu berufen, der sich auf den Apothekerberuf verstand.

Im Kloster kam es zu offenem Aufruhr. Viele Zöglinge wurden von ihren Familien zurückgeholt; ein Skandal löste den anderen ab.

Man kann sich den Kummer der alten Oberin vorstellen: entthront von ihren Untergebenen, die keine Regel mehr befolgen und sich nur noch unterhalten wollten, war sie vom Unglück gebrochen.

Am Ende ihres Lebens angelangt, konnte die arme Mutter nicht einmal den religiösen Zuspruch ihres geliebten Beichtvaters genießen, den ein Sturm im Golf von Neapel festhielt. Da sie den lokalen Klerus nicht bemühen wollte, mußte sie sich mit dem Zuspruch von zwei auf der Durchreise befindlichen Mönchen begnügen.

Allein stand sie den letzten Kampf mit dem Dämon durch, der ihren stolzen Sinn nicht zu brechen vermochte, ihre übergroße Schwäche ausnützte und sich darin gefiel, ihren Körper zu geißeln, wie es die entsetzten Nonnen hörten, die vor der Zellentüre der Sterbenden standen. Man kann sich jedoch vorstellen, mit welcher Resignation, wenn nicht Befriedigung und Freude, sie sich dieser äußersten Peinigung unterwarf. Sie war es gewohnt, sich zu geißeln, und hatte immer gewünscht, in einem Schmelztiegel körperlicher Leiden in das himmlische Leben einzugehen. Sie starb am 17. März 1699. Ihr Körper lag da wie gekreuzigt, ein Anblick, der große Erschütterung erregte und zu einer Kundgebung der Sympathie führte, zu einem Beweis später Reue und wiedergewonnener Verehrung der aufsässigen Nonnen.

An ihrer sterblichen Hülle erkannten zuerst die Nonnen, dann der Klerus und schließlich die ganze Bevölkerung die Zeichen der Heiligkeit: ein rosiger Schein umgab den toten Leib, die keuschen Glieder strömten herrlichen Duft aus, und die Inselbewohner, ergriffen von den übernatürlichen Erscheinungen, bemühten sich nun, noch andere Wunderzeichen an dem unbegrabenen Körper zu entdecken, um auch eine Heilige zu haben — die Heilige von Capri. Er, der schon im Leben so mißhandelte, wurde im Tod allen möglichen Versuchen ausgeliefert, wurde seziert und durchsucht und wieder zusammengesetzt und erst in den Sarg geschlossen, nachdem die Kommission einhellig festgestellt hatte, daß das Herz tatsächlich von der Lanze Gottes durchbohrt worden war und Hände und Füße noch die Zeichen des Stigmas trugen, die sich mit dem 44. Jahr gezeigt hatten. Nicht genug damit: die Bahre mußte geöffnet werden, um die Neugier der Frommen zu befriedigen, nur daß sich diesmal der herbeigerufene Arzt Dr. Arcucci weigerte, an den entweihten Resten der armen Frau Spuren eines wunderbaren Zustandes zu entdecken. Aber die Weigerung bekam ihm schlecht, denn er wurde der Ketzerei bezichtigt, vom Haß des Volkes verfolgt und mit kirchlichen Strafen bedroht.

So wurde gleich nach dem Tod Mutter Serafinas ein Kanonisierungsprozeß angeregt, eingestellt und nach verschiedenen Intervallen im Jahr 1865 wieder aufgenommen. Mit negativem Erfolg.

Der Postulator Causae tat alles, damit das unruhvolle, kämpferische Leben Mutter Serafinas mit der himmlischen Glorie gekrönt werde, aber der Advocatus Diaboli sammelte in den *Positiones super Dubio* so viel schlagende Beweise gegen sie, daß man daran zu zweifeln begann, ob ihre Schriften wirklich vom Heiligen Geist eingegeben und ihr Traktat über die göttliche Liebe tatsächlich unter dem Diktat Gottes geschrieben worden sei, wie sie und ihre Chronistinnen behauptet hatten. Es gelang nicht einmal, mit Sicherheit festzustellen, ob San Costanzo, der Schutzheilige Capris, der sich vom Paradies aus der frommen Frau als Mittlerin beim Papst bedient, den frommen Werken wirklich zugestimmt hatte. Es gelang im Verlauf des Prozesses nicht, die ihr zugeschriebenen Wunder zu beweisen; so unter anderen das Phänomen der *Levitation*, die erstaunliche Fähigkeit, das Gesetz der Schwere aufzuheben und sich schwebend über dem Boden fortzubewegen; desgleichen konnte nicht bewiesen werden, daß es ihr wirklich möglich gewesen war, den Ausbruch des Vesuv zu verhindern oder Stürme zum Stehen zu bringen; auch die Gabe der

Allgegenwart, die sie mit anderen Thaumaturgen ihrer Zeit zu besitzen schien, wurde in Zweifel gezogen.

Zu der in ihrer Jugend gebeichteten Sünde, das Haar mit Bändern durchflochten zu haben, gesellten sich weitere nicht genau festgestellte Sünden, so die, mit Spitzen umsäumte Wäsche getragen zu haben. Die *Positiones* bringen häßliche Beiwörter, mit denen sie von ihren Mitbürgern beschimpft wurde; sie nannten sie: Heuchlerin, Närrin, Hexe, Diebin . . .

Der Skandal ihres Verhältnisses mit dem Pfarrer Don Marcello Strina, mit dem sie sich endlos in die Sakristei eingeschlossen haben soll, um, wie es hieß, die Regeln der Klöster festzustellen, kam zur Sprache. Ihre Verteidiger nannten alle diese lächerlichen Beschuldigungen Blendwerk des Teufels, daher um so sicherere Beweise ihres heiligen Lebenswandels.

Doch der Eifer erreichte nichts. Wie denn die wahre Ursache, die Capri um eine Heilige brachte, später von Monsignore Canale, dem Geschichtsforscher der Kirche Capris, richtig erkannt wurde: die Insel war zu arm, um der Heiligkeit ihrer Mitbürgerin zum Triumph zu verhelfen.

Und doch hat Capri, trotz seiner ganzen Armut, getan, was es konnte. Die Kosten des Prozesses waren bedeutend und wurden in der Hauptsache aus einem Legat des Squillante, des Panegyrikers der Mutter Serafina, bestritten. Zwischen den Dokumenten finden sich heute noch Rechnungen, die beweisen, wie kostspielig es war, die Maschinerie der Kanonisierung in Gang zu erhalten. Nicolò Squillante, der seine Bestimmung darin sah, die Seligsprechung der Nonne durchzusetzen, gab den größten Teil seines Vermögens aus, um Eiferer und Advokaten zu bezahlen. Ein kleinerer Teil diente bescheideneren Zwecken: es wurden Süßigkeiten damit gekauft! Süßigkeiten und Schokolade, Leckereien, nach denen die Prälaten der heiligen Kongregation sehr gierig gewesen sein müssen! Lauter verschwendete Schokolade!

5. *Via Madre Serafina mit der Seitenansicht des von Madre Serafina gegründeten Klosters.*

6. Fliesenboden in der Kirche San Michele von Anacapri, die Vertreibung aus dem Paradies darstellend Nach einer Zeichnung des neapolitanischen Malers Solimena.

IV.

SCHÄFERIDYLL

Die Piazza auf Capri ist bekanntlich der Treffpunkt der Welt. Im Schatten des alten, gedrungenen, von einer reizenden sphärischen Kuppel bedeckten Campanile, unter der schönen Majolikafassade der Uhr, von welcher die Inselstunden herablächeln, dicht neben der krummen, barocken Kathedrale, längs den Seiten des Rathauses, das einmal Bischofsitz war, rings um die Tische der Cafés und Eissalons, die den ganzen freien Raum einnehmen, versammelt sich die elegante Gesellschaft aller Länder und erzählt sich die letzten Neuigkeiten.

Die Piazza ist auch die Bühne, auf der jeder Fremde sich vorstellt, um den Part herzusagen, den er in Capri spielen soll.

Wer die Augen schlösse und die Vergangenheit an sich vorüberziehen ließe, sähe die Szene von echten und dramatischen Persönlichkeiten belebt; er vernähme die Geschichte einer kleinen Welt, eines leidenschaftlichen Lebens – die häusliche Chronik der Insel –, eine Geschichte unbekannten Heldentums, erbitterter Kämpfe, von Niedrigkeit und Haß, Liebe und Eifersucht. In den Statisten von heute vermag man die Schatten der Menschen von gestern, die Menschheit aller Zeiten zu finden. Wer weiß, daß Capri vom Ende des 10. bis zu Beginn des 18. Jahrhunderts eine arme, zerquälte Diözese war, deren Einnahme aus dem Zehnt der auf der Insel gefangenen Wachteln bestand, hat vielleicht auch Lust, die eine oder die andere dieser Persönlichkeiten kennenzulernen.

Nichts leichter als das.

Besucher, die im Sommer vor der Hitze in den Halbschatten der Bar Augusteo flüchten, empfänden einen kleinen Schauer, wenn sie um die Geheimnisse des Lokales wüßten.

Die Unterkellerung der Kirche, in der heute die Bar eingebaut ist, war noch vor einem halben Jahrhundert die Begräbnisstätte der Pfarre, eine als Beinhaus benützte große Grube, oben von einer Marmortafel abgeschlossen, der die entmutigende Warnung eingemeißelt worden war: „Dies ist der Weg allen Fleisches.“ Ein Weg, der, heute weit fröhlicher, in die Bar führt, zu den dancings, wo Damen ihre von der Sonne gebräunte Haut zur Schau stellen, ohne ans Ende zu denken. Den in den Grüften Liegenden wurde dieser Weg der Pfad, der sich in die Ewigkeit verliert, für einen armen Bischof, Monsignore Mazzola, der Weg des verlorenen Paradieses.

Zwischen den Denkmälern höchsten geistigen Wertes, wie die vatikanischen Archive sie bewahren, finden sich bescheidene menschliche Zeugnisse, intime, oft schmerzliche Berichte, „ad limina apostolorum", Hilferufe ferner, armseliger Diözesen, und von einigen dieser Dokumente strömt noch das eine oder andere die „suspiria de profundis" des Monsignore Mazzola aus. So das verzweifelte SOS, das er im Oktober 1576 an den Papst richtet: „Eure Heiligkeit wird wissen, daß dieser mein Bischofsitz kaum 150 Scudi einbringt, die für die Wachslichter der Kirche nicht ausreichen. Ich, von der Bürde meiner Jahre krank und ohne Hilfe, überlasse es Euren allerheiligsten Gedanken, sich vorzustellen, was ich durchgemacht habe."

Weiter geht das Gejammer, dieselbe monotone Stimme aus der Wüste der vergessenen Insel, ein Echo, das aus den Berichten widerhallt, solange die Insel Sitz der Bischöfe war.

Wenn auch menschlich, ist es nicht erhebend, daß sie sich beklagen, diese capresischen Bischöfe. Ihr Los ruhte tatsächlich auf den Flügeln der Wachteln, so daß selbst jener erste Reisende, dem wir auf seiner Fahrt nach Capri begegnen, Jean Jacques Bouchard, darüber schreibt: „Der Bischof wird viel Fleisch machen, wenn der Wachteleinfall reichlich ist; wenn er ausbleibt, beläuft sich sein Einkommen auf 100—200 Thaler."

Die gleiche Klage wird ein anderer Bischof in einem Gesuch an den Vizekönig wiederholen, ihn daran erinnernd: „Mein einziger Trost ist die Gnade unseres Herrn Jesu Christ, der die Wachteln in Masse auf die Insel schickt."

Doch die Amtszeit Monsignore Mazzolas war durch das Ausbleiben der Wachteln getrübt. Fast aus Bosheit mieden die grausamen Zugvögel Capri, um sich in dichten Schwärmen auf dem Gebiet der nahen Diözese Massa Lubrense niederzulassen und die fette Pfründe des dortigen Bischofs zu bereichern. Zur Bosheit der Wachteln gesellte sich die Undankbarkeit der Capresen, wie sie von Mazzola in einem Bericht an Seine Heiligkeit geschildert wird.

Aber der Papst ließ sich trotz aller Bitten nicht erweichen. Indessen wurde die Stimme des Bischofs immer dringlicher, und jetzt beschwert er sich nicht nur über die Tücke der Eingeborenen, sondern auch über die Grausamkeit der Mönche der Certosa, die mangelnde Disziplin des Klerus und die Irrtümer weltlicher Gerichte. Diese kehrten jedoch den Spieß um und bezichtigten ihn unerlaubte Übergriffe, der Einmengung in Belange der Gemeinde, sowohl in Bezug auf die Selbstverwaltung als auch auf die Einrichtungen der Obrigkeit; es ist die Geschichte fast aller Bischöfe und nicht nur der von Capri.

Schließlich sieht sich der Vizekönig gezwungen, gegen ihn vorzugehen, und befiehlt ihm, nicht ohne die bittere Pille mit schönen Phrasen zu versüßen, sich nicht mehr in zivile Angelegenheiten zu mischen; worauf der Bischof wütend wird, mit Exkommunikationen um sich wirft und sich besonders *die Herren des Gesetzes* zum Ziel nimmt. Der Vizekönig wieder fährt in seinen Ermahnungen fort und, die Dosis verschärfend, nennt er den Bischof „unerfahren in den heiligen Regeln“! Jetzt läßt der Priester den Boten des Gouverneurs festnehmen, der nun brieflich die Schale des Zornes über ihn ausgießt. Da tritt der Vikar auf die Bühne, der, nicht weniger heilig, aber auch nicht weniger feurig als Monsignore, sich an die Spitze einer Schar bewaffneter Kleriker stellt, um der weltlichen Herrschaft eins auszuwischen.

Aus allen diesen Gründen wäre es sicher vergnüglich, Monsignore Mazzola in der Bar Augusteo zu begegnen, in deren Halbschatten seine Knochen eine Zeit hindurch ruhten, diese Knochen, denen ein würdiges und dauerhaftes Grabmal zu geben der Wunsch seines Lebens war. Also ließ er sich selbst den Grabstein hauen, auf dem, als die Grube ausgehoben wurde, nur noch das folgende Fragment zu finden war: „Lapidem hunc suis jam casurius ossibus vivens parari curavit.“

Worte ... die fromme Sorge, der letzte Wunsch des kämpferischen capresischen Priesters.

Im Königreich Neapel steigerte sich der Streit zwischen der zivilen Gewalt und der Macht der Kirche gegen die Mitte des 17. Jahrhunderts zu offenem Kampf. Die weltliche Autorität, unduldsam gegen die kirchlichen Einmischungen, bemühte sich, das eigene Vorrecht aufrechtzuerhalten, indem sie die Kirche ihrer überflüssigen Privilegien zu entkleiden suchte, Gewaltanwendungen, denen die Prälaten, oft arm, von der Kurie ungenügend unterstützt, fast immer von der eigenen Herde und dem eigenen Klerus angefeindet, unterlagen.

In dieser Zeit und unter solchen Umständen übernahm Monsignore Paolo Pellegrino die capresische Diözese; ein stolzer Sohn der Kirche, entschlossen, sich mit aller Kraft der Übermacht und dem Despotismus des weltlichen Gerichtshofes zu widersetzen.

Er kam nach Capri, um seine priesterliche Mission zu erfüllen, ein Hirte unter wahren Wölfen.

Doctor in utroque und Professor der heiligen Theologie, hatte Monsignore Pellegrino sich in kirchlicher Zensur spezialisiert. Aber kaum angelangt, ließ er alle abstrakte Spekulation beiseite, und als guter Hirte und Erzieher setzte er sich mit der Praxis auseinander. Die erste Generalvisite offenbarte ihm viele Mißbräuche der öffentlichen Hand, die verderbten Gewohnheiten des Klerus und den rebellischen Geist seiner Priester „leichtfertigen Hirnes". Statt seine Bitternis in unnützen Jeremiaden auszutoben, versuchte er kurzer Hand, Ordnung in seinen Amtsbereich zu bringen.

Die Notwendigkeit, den kirchlichen Gerichtshof zu reorganisieren, den Klerus zur Disziplin zurückzuführen und seine schlechten Sitten zu bestrafen, vor allem der Kirche Güter und Benefizien wieder zu erwerben, zwang ihn, eine Synode einzuberufen, deren strenges Reformprogramm seinen Geschmack für kanonische Strenge durchschimmern läßt, sowie seinen Entschluß, die ihm anvertraute Herde um jeden Preis, selbst um den, sie samt und sonders zur Hölle zu senden, zu retten. Noch ehe das erste Konzil der capresischen Geistlichkeit im Mai 1642 geschlossen wurde, begann der eifrige Bischof seine Sanktionen zu verhängen. Den ersten Widerstand leisteten die eigenen Geistlichen, deren viele sich weigerten, die Artikel der Synode zu unterschreiben, oder sie nur mit Protest und Vorbehalten unterzeichneten.

Von diesem Dokument, der Ursache und Quelle aller Übel, die Monsignore sich zuzog, ist das Kapitel XII, *De vita et honestate clericorum*, besonders hervorzuheben, weil es die Sitten des Klerus beleuchtet und sich vor allem mit dessen Bekleidung befaßt.

Das Argument war nicht neu, und die schlechten Sitten kamen aus Spanien, wo sie seit Alfons dem Weisen die Sorge der Regenten erregten. Von der langen Serie der Beschlüsse, die losgelassen wurden, um den Luxus und die Extravaganzen der Priesterkleidung einzudämmen und die Lebensführung dieser Herren zu beschneiden, handeln schon die Gesetze Peters des Grausamen. Sie richten sich vor allem gegen jene, die, ausartend in Eleganz und fröhlichen Farben, in kostbarem Schmuck, eine Dame am Arm, herumspazierten.

Ohne an die Pracht zur Zeit Karls V. und Philipps II. in Kastilien und in dem prunkvollen Madrid heranzureichen, spiegelte die *jeunesse dorée* der capresischen Diözese im Vizekönigreich Neapel diese Sitten wider und gab den Prälaten genügend Grund zur Sorge; so war die Gewohnheit eingerissen, ausgeschnittene Soutanen zu tragen, eine Koketterie, die nicht zur Strenge des Mysteriums paßte, und um sie zu unterdrücken, schrieb Monsignore Pellegrino den Priestern Westen vor „ad collum clausum et nullo pacto pectum discopertum appareat". Farbenfreudige Pantoffeln, die in Capri immer sehr beliebt waren, wurden ebenso auf die Verbotsliste gesetzt wie Schmuck; nur ein bescheidener Ring war einem Doktor der Theologie erlaubt.

Von diesen Kleinigkeiten geht das heilige Kapitel zu schwereren Verboten über.

Die Grotte der Priester, noch heute von der Geistlichkeit gerne besucht, die in der wohligen Kühle dort irgendein kleines Symposion feiert, muß schon im 17. Jahrhundert der Ort priesterlicher Genüsse gewesen sein, wozu anscheinend auch die Sitte gehörte, Seebäder zu nehmen. Der Bischof, wohl wissend, daß er gegen diese Unart nicht viel unternehmen konnte, schrieb indessen vor, die Priester hätten an versteckten Orten zu baden, et „cum mutandis". Noch heute weicht die Moral der Behörden kaum von der der famosen Synode ab, und wir lernen daraus, daß sich die Dinge „mutatis mutandis" kaum geändert haben.

Aber Monsignore verbot den Klerikern auch ihr Lieblingsvergnügen, die Jagd. Und zwar mit dem schönen Wortspiel: Geistliche hätten keine Waffen zu tragen, sondern sich mit göttlicher Kraft zu wappnen, um allen Angriffen des Teufels zu widerstehen. Auch sollten sie statt der Fische lieber Seelen angeln. Er untersagte ihnen die Beteiligung an den bei den Capresen so beliebten Wahlen, verbot ihnen, in Geschäften herumzustehen und sich mit Frauen blicken zu lassen, während er das Halten von Dienstboten nur gestattete, wenn diese aus der engsten Verwandtschaft stammten, im kanonischen Alter oder womöglich verwachsen waren.

Schließlich verbot er ihnen, kleine Leidenschaften musikalisch auszutoben und auszugehen, wenn es dunkelte, außer mit einer Kerze in der Hand, woran ihr priesterlicher Stand erkennbar war.

Also keine Serenaden mehr. Der Bischof bestand darauf, daß seine Priester ihr heiliges Amt ausübten. Er war ein Reformator, der Arme, der von seinen Lämmern nichts begriff. Kaum war die Synode in Kraft, erließ er Sanktionen gegen die Inhaber der bischöflichen Pachtungen, Renitente mit Strafen bedrohend, und geriet durch diesen Schritt in die Fallstricke der weltlichen Gerichte.

Die Angeklagten und Verwarnten wendeten sich an den Vizekönig, der den Bischof zum Widerruf des Ediktes veranlassen wollte. So begann die Komödie. Der Bischof protestierte gegen die unerlaubte Einmischung der königlichen Gewalt und zitierte die Beschwerdeführer vor den bischöflichen Stuhl. Diese legten in Neapel Berufung ein, und Seine Exzellenz forderte den Prälaten auf, sich den weltlichen Gerichten zu fügen, da die bischöfliche Kurie nicht berechtigt wäre, in einer Streitfrage zu urteilen, bei der sie selbst Kläger und Partei sei.

Unseligerweise verscherzt sich Monsignore Pellegrino nun die Sympathien der Nachgeborenen, indem er den frommen und malerischen Glauben an den Zehnt der Wachteln zerstört, von dem die Bischöfe angeblich zu leben genötigt waren. Jedenfalls aber protestiert und kämpft er. Wenn es auch scheint, als beuge er sich anfangs dem Gericht des Vizekönigs, so läßt er doch seine üble Laune an den Fischern aus, die sich dazu verstanden hatten, den Aktuar des königlichen Gerichtes nach Neapel zu bringen: er exkommuniziert sie, und den Nutzen der Kirche immer im Auge, will er sie erst nach einer Gabe Wachses wieder lossprechen. Das ver-

anlaßt wieder den Vizekönig, gegen die ungerechten Maßnahmen des Bischofs einzuschreiten und ihm eine Lektion in kanonischem Recht zu erteilen, indem er ihm vorhält, daß die Kirche Bezahlung für Absolutionen verabscheue.
Der hartnäckige Prälat gibt jedoch das Exkommunizieren nicht auf, zieht sich neuerlichen Tadel zu und provoziert schließlich die Einmengung des Erzbischofs von Amalfi. Notar Viva, beauftragt, Monsignore eine Verwarnung zu überbringen, wird vom Neffen des Bischofs und einigen Priestern mit einer Tracht Prügel empfangen, so daß er lange seine Knochen spürt.
Es regnet weitere Exkommunikationen und hagelt Ermahnungen, bis Monsignore seine Amtsdiener bewaffnet, für die er vom Fiskus Besoldung verlangt. Nun begeht diese widerrechtlich bewaffnete Wache allerlei Übergriffe und terrorisiert das Land. Der Vizekönig ordnet an, die Leute einzusperren, wo sie angetroffen werden, und fordert alle Untergebenen des Bischofs auf, öffentliche Abgaben zu bezahlen. Der Gouverneur, Don Honófreo Sanchez, führt die Befehle Seiner Exzellenz durch. Aber gegen beide reift nun die Rache des Prälaten: sie trifft zwar die Eitelkeit des Gouverneurs, verletzt aber die Würde der Kirche selbst. Denn bei Gelegenheit eines Gottesdienstes, dem Gouverneur und Behörden in allem Pomp beizuwohnen verpflichtet sind, läßt Monsignore Stuhl und Bank der königlichen Beamten von ihrem Platz neben dem Hauptaltar und rechts vom bischöflichen Thron entfernen und auf die Seite hinter die Bank der minderen Geistlichkeit stellen.
In die Kirche tretend, bemerkt Don Honófreo sofort die Beleidigung, die ihn aller Ehren und Vorrechte entkleiden will. Möglicherweise zähneknirschend, setzt er sich doch, zum Staunen der Anwesenden, die sein Gleichmut enttäuscht, ruhig hin. Man fühlt jedoch das Gewitter sich sammeln.
Während des Ablaufs der Messe überdenkt der Gouverneur, wie seiner gekränkten Ehre wieder aufzuhelfen sei. Vertritt er nicht den Vizekönig, einen Granden von Spanien allererster Klasse, und ist dem Vizekönig nicht vor allen anderen Granden ein Privileg zugebilligt: ... nämlich auch im Angesichte des Königs den Hut auf dem Kopf behalten zu dürfen?! ... Wer nun ist Gott? ... Der König des Himmels! Das Hochamt hat inzwischen mit der Ausstellung des Allerheiligsten seinen Höhepunkt erreicht. Aber während alles das Knie beugt und sich an die Brust schlägt, ergreift Don Honófreo seinen federgeschmückten Hut und stülpt ihn sich mit stolzer Geste auf den Kopf.
Der Bischof, als Stellvertreter Gottes, empfindet die Beleidigung persönlich.
Don Carlo Strina, der Notar des Bischofs, beauftragt, das Dekret der Exkommunikation an Gouverneur und Bürgermeister abzugeben, wird eingekerkert und an den Gerichtshof nach Neapel gebracht. Es folgt eine Entladung von Strafen und

Ermahnungen. Der Bürgermeister ruft zu den Waffen, die Bürger eilen herbei und belagern den bischöflichen Palast. Der Bischof jedoch exkommuniziert alle. Sie appellieren beim Vizekönig und den obersten kirchlichen Behörden, bis Monsignore Pellegrino nach Neapel gerufen wird, und sich schließlich nach einiger Zeit alles wieder beruhigt.

Im folgenden Jahr trat der neue Gouverneur Sanfelice sein Amt an. Sofort wiederholte Monsignore Pellegrino den Scherz mit dem Stuhl. Eine zeitgenössische Chronik überliefert, daß der Gouverneur in die Kirche trat und, als er ihn nicht an dem ihm gebührenden Platz sah, laut und wütend schrie: „Wer, zum Teufel, hat meinen Stuhl von hier weggestellt?" ihn aufhob und polternd zum Altar zog, wo das Hochamt zelebriert wurde. Drei Tage danach kam er mit dem Bürgermeister und vielen Bürgern in die Kirche, verkündete, er führe nur den Befehl des Vizekönigs aus, und ließ während der heiligen Handlung Sessel und Bank an die gewohnte Stelle zurückbringen.

Die Wirkungslosigkeit vereinzelter Exkommunikationen erkennend, schleudert der Bischof nun ein allgemeines Anathema aus und verbietet allen Einwohnern der Insel das Betreten der Kirche. Natürlich wird ihm vom Vizekönig befohlen, das Interdikt aufzuheben; aber der Bischof bleibt unerbittlich und wird schließlich nach Rom berufen und hier von Papst Innozenz X. sechs Monate lang festgehalten. Die Lage erscheint auf den ersten Blick erschreckend, weil mit dem Interdikt die ganze religiöse Maschinerie der Insel ins Stocken gerät. Capri wetteiferte damals mit allen Kommunen des Königreiches in der Anzahl der Kirchen, die zur Bevölkerung in gar keinem Verhältnis stand. So behauptet Bouchard, Capri habe allein nicht weniger als 70 Kirchen und Kapellen besessen. Jedenfalls sagt uns kein Dokument, was geschah, als sich das Land so plötzlich allen geistlichen Trostes entblößt sah. Es lag in der Absicht des guten Hirten, seine Schäfchen zur Einkehr zu zwingen: sie sollten erkennen, daß ihnen ohne Absolution der Weg in die andere Welt versperrt wäre, ihre Kindlein sich während der Dauer des Interdiktes mit der Last der Erbsünde abschleppen müßten und im Todesfall keiner von ihnen in den geweihten Grund unter die Kirche käme, auf dem Weg allen Fleisches, – falls sie arm waren allerdings nur irgendwohin geworfen.

Wie es scheint, überstanden die Capresen die sechsmonatige Abwesenheit ihres Seelenhirten auch ohne Messe und Rosenkranz, ohne Vespern und Pönitenzen, fanden sich damit ab, angesichts von Himmel und Meer in offener Erde begraben zu werden, während der Wind die Totenlieder sang und die Sonne in goldenem Parament das Hochamt hielt.

Doch die Insel mußte zurück in den Schoß der Kirche. Monsignore Pellegrino, durch die erzwungene Ruhe wieder zu Kräften gekommen, fand sich zu neuen

Taten bereit. Kaum war der Friede mit der Bevölkerung hergestellt, bemerkte er, daß er sich mit den Mönchen der Certosa noch nicht gemessen hatte.
Entschlossen, den Kampf zu eröffnen, brauchte Monsignore nicht lange nach einem Grund zu suchen. Er fand sich sogleich.
Konnte nämlich der Bischof von Capri sich mit dem Zehnt der Wachteln der Vorherrschaft in der Luft rühmen, so genossen die Mönche die Herrschaft zur See mit der pecunia maris, dem Zehnt aller Meeresprodukte, wie er ihnen von den Anjou und allen folgenden Souveränen als besonderes Privileg zugebilligt worden war.
Sofort schrieb der Bischof eine decima decimorum, einen Zehnt des Zehntes zur Abgabe vor, den zu bezahlen die Mönche sich weigerten. Sie erwirkten hingegen als Vergeltung beim Gouverneur, daß sich der Bischof nicht mehr auf hoher See mit Fisch versorgen dürfe, sondern gezwungen werden solle, von der Fischbank, der *pietra del pesce*, zu kaufen, wo nur Kleinzeug gehandelt wurde, keinesfalls wert, die bischöfliche Tafel zu schmücken.
Nun zieh der Bischof in einem Bericht ad limina die Mönche des Unglaubens und der Lauheit. Vor Gericht in Rom spielten jedoch die Mönche mächtige Gönner aus, überzeugten bei üppigen Banketten den Herzog von Arcos von ihrem Recht, und wenn diesmal sogar der Papst die decima decimorum anordnete, so schickten die Mönche der Certosa Fisch, Käse und Molke nach Neapel, um das Urteil für die Certosa günstig zu stimmen; wieder mußte sich der Bischof in seine Niederlage finden.
1652, auf dem Höhepunkt des Kampfes, mischt sich San Costanzo ein und tut eines jener Wunder, die mehr schaden als nützen. Der Schutzpatron der Insel erscheint Mutter Serafina zum ersten Male in einer Vision und bittet sie, dem Erzbischof von Amalfi zu schreiben, er möge die Aufmerksamkeit des Papstes auf die Unordnung in der capresischen Diözese lenken. Seine Heiligkeit, den Gedankengängen San Costanzos, Monsignore Quarantas und Mutter Serafinas folgend, suspendiert den Bischof und schickt ihn abermals ins Exil.
Glaubte der Papst, ihn zähmen zu können?
Auch dieses Exil hat ein Ende, und Monsignore Pellegrino kehrt nach Capri zurück, kämpferischer denn je, und 1656 kommt ihm unversehens das Schicksal zu Hilfe und gaukelt ihm eine Reform für die Insel vor: in Capri bricht die Pest aus! Doch wie alle großen Weltverbesserer, hatte sich Monsignore vielleicht von Krieg und Geißelung zu viel versprochen, und 1657 sah er sich aus einer Reihe von Gründen, die zu berichten zu weit führen würden, in offenem Kriegszustand mit dem Erzbischof.
Am 18. April schleicht sich ein bewaffneter Laienbeamter des Erzbischofs in die

7. *Dach der Hauptkirche von Capri.*

8. Die Kuppel der Kirche von Anacapri.

Gemächer des Bischofs und stellt ihm ein schriftliches Verbot zu. Die bischöfliche Priesterschaft entwaffnet und verprügelt ihn. Nach einer anderen Version legte der Bischof dem Abgesandten selbst die Hände um den Hals, um ihn zu erwürgen. Drei Tage danach landet, um die Beleidigung zu rächen, eine Abordnung aus Amalfi, schwer bewaffnet, angeführt vom Generalvikar der Kurie, De Rosa, begleitet von einem Notar und dem Kommissar des Nuntius. Die Strafexpedition kreist den Bischofsitz ein und stürmt ihn.

Dem Bischof wird eine Strafe von 500 Dukaten auferlegt und, um sie einzubringen, werden die Weinfässer aus seinem Weingarten in Torre del Greco beschlagnahmt. Gleichzeitig wird ihm verboten, die Kirche zu betreten. Worauf Monsignore den Vikar de Rosa und die ganze bewaffnete Kompanie exkommuniziert und die Hilfe der Gemeinde Capri anruft.

Jetzt entschließt sich Erzbischof Quaranta, selbst einzugreifen. Mit zwei Feluken und zahlreichem Gefolge landet er am 24. April auf der Insel, zum großen Schaden der Gemeinde, und plündert das Kloster, in dem Pater Lorenzo de Rosa, Monsignore Pellegrinos großer Feind, Prior war. Er läßt einen Aufruf in Vulgärsprache anschlagen, worin er bekannt gibt, daß Monsignore Pellegrino seines Amtes enthoben und mit Exkommunikation bedroht sei.

Gegen dieses Edikt appelliert Pellegrino beim Papst, und um seinen Wein zu retten, fordert er mit gewohntem Mut alle heraus und schleudert den Bannstrahl gegen den Erzbischof, seinen Metropoliten. Er glaubt in vollstem Recht zu handeln! Er würde, so schwört er, um seine Autorität zu wahren, auch den Papst exkommunizieren.

Auf diese Weise sich selbst übertreffend und eine Berühmtheit geworden, konnte er seine Zukunft nur noch mit Trauer betrachten. Was sollte er von seinem Episkopat, welches Glück noch auf Erden erwarten?

Er hatte sich im Kampfe erschöpft. Der Haß der Königlichen, die Abneigung seiner Herde, die Verdorbenheit der zivilen Behörde bedrückten ihn nicht mehr; die Disziplinlosigkeit, die Freiheit des Klerus hatten den Reiz der Neuheit verloren, die furchtbare Waffe des Bannstrahles war durch den häufigen Gebrauch stumpf geworden; der Skandal zum Klatsch herabgesunken. Und doch verzweifelte er nicht.

Von der Diözese entfernt, ergab er sich eifrig der Schriftstellerei und schrieb den sogenannten *summario degli eccessi*, eine bis ins kleinste gehende Schilderung aller Sünden und Laster seiner Feinde, insbesondere der Bosheiten eines Vikars, eines gewissen Monsignore Tamburini. Hier wird er, ohne es zu beabsichtigen, erheiternd. Aber es ist unnütz, ihm durch seine Summarien zu folgen, auf die Dauer wirkt deren Lektüre einförmig und ermüdend.

Pellegrino kehrte 1665, mit Mutter Serafina ausgesöhnt, nach Capri zurück und segnete den Grundstein ihres ersten Klosters. Aber dann kam es selbstredend neuerlich zu Sturm und Exil. Erst 1672 erhielt er die Erlaubnis zur Heimkehr, verfeindete sich abermals mit Suor Serafina und widersetzte sich der Gründung ihres Klosters in Massa. Sie jedoch, schon im Geruch der Heiligkeit und im besten Einvernehmen mit San Costanzo, erflehte dessen Hilfe so erfolgreich, daß Clemens X. tatsächlich die Suspendierung Monsignore Pellegrinos anordnete und Monsignore Francesco Neri, Bischof von Massa, zu seinem Nachfolger ernannte, dessen erste Tat es war, Suor Serafina zur Grundsteinlegung nach Massa zu geleiten.

Nach Clemens X. Tod kehrte Pellegrino allerdings wieder, aber seinen Verfolgergelang es, ihn 1682 abermals zu entfernen und als Bischof abzusetzen. Er starb im Jahr danach, wie einer seiner Nachfolger sagt, „nachdem er viele Mühen und Ungemach erduldet und zahlreiche Drangsale über sich hatte ergehen lassen."

Erstaunlich war die Haltung Suor Serafinas nach dem Tod ihres Feindes. Sie zeigte Schmerz, berichten ihre Chronistinnen; sie schloß seine Seele in ihr Gebet ein und gab nach einem Jahr zu erkennen, daß diese das Fegefeuer verlassen habe. Welchen Weg die Seele eingeschlagen hat, nachdem sie dem Fegefeuer entronnen war, wurde von Suor Serafina nicht bekanntgegeben.

V.

XVIII. JAHRHUNDERT

Schon Capaccio zählt in seinem Führer von 1607 die Grotten Capris zu den Weltwundern, die jeden Fremden überraschen, und sagt über die schönste unter ihnen folgendes: „Unter den Grotten ist eine weitere, die beim Betreten zunächst sehr dunkel erscheint, aber dann in einem helleuchtenden Bogen endigt, in dem sich oben, in den Wassertropfen, das Meer überaus schön widerspiegelt."

So hätte die *Grotta oscura* damals schon Berühmtheit erlangt, wäre die Reise von Neapel nach Capri nicht so langwierig, die Türkengefahr nicht so groß, der Aufenthalt auf der Insel um die Mitte des Jahrhunderts nicht so unbequem gewesen, daß niemand sie besuchte.

Unversehens ließ sich jedoch um diese Zeit ein Engländer auf Capri nieder, der Baronet Sir Nathaniel Thorold, der, wenn auch Heide und Häretiker, ein großer Wohltäter der Menschheit wurde.

Auch über ihn gibt es eine kleine Literatur.

Es erwähnen ihn der berühmte Astronom Lalande in seinem *Voyage d'un francais en Italie*, Duclos macht in *Voyage* wichtige Angaben über den Aufenthalt des Engländers auf Capri und sagt von ihm: „Le premier meuble dont il se fourni pour adoucir sa solitude, fut une jeune et belle fille"; es nennt ihn Russel in seinen Briefen aus Italien und Coyer beneidet ihn: „Ich beneidete fast das Los eines englischen Reisenden, der hier, bezaubert von der Gegend und dem Klima, alle seine Reisen beendete."

Von ihm sprechen ferner Hadrawa, Schöner, Sir Lees Knowles und mehrere andere.

Aber die Literatur bietet uns bessere Quellen, um die Bekanntschaft dieses ersten auf der Insel heimisch gewordenen Fremden zu machen: es gibt die Archive der Pfarre seines Feudalsitzes Harmston in Licolnshire, wo der Stammbaum der Familie auf das genaueste nachweist, daß Gott Thor in gerader Linie ihr Ahnherr ist. Es gibt, in Ergänzung der englischen Dokumente, die *Stati d'anime*, das heißt die Register der Pfarrkirche von Santo Stefano in Capri, das große Archiv in Neapel und schließlich, am aufschlußreichsten, das sonderbare Tagebuch des Doktor Clark, damals Arzt in Capri.

Die Genealogie der Familie in den Annalen von Harmston gibt folgenden Fingerzeig über ihren Sprößling:

Sir Samuel Thorold überließ seinen Besitz Harmston seinem entfernten Vetter Nathaniel, Sohn des John und der Anna Thorold aus dem Zweig von Grantham, der am 24. 3. 1740 zum Baronet ernannt wurde. Sir Nathaniel litt an Asthma, und da er auch stark verschuldet war, reiste er nach Livorno, wo er ein wunderschönes Mädchen aus Capri kennen und lieben lernte, das ihn bewog, mit ihm auf die heimatliche Insel zu reisen. Dort erbaute er ein Haus, Palazzo genannt. Geschmückt mit dem Wappen seiner Familie, enthielt es reiche Sammlungen griechischer und römischer Altertümer. Seinen ältesten Sohn schickte er nach England und machte ihn zum Erben seines dortigen Besitzes. Die übrige Nachkommenschaft blieb in Capri.

Diese Notiz ist unvollkommen. Es fehlt der romantischste Teil von Thorolds Biographie, nämlich seine Flucht nach Holland, womit sein abenteuerliches Leben begann.

Aus dem Gefängnis geflüchtet, zu dem er in England offenbar schuldenhalber verurteilt worden war, schaute der allen Geldes entblößte englische Edelmann eines Tages in einem kleinen holländischen Hafen zu, wie eine Fischerflotte eine Unmenge Stockfisch löschte. Der Kabeljau, ein äußerst fruchtbarer Fisch, von den Norwegern bei den Sandbänken Neufundslands gefangen, gespalten, gesalzen und auf Stöcken im Winde getrocknet, woher auch der Name Stockfisch stammt, bildete schon vor tausend Jahren die Hauptnahrung nordischer Seevölker und ihrer von Land zu Land ziehenden Söldner.

Beim Anblick all dieses Gottessegens überfiel Thorold ein zugleich frommer und geschäftstüchtiger Gedanke, und zwar der, mit diesen Erzeugnissen des Meeres den hungernden katholischen Völkern des Südens eine billige und bekömmliche Fastenspeise zu verschaffen.

Gleich darauf hatte er noch einen Einfall: nämlich den Fisch, der, von den Norwegern zugerichtet, eine harte, unappetitliche und hölzerne Angelegenheit war, nach Art der holländischen Heringe zu bereiten — kurz, Thorold erfand den Baccalà, wie er den an den Sandbänken von Bacalaos gefangen und nach seinem Rezept zubereiteten Schellfisch nannte.

Er vertraute seine Pläne einem Juden an und überredete ihn, den Export in die katholischen Länder zu finanzieren.

Die erste Ladung kam mit Thorold an Bord in Genua an, wo er sein Unternehmen in Schwung bringen wollte, das auch bald die kühnsten Hoffnungen übertraf, so daß sich der Engländer entschloß, nach Livorno zu übersiedeln, um den Baccalà auch dort einzuführen. Hier lernte er Antonino Canale kennen, der sein intimer Freund wurde. Wenn es wahr ist, was Doktor Clark über diesen in sein Tagebuch schreibt: „Canale, obwohl noch im Status eines Jünglings und schon siebzig Jahre alt, wagte es doch, das schönste Mädchen Livornos, Anna della Noce, zu heiraten. Der Unterschied zwischen Mann und Frau beträgt fünfzig Jahre", so muß dieser Canale ein braver Mann gewesen sein.

Thorold bemühte sich, den Altersunterschied auszugleichen und die Lücke zu füllen, was ihm über Erwarten glückte. Jedoch weckte dies Einvernehmen die Eifersucht von Annas Bewunderern und die Empörung der Kirche, die sich veranlaßt sah, zu kanonischen Sanktionen zu greifen, obschon Antonino die Treue seiner Frau und die Ehrlichkeit seines Freundes beteuerte. Die Verfolgungen verleideten Thorold den Aufenthalt, und schließlich erreichten es die kirchlichen Autoritäten, denen der Skandal ein Dorn im Auge war, das Ärgernis zu beenden, indem sie den Engländer und seine Freunde ausweisen ließen.

Aber Thorold zog aus diesem peinlichen Zwischenfall nur Nutzen. Er übersiedelte nach Neapel, wo der Baccalà, der in Genua und Livorno Triumphe gefeiert hatte, wahre Apotheosen erlebte. Da es aber auch hier zu Skandalen kam und ihr Verhältnis wieder die Aufmerksamkeit der Kirche und aller Fremden auf sich lenkte, entschloß sich Thorold, auf Anraten Anna della Noces, nach Capri zu übersiedeln. So wurde dieses Eiland viele Jahre hindurch das Zentrum seiner Tätigkeit und Hauptstadt des Baccalà.

Der wundervolle englische Palast, dessen Gliederung, obwohl im Verfall, heute noch eines der schönsten Beispiele capresischer Baukunst ist, wurde von ihm auf den Fundamenten eines schönen, palastähnlichen Gebäudes, das Monsignore Gallo, Bischof von Capri, errichtet hatte, Ende des 17. Jahrhunderts erbaut. Der Baumeister hieß Marziale Desiderio und stammte aus dem berühmten Haus der Marziniello, dem die Insel viele der schönsten Bauwerke verdankt. Ende des 18. Jahrhunderts war das Haus Thorolds noch prächtig eingerichtet und der Lieblingsaufenthalt des Königs von Neapel, wenn er in Capri Wachteln jagte. Später richtete sich Hudson Lowe, der während der Besetzung der Insel durch die Engländer ihr Gouverneur und später der Kerkermeister Napoleons war, bequem darin ein. Zur Zeit der Eroberung Capris durch die Franzosen Hauptquartier der Besatzungstruppen, wurde es durch die Kanonen Joachim Murats schwer beschädigt. Diese blassen Streiflichter der Historie erhellen äußerlich die Mauern des Palastes, während er im Inneren durch das Drama verdüstert wird, das sich darin abspielte, aber wie jedes menschliche Ereignis in Capri zu einem Lächeln nötigt.

Auf der Insel blühte nämlich das Idyll zwischen Sir Nathaniel und Anna della Noce auf, und seine zahlreiche Nachkommenschaft erfreute Antonio Canales unschuldiges Alter. Natürlich entbrannte auch hier der Skandal, aber er war sanfter Natur und fröhlicher Tonart, wie alle capresischen Skandale es sind.

Der Bischof, Monsignore Rocco, hielt sich für verpflichtet, dem Papst Bericht zu erstatten, doch Seine Heiligkeit hatte anscheinend keine Zeit und kümmerte sich nicht um die Vorgänge im englischen Palast. Indessen gab der fromme Prälat seine Bemühungen nicht auf, nicht nur, weil er das Laster haßte und verdammte, sonndern auch die Reue und die Buße des Sünders wollte; er verdoppelte daher seinen Eifer, dieses schwarze Schaf in den Schoß der alleinseligmachenden Kirche zu führen. Was er aber auch tat, Thorold zu bekehren, es gelang ihm doch nicht, sich mit ihm zu verständigen, denn in all den Jahren seines Aufenthaltes in Italien hatte Thorold ein einziges italienisches Wort erlernt, und das hieß: pazienza! – So berichtet Clarks Tagebuch. Aber es berichtet weiter: Der Engländer erkrankte, und als ihn die Kräfte verließen, waren der Bischof und ein englischer Chirurg eifrig bestrebt, ihn zur katholischen Kirche zu bekehren, jedoch ohne Erfolg. Auch Anna della Noce und ihre Freunde erlahmten nicht in ihren Versuchen, und da er delirierte, dachten sie, er verlange die Sterbesakramente und sandten um den Bischof. Der erschien sofort in großer Prozession, doch auf alle Fragen, Bitten und Beschwörungen erfolgte von Thorolds sterbenden Lippen immer nur die Antwort „pazienza!" Und er wiederholte das Wort viele Stunden lang, bis ihn der Tod überraschte.

Es gab jedoch ein Intermezzo im feierlichen religiösen Akt. Der Exchirurg der englischen Marine, Dr. Husberth, wohnhaft in Capri, mengte sich ein, um den Sterbenden zu veranlassen, ein Testament zu machen. Aber Thorold weigerte sich und wiederholte auch hier das berühmte „pazienza" und starb ruhig, als unbußfertiger Sünder.

Was aus seinen sterblichen Überresten wurde, war ein gewöhnlicher Verwaltungsakt. Auch darüber findet sich eine Notiz in dem Tagebuch: „Seine Weigerung, zum Katholizismus überzutreten, entkleidete ihn der Rechte, in geweihter Erde begraben zu werden, und so wurde er im nahen Weingarten eingescharrt."

Hier endet das Drama seines Lebens und beginnt die Farce seines Todes.

Man stelle sich die Enttäuschung Anna della Noces und ihrer capresischen Verwandten und Freunde vor, als sie zu begreifen begannen, daß der reiche Baronet ohne Testament gestorben war, er, der Feudalherr von Harmston, der durch den Baccalà-Handel ein großes Vermögen erworben hatte und ein prächtiges Haus sowie andere Grundstücke auf Capri besaß! Nachdem sie den Toten in aller Eile begraben hatten, ließen sie nichts unversucht, um seine hartnäckige Weigerung wieder gutzumachen. Sie riefen nach dem Notar Don Michele Pagano, und der verlor den Mut nicht. Er war, wie man in Neapel sagte, „ein Mann der Feder“ und setzte eine Urkunde auf, die heute noch im Archiv in Neapel zu sehen ist. Danach hatte Thorold, „englischer Nationalität, jedoch der italienischen Sprache in Wort und Schrift mächtig“, ein Testament zugunsten der Anna della Noce als Universalerbin hinterlassen. Es fehlte nicht an Zeugen, unter ihnen der Richter, Don Serafino Vitale, zwei Kanoniker und Don John Husberth, anglikanischen Glaubens; alles Leute, über jeden Verdacht erhaben.

Zum Erstaunen aller kam aber bald darauf ein zweites Testament zum Vorschein, das, unglücklicherweise authentisch, sich in den Händen von Thorolds Geschäftsfreund in Neapel befunden hatte, und worin Sir Nathaniel seinen ältesten Sohn zum Erben seines Namens und Besitzes in England bestimmte, und weiters verfügte, seine sterblichen Reste hätten dorthin überführt und in der Familiengruft beigesetzt zu werden.

Dieser Überfluß an Testamenten erzeugte eine Unordnung, die zu bewältigen die englischen und italienischen Gerichte sieben Jahre in Anspruch nahm.

Der minderjährige Haupterbe wurde unter die Vormundschaft des Lordkanzlers gestellt, der, wie Clark berichtet, ein englisches Kriegsschiff nach Capri sandte, um den jungen Baronet und die Leiche des Verstorbenen abzuholen und in die Heimat zu bringen.

Hier setzt das Tagebuch wieder ein. „Der Erbe war bald gefunden. Nicht so der Körper seines Erzeugers. Denn die beiden Bauern, die ihn beerdigt hatten, waren gestorben und niemand konnte sich mehr des Bestattungsplatzes erinnern. Nach fruchtloser Suche machte Anna della Noce, um dem Lordkanzler gegenüber nicht unhöflich zu erscheinen, den Vorschlag, den Leib eines Eremiten zu exhuminieren, der um diese Zeit verschieden und neben seiner Klause begraben worden war, wo er in alle Ewigkeit zu ruhen gewünscht hatte.

Der Vorschlag wurde angenommen und die sterblichen Reste des Mönches nach England überführt und in der Familiengruft zu Harmston beigesetzt. Samuel Canale jun. nahm nach seiner Ankunft in England den Namen Thorold an. Auf seinem Grabstein ist als Geburtsort Harmston angegeben; im *Libro delle Anime*, dem Sterberegister Capris, wird er dagegen unter dem gleichen Datum, dem 29. 12. 1747, als auf der Insel geboren geführt.“

Die erste und größte Zerstörung der Überreste römischer Kaiserbauten ist der großen Liebe der Insulaner zu ihrer heimatlichen Erde zuzuschreiben. Denn der Boden war von den verhaßten Altertümern durchsetzt und mußte von ihnen gereinigt werden, wenn Rebe und Zitrone gedeihen sollten. Aber die systematische Ausplünderung der archäologischen Reichtümer fand erst durch die Mäzene statt, als die im 18. Jhrh. erwachte Sammelleidenschaft den Boden überall nach Altertümern umgrub.

Der erste erhabene Protektor der capresischen Altertümer war König Karl, Sohn Philipps V. von Spanien, der 1734 den Thron von Neapel bestieg und sein Schloß Caserta mit großem Eifer auszuschmücken begann. Karl III. beauftragte den Gouverneur von Capri, Don Giuseppe Maria Secondo, die Insel zu durchsuchen und die wichtigsten Fundstellen bekanntzugeben.

Übrigens, berichtet der Gouverneur, wurden die Ausgrabungen von Herkulaneum und Pompeji im 18. Jahrhundert auf Veranlassung des Königs nach Methoden in Angriff genommen, die zur Ausplünderung der wenigen wertvollen Kunstschätze führten, nach denen man in den Ruinen der Kaiservillen suchte. So fand man zum Teil noch vollständig erhaltene Mosaikfußböden, deren einer, in der Villa Jovis gefunden, dann das Presbyterium der ursprünglichen Kathedrale, San Costanzo, schmückte. Die herrlichen Säulen aus *giallo antico*, vorerst in derselben Kirche, kamen dann nach Caserta in die königliche Kapelle.

Indessen erstanden der Insel bald andere Altertumsforscher und andere Gönner.

1786 landete Ferdinand IV. von Neapel mit einigen Schiffen und Fischerbarken auf der Insel, nicht um sich mit der Flotte der Barbaresken zu messen, sondern um Wachteln zu jagen. In seiner Begleitung befand sich der österreichische Legationsrat Norbert Hadrawa, ein geschickter Diplomat, gewiegter Antiquitätenkenner, Komponist und Lehrer Seiner Majestät im Lautenspiel. Majestät und die Herren seines Gefolges richteten schon am Vormittag ein Gemetzel unter den Wachteln an, Hadrawa aber durchforschte die Insel nach gewichtigerer Beute.

Er erbat und erhielt vom König die Erlaubnis, eine Grabung in einem Bauerngrundstück auf dem Castiglione vornehmen zu dürfen. Ferdinand IV. gab seine Einwilligung mit der Bemerkung: „Wenn du etwas meiner Museen Würdiges findest, lege es für mich zurück."

So setzte in Capri die zweite große Reihe der Ausgrabungen ein, anfangs von Hadrawa und dem Gouverneur überwacht, später dem Ingenieur Malvasi überlassen.

Für seine Berichte über diese Ausgrabungen wählte Hadrawa die Briefform. In einem Bändchen gesammelt, 1793 in Neapel unter dem Titel *Ragguagli* erschienen, wenden sie sich an einen Freund in Wien und machen ihn im ersten Brief darauf aufmerksam, daß diese vertrauliche Art der Mitteilung gewählt worden sei, um ohne Hemmungen auch kleine Abenteuer berichten zu können. In der Hauptsache sind es aber doch Tatsachen, über die hier erzählt wird, Ergebnisse der glänzenden Geschäfte, die der Diplomat Hadrawa zugunsten des Antiquitätenhändlers Hadrawa abzuwickeln verstand. Zu seinen Kunden zählten die berühmtesten Sammler der Zeit: Hamilton, Fürst Schwarzenberg und Styvens.

Unter anderem schildert er die sogenannten *Spintriae*, und es kann sein, daß er sich,

9. Capri-Ansicht von Fragonard, gezeichnet für die „Voyage pittoresque en Italie" des Abbè de Saint Non.

10. Alte Capri-Tracht.

über sie berichtend, wie viele Archäologen seiner Zeit, von der Phantasie fortreißen ließ, begierig nach jenen erotischen Leckerbissen, von denen die Belesenen des 18. Jahrhunderts so viel Gebrauch machten, wenn sie römische Geschichte zusammenbrauten.

Erste Hinweise über die *Spintriae* finden sich bereits bei Sueton und in dem seltenen Manuskript Fabio Giordanos, von dem schon die Rede war. Das Wort stammt aus dem Griechischen, aber es ist möglich, daß die Römer es verwendeten, um damit die obszönen Eintrittsmarken in die *Lupanara* und auf Capri in die *Sellaria* zu bezeichnen. Diese Sellaria, von Sueton erwähnt, lagen in der Gegend, die heute noch *Sella Orta* heißt, und dort sind jetzt, wie um die alte Tradition fortzusetzen, von Jazzklängen erfüllte Vergnügungsstätten entstanden, die gewiß ebenso häßlich, aber weniger überzeugend sind als die antiken.

Viele Autoren, unter ihnen Douglas, zweifeln daran, daß in Capri jemals *Nummi Spintriae* gefunden wurden. Falls sie nicht für Tiberius besonders geschnitten wur den, muß angenommen werden, daß man sie einführte, um sie an die Fremden zu verschachern, die sich von den Berichten kaierlicher Liederlichkeiten angezogen fühlten.

Die einzige heute in Capri erhaltene Spintria ist eine dicke Medaille mit obszönen Figuren in grober Arbeit, aus Anacapri stammend.

Mit den vierzig Briefen an seine Freunde wird Hadrawa zum ersten Cicerone Capris; sie sind ein Repertoire von Notizen über die Insel, ein unentbehrliches Vademecum, unerschöpfliche Quelle, Nachschlagewerk aller Archäologen, die seit anderthalb Jahrhunderten nach Capri kommen, über die verschwundenen archäologischen Schätze Tränen vergießen und sich gezwungen sehen, den Spuren des gewandten österreichischen Diplomaten und geschickten Altertumsforschers zu folgen.

Der größte deutsche Genius, dessen Werk Künstler und Dichter dazu anregte, sich in Italien niederzulassen, und der auf diese Weise auch zur kulturellen Entwicklung Capris beitrug, Goethe, hat nie einen Fuß auf die Insel gesetzt. Doch finden wir wahrscheinlich zum Teil erdichtete Erinnerungen an den ungastlichen Felsen in seiner *Italienischen Reise*.

Während seines Aufenthaltes in Neapel, im Frühjahr 1787, entzückte Goethe der Blick auf die kleine Insel, die den zauberhaften Ring der ihm so teuren Landschaft abschließt: der Vesuv, Herkulaneum, Pompeji, Sorrent. Über Capri jedoch lastete noch die Türkenangst, und wenn der tollkühne Ferdinand von Bourbon sich hinauswagte, um der Wachteljagd zu frönen, ließ er sich vorsichtigerweise doch von einer kleinen Flotte begleiten. Für Goethe wie für alle Deutschen waren die Wachteln „Singvögel", also verwerfliche Jagd, und er, der von Neapel aus in die

Ferne sah, „das Land der Griechen mit der Seele suchend", bedachte nicht, daß Hellas auf dem kleinen Felseneiland so nahe war. Also suchte er es in Sizilien, geriet aber auf der Rückfahrt, unter französischer Flagge, der einzigen, die damals vor den Angriffen der Barbaresken Schutz bot, mit seinem Schiff in die unsicheren Gewässer um die Insel. Das Schiff, nahe der Bocca piccola durch eine Flaute der Strömung ausgeliefert, trieb dem tiberianischen Felsen zu, worauf eine Panik unter der Besatzung ausbrach, nur zu natürlich bei den armen „wundergläubigen Italienern". Goethe schreibt: „Gebet und Klage wechselten ab, und der Zustand wuchs um so schauerlicher, da nun oben auf dem Felsen die Ziegenhirten, deren Feuer man schon längst gesehen hatte, hohl aufschrien, da unten strande ein Schiff! Sie riefen einander noch viele unverständliche Töne zu, in welchen einige, mit der Sprache bekannt, zu vernehmen glaubten, als freuten sie sich auf manche Beute, die sie am andern Morgen aufzufischen gedachten." Goethe aber wurde gerettet und sah nach einiger Zeit „mit Vergnügen die Insel Capri zur Seite des Schiffes liegen".

Bielschowsky, Goethes Biograph, hebt hervor, daß Goethe trotz seines langen Aufenthaltes in Neapel keinerlei Neugier zeigte, Capri oder die Heimat Tassos zu besuchen, dessen Leben er beschworen hat.

In den Berichten Hadrawas wird ein „sehr würdiger Bischof Gamboni" häufig genannt, den König Ferdinand IV. hoch schätzte. Er war der letzte Prälat in Capri und wert, wenn auch nur als Gegensatz zu dem tapfern Bischof, der im vergangenen Jahrhundert die Insel in Aufregung versetzt hatte, genannt zu werden; um so mehr, als ihm die Ehre widerfuhr, in den *Anedotti di varia letteratura* von Benedetto Croce aufzuscheinen.

Nicola Saverio Gamboni wurde von Pius VII. 1776 als Bischof nach Capri berufen. Er ließ sich als großer Herr nieder, unbekümmert um den Wachtelzug, der seinen Vorgängern so viel Bitternis verursacht hatte. Aus seiner ersten Amtszeit stammen die Gedenktafeln in der Kirche San Stefano, die an die Bekehrung des englischen Arztes Husberth zum Katholizismus erinnern, ein Edikt über *vertrauliche Fälle*, Fälle, die im 17. Jahrhundert den französischen Reisenden Bouchard unterhielten und heute noch für die Liebhaber derartiger Leckereien pikant sind; und ein Bericht *ad sacra limine*, geschrieben 1782, über die Gewohnheiten der Inselbewohner, den literarischen Geschmack des Prälaten bezeichnend. Er wurde im nächsten Jahr aufgefordert, sich zu einer gegen ihn erhobenen Anklage wegen Unehrlichkeit und Sittenlosigkeit zu äußern, die der Notar Simioli und unter anderen sechs Nonnen gegen ihn erhoben hatten. Der König nahm jedoch keine Notiz von der Klage, und aus diesem Umstand versteht sich der dynastische Eifer des Prälaten, der sich von nun an „Maestro der heiligen Theologie der königlichen Universität Neapel und Rat des Königs" nennt. Diesen Titel nimmt er ernst. Er hebt hervor, daß Capri ohne Wache und Türme den Türken ausgeliefert sei, und schlägt den Bau von zwei Türmen vor. Auf seine Vorstellung hin hebt der König die *pecunia maris*, den Zehnt auf die Erzeugnisse des Meeres auf, der den Mönchen der Certosa angeblich von der Königin Johanna als Vorrecht im Jahre 1371 eingeräumt worden war.

Mit Hilfe des Souveräns gründet er ein Seminar im Palazetto, wo noch heute eine Gedenktafel an ihn erinnert. Auch wird, durch die Initiative des Bischofs, zu Ehren des Königs eine Mädchenschule im alten Palazzo Barile gegenüber San Stefano errichtet. Für ersprießliche Tätigkeit ernennt der König Monsignore Gamboni zum Abt der Abtei di San Pietro, eine Sinekure, die ihm 2000 Dukaten in Gold als Rente eintrug, und ernannte ihn zum Baron von San Benedetto.

Solange also dynastischer Wind wehte, fuhr die bischöfliche Barke mit geschwellten Segeln auf den Wellen der Treue. Als sich aber gegen Ende des Jahrhunderts das Lüftchen der Fronde erhob, das zum Sturm der Revolution werden sollte, paßte Monsignore sich an: Kaum war die Revolution in Neapel ausgebrochen und der König geflüchtet, erließ der Bischof ein Edikt, das die Ausstellung des Allerheiligsten auf acht Tage anbefahl, um den Segen Gottes auf die Republik herabzuflehen; er ordnete an, die Gebete für das Königreich in solche für die Republik umzuwandeln, und befahl allen Pfarrern, die Kokarde zu tragen.

Nach dem Sturz der Parthenopäischen Republik, im Juni 1799, und der einsetzenden Reaktion wurde Monsignore Gamboni von der Königin Karoline auf die Liste der zu bestrafenden Prälaten gesetzt, eingekerkert und einem Prozeß unterworfen. Aber zum Unterschied vom heldenhaften Bischof von Vico Equense, Monsignore Natale, und dem capresischen Märtyrer Gennaro Arcucci, die auf dem Schafott starben, verstand er sich auszureden und wurde nur auf ewige Zeiten aus dem Reiche verbannt. Der Papst, der, wenigstens der Form nach, die Bischöfe in ihren Ämtern beließ, erwirkte ihm eine jährliche Unterstützung von 600 Dukaten, während Ferdinand IV. persönlich seine Wiedereinsetzung ablehnte.

Monsignore Gamboni verlor jedoch im Exil keine Zeit. Er unternahm in Rom eine mühselige und phantastische Suche nach dem Adel Napoleons, entdeckte auch den italienischen Ursprung der Familie, und schließlich gelang es ihm, deren vollständige Genealogie zusammenzustellen. So verschaffte er sich die Freundschaft und Protektion des Kardinals Fesch, übersandte dem Kaiser die Frucht seiner Arbeit, der ihn als Ratgeber des Vizekönigs Beauharnais zum Bischof von Vigevano ernannte. Er ließ sich jedoch in Mailand nieder, wo er mit viel Sympathie empfangen wurde, bei Hof verkehrte und die Bekanntschaft Frau von Staëls machte. Benedetto Croce erinnert daran, daß Gamboni mit seiner Erzählung über die Krönung der Corinna auf dem Capitol der großen Schriftstellerin den Namen der

Heldin ihres autobiographischen Romans eingab. Napoleon, der ihn sehr bevorzugte, ernannte Gamboni 1807 zum Patriarchen von Venedig. Er starb jedoch schon das Jahr danach in Mailand.
Benedetto Croce nennt seinen Namen gelegentlich der Besprechung zweier unauffindbarer Bücher, die vielleicht nie geschrieben und nie gedruckt wurden, deren Titel jedoch als Ankündigung zweier Werke von Monsignore Nicola Gamboni, Bischof von Capri, auf einem Blättchen im Staatsarchiv von Florenz aufbewahrt werden.

VI.

KLEINE EPOPÖE

In einem der entlegensten und unschönsten Viertel von Paris, dem XII. Arondissement, heißt eine häßliche Straße „rue de Capri". Niemand weiß mehr, daß sie ihren Namen einer Waffentat verdankt. Aber in würdigerer Weise wird Capris auf dem Arc de Triomph gedacht, wo der Namen „Caprée" auf einem der Schilder eingemeißelt ist, die an die Schlachten der Republik und des Kaiserreichs erinnern.

Das Ereignis war allerdings nur eine malerische Episode, ein kühner Handstreich, charakteristisch für die Kämpfe zwischen Napoleon und England um die Vorherrschaft im Mittelmeer. Aber wegen der Wichtigkeit, die man ihr damals zuschrieb, blühte eine ganze Literatur um die Insel auf, Anekdoten und Tatsachenberichte, die in vier beachtlichen Werken ihren Hauptausdruck finden: zwei Bände von Sir Lees Knowles *The british and Capri* und *The taking of Capri*, *La prise de Caprée* von Maurice Perrot und *La presa di Capri* von Ernesto Simion und Piero Pieri; alle genauest belegt und reich illustriert, besonders die italienische und die französische Darstellung, die, von kritischem Geiste getragen, einen Beitrag zur Napoleonischen Bibliographie bilden.

Knowles Beitrag geht so ins einzelne, daß er im ersten Band sogar die Speisefolge auf dem Dampfer notiert, der ihn nach Italien brachte. Es wäre schwierig, über die englische und französische Besetzung Capris eine sensationelle Geschichte zu schreiben, aber man kann Besseres tun, indem man die häusliche Chronik der Handlung mit einigem Klatsch über die Personen des Dramas würzt und sie einfach in menschlicher Kleidung vorstellt, statt in ihrer historischen Uniform.

Die Einnahme Capris hat eine wenig lärmende, aber von romantisch-militärischen Episoden gefüllte Vorgeschichte, deren Hauptakteure ein heldenhafter französischer Kapitän, Chevret, und ein damals schon berühmter englischer Admiral, Sir Sidney Smith, sind.

Smith, ein geschickter, tapferer und tadelloser Soldat, Kommandant der englischen Mittelmeerflotte, lief am 10. Mai 1806 in den Golf von Neapel ein, um die Stadt anzugreifen. An diesem Tag aber feierte Neapel die Ernennung Joseph Bonapartes zum König beider Sizilien. Das *Annual Register* dieses Jahres berichtet: „Tatsächlich wäre es dem englischen Admiral ein leichtes gewesen die Festlichkeiten zu stören. Sein Eingreifen jedoch hätte nur die Einwohner Neapels geschädigt, nicht aber die französischen Truppen oder den neuen König, so daß er mit klugem und menschlichem Empfinden auf das Unternehmen verzichtete und in Richtung Capri steuerte, das er einnahm."

Ohne seine Menschlichkeit in Zweifel ziehen zu wollen, muß doch hervorgehoben werden, daß der Admiral vor allem mit militärischem Bedacht gehandelt hatte, als er die Festlichkeiten in Neapel dazu ausnützte, Capri durch kühnen Handstreich zu nehmen.

Die Geschichte dieser Besetzung ist kurz und farbig. Der Notenwechsel zwischen dem Admiral, der mit furchtbarer Macht angreift, und dem Kapitän, der die Insel mit schwachen Kräften verteidigt, trägt ritterliches Gepräge.

Von der Pompée, dem Admiralschiff, erging die Aufforderung zur Übergabe, die Chevret stolz ablehnte: „Ein wahrer Soldat ergibt sich nicht, ohne seine Kräfte mit dem Angreifer zu messen. Sie, mein Herr, sind ein zu tapferer Krieger, um mich wegen der Zurückweisung Ihrer höflichen Aufforderung zu tadeln."

Der Abweisung folgte ein wütender Angriff. Eine Abteilung wurde ausgeschifft, der sich Chevret entgegenwarf, um an der Spitze seiner Leute von einem Pistolenschuß niedergestreckt zu werden.

Es folgte die Kapitulation. Capri wurde von den Franzosen geräumt und von 200 Engländern besetzt. Sidney Smith aber beschloß, ein kleines Gibraltar aus dem Felseneiland zu machen.

Groß war Napoleons Enttäuschung; und seinem Zorn gab er in der ihm eigenen Weise in wenigen Zeilen an seinen Bruder Ausdruck: „Ich hatte vorausgesehen, was Euch in Capri widerfahren würde. ... Es gibt nur ein Prinzip: genügend Truppen oder gar keine!"

Wenige Tage nach dem Fall Capris griffen die Engländer auch Ischia und Procida an, die, rechtzeitig verstärkt, widerstanden. Ponza allerdings fiel den Engländern in die Hände und wurde mit Capri zu einem neuen Bollwerk vor den Toren der Hauptstadt, ein schmerzhafter Stachel im Fleisch für den Imperator, dem die englische Flagge auf der Bastion des *Castle Hill*, dem Castiglione, Bedrohung und Herausforderung zugleich war.

Hier nun tritt eine Persönlichkeit auf, die später dazu bestimmt war, in St. Helena eine Rolle zu spielen, mit der sie sich Weltberühmtheit verschaffte und den Haß aller Napoleonverehrer zuzog. — Es erscheint Hudson Lowe.

Seine Qualifikation als Kerkermeister des großen Korsen und die unrühmliche

Kapitulation Capris 1808 brachten ihm den ironischen Titel eines „héros de Caprée" ein, mit dem Napoleon ihn während der Haft in St. Helena belegte, und haben seinen Ruf als guter Soldat und Organisator, den er sich in einer langen und arbeitsreichen Karriere erwarb, verdunkelt. Sie ließen eine Tätigkeit vergessen, die ihm eigentlich die Rolle eines Vorläufers des Intelligence Service aufdrängte. Es war nämlich sein Verdienst, daß Capri, für die englischen Kräfte von unzweifelhaft strategischem Wert, zu einem Mittelpunkt politischer Beobachtung, ja zur Brutstätte aller Verschwörungen wurde, die Königin Karoline gegen das Leben König Josephs und zur Wiedereinsetzung der Bourbonen anzettelte.
Der Gouverneur gab den damaligen *Patrioten*, die hofften, mit Hilfe der Britischen Regierung ihre Heimat zu befreien, ein sicheres Asyl. Er organisierte einen vollendeten Dienst von *Presse und Propaganda*, um die Finsternis zu erhellen, in der die französische Regierung die unterdrückte Bevölkerung hielt. Bei dieser Tätigkeit entwickelte sich sein polizeilicher Genius und sein Sinn für Intrigue. Es gelang ihm, in Neapel alle tendenziösen Nachrichten zu veröffentlichen, jede Meldung, die geeignet war, das Ansehen der Franzosen herabzusetzen: Nachrichten über die Revolution in Spanien, über Napoleons Mißerfolge, kurz alles, was ihn und Frankreich schädigen konnte. Mit der von ihm bezahlten Presse und den großzügig entlohnten Spionen hielt Lowe auch die Verbindung mit seinen Vorgesetzten aufrecht, und zwar besser als mit den regulären Transportmitteln.
Vierzig Bände seines Briefwechsels in der Sammlung *Lowe-papers* im Britischen Museum geben einen Begriff seiner Tätigkeit; Spuren finden sich auch im Kriegsministerium in Paris und in den Archiven der Bibliothek Capris; *Die Komplotte der Reaktionäre*, 1861 in Neapel veröffentlicht, enthält Briefe von Emissären und Verschworenen der Bourbonen, die einen Einfall in Capri vorbereiteten.
Unter den Gästen und Schützlingen des Gouverneurs gab es listige und tapfere; so sprang einer von ihnen eines Tages in einen Wagen, verteilte mit vollen Händen aufreizende Manifeste, entkam noch rechtzeitig und flüchtete in einem Boot. Der berüchtigte Salvatore Bruno sicherte die Verbindung mit dem Festland, und Sordo di Praiano, ein richtiger Korsar, fiel einen Polizeioffizier an und tötete ihn.
Und doch wurde der seine Rolle so geschickt spielende Gouverneur von einem Meister der Intrigue übertroffen, von Saliceti. Dieser korsische Patriot, ein Freund Paolis, hatte seine Karriere mit dem nicht sehr ehrenvollen Auftrag des Direktoriums begonnen, Napoleon während der Campagne in Italien zu überwachen. Dieser jedoch erkannte Salicettis Fähigkeiten und gewann ihn für sich, ließ seinen Namen auch später, eingedenk der geleisteten Dienste, von der Liste der zu Deportierenden streichen. Salicetti gehörte nun zu seinen treuesten Ratgebern und wurde 1806 in Neapel Polizeiminister und später Kriegsminister.

Die neapolitanische Polizei entdeckte einen Spion, Antonio Suzzarelli, auch einen Korsen, den der Gouverneur in Dienst genommen hatte, und Saliceti fiel es ein, sich seiner zur Gegenspionage zu bedienen. Er sicherte sich mit diesem Entschluß ein erstklassiges Werkzeug für seine Zwecke.

So begann eine heitere Komödie auf Kosten Hudson Lowes. Die Spionage Suzzarellis verfeinerte sich und auf Capri blühte immer üppiger die Intrigue, zu einer saftigen Frucht heranreifend, die Salicetti pflückte.

Die von Hudson Lowe verlangten Informationen wurden sofort an die Polizei in Neapel weitergegeben, die sie bearbeitete und gewissenhaft und heimlich nach Capri schickte. Lowe spielte leidenschaftlich und ahnungslos dieses Spiel mit, das ihm Glück zu bringen schien, und er kostete die Vorfreuden der königlichen Gunst, in der Meinung, der Königin Karoline treu zu dienen, die selbst eine Meisterin der Intrigue war. Die beiden Korsen Suzzarelli und Saliceti unterhielten sich damit, den leichtgläubigen Gouverneur zu übertölpeln, und spielten ihm gefälschte Briefe der Königin in die Hände, in welchen sich Karoline über den Obersten beklagt und seine Abberufung verlangte.

Suzzarelli entdeckte in Neapel einen Professor der Kalligraphie, der vollendet Englisch konnte und fähig war, jede Schrift nachzuahmen. So gelang es schließlich der bourbonischen Polizei, einen gefälschten Brief des Gouverneurs zu beschlagnahmen, der die Umtriebe der Königin aufdeckte, und ihr dieses Dokument dann zuzustellen.

Mit seiner teuflischen Geschicklichkeit war es Suzzarelli gelungen, aus einem Umstand Vorteil zu ziehen, der ihn fast das Leben gekostet hätte. Als man nämlich in Paris von seiner Tätigkeit erfuhr, erging der Befehl an die neapolitanische Polizei, ihn festzunehmen und ihm den Prozeß zu machen. Saliceti verweigerte die Ausführung, wohl wissend, welcher wichtigen Hilfe er sich berauben würde. Suzzarelli jedoch eignete sich den Haftbefehl an und wies ihn seinen Auftraggebern in Capri mit dem Bemerken vor, nur seine guten Verbindungen und die Bestechung hoher neapolitanischer Polizeifunktionäre durch riesige Beträge hätten ihm eine Flucht ermöglicht. Er verlangte die Rückerstattung dieser Summen, die ihm ohne weiteres gewährt wurde.

Hudson Lowe beklagte sich später, von den neapolitanischen Spionen betrogen worden zu sein und zu viel Geld für sie ausgegeben zu haben.

Kurz nachdem er das Kommando der Insel übernommen hatte, erhielt Lowe einen Mitarbeiter in der Person des Hauptmanns Richard Church, der später eine der angesehendsten militärischen Erscheinungen Englands werden sollte.

Der junge Offizier hatte mit 16 Jahren sein Elternhaus verlassen, wurde Soldat und erwarb sich in kurzer Zeit ansehnliche Kenntnisse und große Geschicklichkeit

11. *Die Vertreibung der englischen Besatzung und Eroberung der Insel durch die Franzosen im Jahre 1808. Nach einem zeitgenössischen Stich.*

12. König Murat. Porträt auf der Erinnerungsmedaille, die anläßlich der Eroberung Capris durch die Franzosen (1808) geprägt wurde.

in der Anlage von Festungen, weshalb ihm die Aufgabe zugewiesen wurde, die Forts von Capri und Anacapri zu errichten. Wie er schreibt, spielte sich seine militärische Tätigkeit immer im Angesicht des Vesuv, des Aetna und des Stromboli ab. Nach ihm besteht Capri nur aus Steilabfällen, Schluchten und Abgründen, und weil damals zwischen dem einen und dem andern Ende der Insel keine andere Verbindung bestand als die schon von den Griechen in den Felsen gehauene Treppe, nahm er sie zu Pferd, auf einem – *light spirited Arabian horse.*

Dieser Church ist ein richtiger *Troupier*, der die Disziplin schätzt und sich in Capri als Dilettant zu einem geschickten Festungsbaumeister entwickelt. Aber die menschlichen Seiten im Leben des abenteuernden Hauptmanns sind weit interessanter. So schreibt er 1806 aus Anacapri an die Seinen, der schönste Tag seines Lebens wäre der gewesen, an dem es ihm gelungen sei, die Einwohner einer ganzen menschenreichen Stadt vor Mord und Totschlag zu retten.

General Cole hatte ihn nämlich nach Kalabrien geschickt, um die Kräfte der in der Nähe von Nicastro lagernden Franzosen zu erkunden. „Nie werde ich meine Erregung vergessen, als ich mit zehn Dragonern dort ankam und vernahm, daß tausendsechshundert Banditen in die Stadt gedrungen waren, mit dem offen eingestandenen Zweck, alle Einwohner zu massakrieren und die Stadt zu plündern." Church stellte sich mit seinen zehn Mann der überwältigenden Übermacht entgegen und verhütete auf diese Weise den geplanten Überfall. Außerstande, sich diesen Ausgang des Unternehmens nur durch menschliche Tapferkeit zu erklären, nimmt er an, daß der Allmächtige ihm und den Seinen beigestanden habe und dankt als braver Gentleman dem guten Gott für seine Hilfe.

Inzwischen verstärkte das britische Kommando fortlaufend Garnison und Befestigungen von Capri. Als Murat Neapels Thron bestieg, war vorauszusehen, daß der neue König mit seinem gewohnten Unternehmungsgeist versuchen würde, die Ungeduld seines kaiserlichen Schwagers mit frischem Lorbeer zu beschwichtigen und die Brutstätte von Intrigue und Spionage, die ihm Hudson Lowe vor die Tore Neapels gesetzt hatte, auszumerzen.

Im September 1808 langten die längst erbetenen Verstärkungen in Capri an. Sie erhöhten zwar die Zahl, aber nicht die Wirksamkeit der Verteidiger, und Hudson Lowe beging den großen Fehler, Church mit seinen drei Kompanien ausgesuchter und kriegserprobter Korsen durch das Regiment Malta zu ersetzen, dessen Kommandant, Major Hamill, zwar ein guter Offizier, doch mit der Örtlichkeit nicht vertraut war. Nach der geglückten Landung Lamarques wurde Church zu spät nach Anacapri geschickt, um, nachdem Hamill heldenhaft gefallen war, das Kommando zu übernehmen. Church sammelte die zerstreuten Kräfte des Regiments Malta und seine braven *Corsican Rangers* und organisierte den Rückzug. Mit sicherem Instinkt warf er die letzte englische Kanone ins Meer, marschierte bei sinkender Dämmerung nach Capri und, umringt von den Voltigeurs Murats, versteckte er sich im Busch. In der Nacht setzte er sich wieder in Marsch und, von den Vorposten des Gegners öfter aufgehalten und über Woher und Wohin befragt, erwiderte er, wie er behauptet in vollendetem Französisch, er führe die Truppen Lamarques zum Angriff, ein Fall, der durchaus möglich war, wenn in Betracht gezogen wird, daß auf beiden Seiten, für und gegen Frankreich, Korsen kämpften. Wie dem auch sei, gelang es Church jedenfalls, seine Leute zu retten. Als er die Treppe von Anacapri durch die Franzosen besetzt fand, stieg er nach Cetrella auf, von wo er mit Erfolg über einen schwierigen Pfad, eine senkrechte 180 Fuß hohe Wand, abstieg.

Mit diesem kühnen Rückzug schloß sein capresisches Abenteuer. Er wurde mit dem Gefolge Lowes nach Sizilien abgezogen, kämpfte bis Kriegsschluß und bis zur Restauration der Bourbonen und trat schließlich mit dem Rang eines Generalmajors in die Neapolitanische Armee ein. 1817 nach Apulien abkommandiert, um das dort herrschende Brigantentum zu bekämpfen, wurde er zum Gouverneur jener Gegend ernannt, wo ein neues Leben heroischer Abenteuer für ihn begann, wenn sie auch in seinen Briefen manchmal recht unwahrscheinlich klingen. 1827 übernahm er den Oberbefehl der griechischen Truppen im Befreiungskrieg und endete sein Leben in Athen, wo die dankbaren Griechen, denen er Glück und Leben geweiht, ihm ein Denkmal errichteten.

Nach der Landung der Franzosen und Neapolitaner und der Eroberung Anacapris am 4. Oktober 1808 meldete Joachim Murat an Napoleon:

„Sire, die nationale Flagge ersetzt die englische Standarte auf allen Türmen Capris."

Dann folgte ein Bericht über die heldenhafte Haltung seiner Truppe. Doch schon in den nächsten Tagen kreuzte eine englische Flotte vor Capri auf und schien den Erfolg des ganzen Unternehmens in Frage zu stellen. Neuerliche Kämpfe schlossen den Belagerungsring enger um Capri. Aber am 13. 10. gelang es Murat, der englischen Flotte zum Trotz, Nachschub zu erhalten. Die vier Batterien auf dem Monte Solaro verstärkten ihr Feuer; es steigerte sich noch am 15., um gegen Abend eingestellt zu werden. Jetzt erschien Kommandeur Peyris, der Adjutant Lamarques, in der Bresche, die in die Stadtmauer geschlagen worden war, um die Übergabe einzuleiten. Am 16. wurde die Kapitulation von Hudson Lowe unterzeichnet, der auf diese Weise in wenigen Tagen einen Stützpunkt einbüßte, den er, nach dem Urteil Sir William Napiers, viele Wochen hätte halten können.

In *Lowe papers* finden sich Festungspläne, amtliche Berichte, Proklamationen und Tagebücher, die ganze *disiecta membra* dieses historischen Intermezzos, auch Dokumente, die heute noch lebhaft interessieren. Es gibt einen Brief vom 27. September

1808, also aus der Zeit, wo Murat den Angriff auf Capri schon plante, der Gouverneur aber, das Gewitter am Himmel nicht ahnend, seinen Vertrauten, Suzzarelli, nach Neapel beorderte, um einige Flaschen ausgezeichneten französischen Weines zu kaufen. Sonst bewies er jedoch keine besondere Kaltblütigkeit, und als eine Kugel aus der Batterie Cetrella nicht nur den Küchenjungen, sondern auch das Huhn zerfetzte, das dieser gerade für die Tafel des Kommandanten rupfte, zog Lowe es vor, sein Generalquartier ins Innere der Stadt zu verlegen, eine unnütze Vorsicht allerdings, weil die französische Artillerie keine weiteren Opfer forderte.
Den an dieser Episode beteiligten Franzosen waren im weiteren Ablauf des napoleonischen Dramas Hauptrollen zugedacht, aber die Chronik Capris hebt ihre menschlichen Züge hervor, Eigenheiten, die von der Geschichte nicht aufgezeichnet wurden.
Die Persönlichkeit Nummer eins, Napoleon, war natürlich befriedigt über den Erfolg der französischen Waffen, wollte aber von einer neapolitanischen Waffenhilfe nichts wissen. Seine kurzen Briefe, trocken und nervös, sparen mit Lob.
Murat gibt ihm, am 18. Oktober, in einem blumenreichen Brief die Kapitulation bekannt, spricht dann den Wunsch aus, an der Seite des Kaisers weiterzukämpfen, und versichert, täglich Tränen wegen der Trennung von seinem kaiserlichen Schwager zu weinen.
Napoleon antwortet am 4. 11. aus Bayonne, nimmt die Behandlung der Gefangenen zur Kenntnis und wäscht Murat gründlich den Kopf wegen einer Formfrage von großer Wichtigkeit: „Eine Note Ihres Ministers des Äußeren hat mich offiziell von der Einnahme Capris in Kenntnis gesetzt. Das ist lächerlich. Da Capri von meinen Truppen genommen wurde, muß mir dieses Ereignis von meinem Kriegsminister mitgeteilt werden, dem Sie es zu melden haben."
So prägte Napoleon den Souveränen von seinen Gnaden ihr Vasallentum ein.
Der brave Lamarque, aus der Überraschung, in die er Hudson Lowe gestürzt hatte, Nutzen ziehend, beschleunigte die Kapitulation, indem er zuließ, daß sich die englischen Truppen zurückzogen, da die gefährliche Nähe der englischen Flotte die Lage von einem Augenblick zum anderen vollständig verändern konnte. Doch auch er erhielt seinen Tadel. Napoleon schrieb an Murat: „Ich glaube Lamarque beging eine Dummheit, als er die Engländer entkommen ließ."
Endlich beauftragt der Kaiser noch am selben Tag seinen Kriegsminister Clarke, im Moniteur die Einnahme Capris bekanntzugeben, den Satz Lamarques jedoch, in dem er die Neapolitaner lobt, und Neapel so auf eine Ebene mit Frankreich stellt, aus dem Bericht zu streichen. Die gleiche Haltung bewahrt er Murat gegenüber, aus dessen Bericht er alle Andeutungen einer Mitarbeit der Neapolitaner löschen läßt.
Lamarque hingegen lobt den Mut und die Klugheit der neapolitanischen Offiziere, besonders des Generals Pignatelli, eines Obersten Arcovito und des Leutnants

Barbara, indem er von ihnen sagt: „Ich glaubte ausschließlich Fransosen zu befehligen". Später einer der tapfersten Generale, blieb Lamarque im Halbschatten der Napoleonischen Geschichte.

Nicht umsonst wurde das Lob dieses mutigen Offiziers und seiner kühnen Unternehmen in der „Revue de Gascogne" und in Dumas „Speronare" gesungen. Seine militärischen Unternehmen sind der Bildhaftigkeit seiner Worte würdig. In einem an die Inspektorin einer Pariser Schule gerichteten Brief schreibt er den schönen, in eine Aula gehörenden Satz: „Ich bin noch keiner Gefahr begegnet, die meinem Mut, und keinem Unglück, das meinem Charakter entsprochen hätte."

Unter den Steilhängen der Küste Anacapris unternahm das Expeditionskorps seine schwierige Landung. Ganz im Napoleonischen Geschmack ordnete Lamarque an, daß die entleerten Schiffe sofort abzufahren hätten, um die Möglichkeit jedes Rückzuges abzuschneiden. Die Einnahme Capris brachte Lamarque das Kommando einer Division ein, mit welcher er zur großen Armee nach Deutschland stieß und an der Schlacht bei Wagram teilnahm. Er starb 1832, im Leben wie im Tod ein echter Gascogner.

In der Bibliothek Capris findet sich das Fragment eines Gedichtes — „Die Einnahme Capris" —, gedichtet von einem Priester, Don Antonio Farace, der mit 16 Jahren Zeuge der Ereignisse wurde. Er schilderte sie in zwar mittelmäßigen, aber interessanten Versen, die immerhin den Vorzug haben, bis heute das einzige lyrische Erzeugnis eines gebürtigen Capresen zu sein.

Infolge von Ereignissen, die andernorts geschildert sind, gelangte das Manuskript in das Haus des Kanonikus Farace und kam in der Folge in die Hände Francesco Alberinos, eines Tischlers, der, wenn auch ungebildet, auf seine Art Verse schmiedete und die heitere Chronik Anacapris sang. 1892 bot Alberino das Gedichtlein einem gewissen Flaminio an und ließ es unter seinem Namen in Druck gehen. Die Dichtung, eine lebhafte Beschreibung der Vorgänge, wie irgendein Unbeteiligter sie sieht, gewinnt das Gewicht eines Erlebnisses durch die Fußnoten, mit denen der Autor sein Manuskript bereichert. Die Familie Farace, die Major Hamill Unterkunft gewährte, unterhielt noch lange freundschaftliche Beziehungen zu dem tapferen Offizier, dem das Gedicht gewidmet ist. Übrigens erfährt man auch aus diesem Werk, daß der *Chiuso* genannte Ort so heißt, weil Tiberius seine Odalisken dort eingeschlossen hielt.

Das kleine Poem Faraces ist nicht das einzige Erzeugnis der durch den Fall Capris inspirierten Muse. Zwischen den vielen Dichtungen, die die Waffentaten des Königreichs Neapel besingen, findet sich eine Ode von Angelo Maria Ricci, und eine französische, die an diese heroische, aber unbedeutende Episode aus den Napoleonischen Kriegen erinnert.

VII.

DIE ENTDECKUNG DER BLAUEN GROTTE

1806 besetzten die Engländer Capri. Zwei Jahre danach wurde es ihnen im Auftrage Napoleons von Lamarque mit einem kühnen Handstreich entrissen. Als die Restauration in der Mitte des Dezenniums die Bourbonen nach Neapel zurückführte, gehörte die Insel wieder ihnen, bis schließlich eine Fremdenlegion aus aller Welt sie im Zeichen des Geistes eroberte.

Die Vorhut dieses Okkupationskorps waren nach klassischer Kultur hungernde Deutsche, die, den Spuren Goethes folgend, ihr Hellas in Capri suchten, das sie abwechselnd *homerisches Capri*, *Kleindeutschland* und *Perle des Mittelmeeres* nannten. Ehrfurchtsvoll bestaunten sie, was sie an Altertümern vorfanden, ließen sich von den örtlichen Ciceroni Geschichten über die Grausamkeiten des *Timberio* auftischen, die diese den verschiedenen Geschmacksrichtungen anzupassen verstanden, verlangten aber auch nach landschaftlichen Sehenswürdigkeiten, und keiner ließ es sich entgehen, die *Grotta Oscura* zu besuchen, die unter dem Felsen Sama lag, auf dem die Certosa steht.

Am 15. Mai 1820 stürzte jedoch der Felsen samt dem Turm ein, und seine Trümmer verschütteten den Eingang zur Grotte. Es war ein nicht gutzumachender Schaden für die Insel und den sich entwickelnden Fremdenverkehr, ein Verlust, über den sich der ehrsame Notar Giuseppe Pagano, der in seinem schönen Haus eine kleine Gastwirtschaft eingerichtet hatte, nicht trösten konnte.

Da erschienen im August 1826 zwei deutsche Maler, August Kopisch und Ernst Fries, auf der Insel.

Kopisch erzählt von seinem Besuch auf Capri und seiner Entdeckung der Blauen Grotte in einem Bericht, den er 1832 herausgab und der zu wiederholten Malen gedruckt wurde.

Er und Fries, bei Pagano gastlich aufgenommen, erstaunten höchlichst, eine kleine Bibliothek vorzufinden, ausreichend, ihre geschichtliche Neugier zu befriedigen. Außerdem überwältigte sie die Rednergabe des Wirtes, der sich sofort bemüßigt fühlte, sie in die Geschichte, Archäologie, Mythologie und Dämonologie der Insel einzuführen. Hier nun setzt das unterhaltsame und sich immer wiederholende Spiel zwischen dem gebildeten, rationalen, sentimentalen, protestantischen und schrecklich leichtgläubigen Fremdling und dem verschlagenen, abergläubischen, katholischen und interessierten Einheimischen ein, der den Gast an der Nase herumführt. Don Pagano war über die Romantik seiner Gäste sofort im Bilde, und schon dem ersten Fischgericht fügte er das Gewürz der *Tiberologie* ad usum barbarorum bei.

Kopischs geschichtliche Bildung kann nicht sehr tief gewesen sein, da er mit teutonischer Gründlichkeit und ohne jede Kritik die Berichte seines Gastgebers in sein Büchlein aufnahm, das sonst ein vollendeter Fremdenführer ist.

Seine Fehler beginnen schon beim Namen der Insel, den er, wie viele vor und nach ihm, von *Capra*, der Ziege ableitet. Bedenkt man, daß die Griechen die Insel lange vor den Römern kolonisierten, so ist kaum anzunehmen, sie hätten erst auf diese gewartet, um ihr einen Namen zu geben; weit eher haben die Römer das Wort von den Griechen übernommen, bei denen es Eber bedeutet. Wahrscheinlich haben die Griechen die Insel nach den vielen Wildschweinen, die es dort gab, die *Eberinsel* genannt. Wer noch weiter zurückgreifen will, kann sich an die Phoiniker halten, die das Wort *Kapraim* für *zwei Städte* gebrauchten.

So von Pagano in Geschichte belehrt, spricht Kopisch wenig von Augustus, den die Insulaner immer mit einem gewissen Mißtrauen betrachtet haben, weil sie es sich nicht erklären konnten, wieso dieser Kaiser, der vierzig Jahre hindurch ihre Insel besuchte, nicht auch im Ruf stand, lasterhaft gewesen zu sein. Für Kopisch ist Tiberius der wahre Tyrann, *der grausame Herrscher*, der die Insel in ein Paradies der Sinne und in einen bezaubernden Sündenpfuhl verwandelt hatte, in dem er, der Glückliche, nach Belieben plätschern konnte.

Der gelehrte Maler verändert auch die Topographie, indem er Hügel durch mächtige Arkaden verbindet und Täler künstlich auffüllt. Er verwandelt Tempel, Grotten und Haine in Stätten der Lust oder in antike Lasterhöhlen. Sejanus, der in Wirklichkeit in Rom hingerichtet wurde, läßt er vom *Salto* der Villa Jovis in den Abgrund stürzen. Er berichtet von den Gepflogenheiten des Kaisers, heimliche Gänge von seinen Villen zu den Grotten bauen zu lassen, um sich unbeobachtet zu den schönen Mädchen zu begeben, die dort für ihn versteckt gehalten wurden.

Mit diesen und anderen netten Dingen geht die klassische Bildung des Notars in die Blätter der *Entdeckung der Blauen Grotte* über.

Das schlechte Wetter hinderte die Maler anfangs, die Rundfahrt um die Insel auszuführen, die Pagano ihnen vorgeschlagen hatte. Doch nützte er diese Zeit, um sie geistig auf das Abenteuer der Entdeckung vorzubereiten: er führt den Teufel als romantisches Motiv ein und improvisiert eine Sonate mit Variationen über das

Thema des Aberglaubens der Insulaner, die, ob auch gläubige Katholiken, besessen seien von der Furcht vor übernatürlichen Erscheinungen.
Als sich das Wetter besserte, schoß der Notar sein schwerstes Geschütz ab. Er erzählte seinen Gästen, er habe sein Leben lang gewünscht, das Geheimnis unter der berüchtigten Villa des Tiberius zu lüften, die auf einem Felsen über einer Grotte errichtet worden sei, zu der nur eine kleine Öffnung Einlaß gewähre. Der Ort heiße *Damecuta*, auch *Damechiuse*, eine deutliche Anspielung auf die Damen, die der Kaiser dort eingeschlossen hielt, um seinen Lüsten zu frönen. Er selbst, Pagano, ein überlegener Mann, habe der bösen Geister wegen nie den Mut gefunden, dort einzudringen, und auch nie einen Gefährten, der sich zu dem Wagnis bereit erklärt hätte.
Die beiden Deutschen, sofort Feuer und Flamme, wollen das Abenteuer gleich unternehmen. Don Giuseppe weiß einen alten Seebären, Angelo Ferraro, der nötigenfalls auch in das Haus des Teufels dränge, die Küste Zoll für Zoll kennt und bisher in jedes Loch geschlüpft ist, nur in die Grotte der okkulten Damen nicht. Also wird die Expedition in aller Heimlichkeit vorbereitet und Angelo Ferraro, genannt „il riccio", der Lockenkopf, hat die Aufgabe, sie technisch vorzubereiten, heimlich, um einen Volksauflauf zu vermeiden oder mindestens die familiären Aufregungen, zu denen es zweifellos käme, wenn jemand etwas von dem gefährlichen Unternehmen erführe.
Trotzdem gibt es Szenen von großer Wirksamkeit: es erscheint der Kanonikus Pagano, Bruder des Notars, und gibt zu bedenken, daß die Gewässer um den verdammten Ort von Haifischen, Tritonen und Sirenen wimmeln; er erinnert an den Fischer, der auf ein Riesentier stieß, es harpunierte, zwar noch zur Marina entkam, aber von schrecklicher Krankheit befallen in Verdammnis starb. Nun beschwören Frau und Töchter den Notar, von seinem gräßlichen Abenteuer abzusehen.
Aber am nächsten Morgen findet die Expedition dann doch statt, von den Deutschen mutig unternommen, während der Fischer in einer Art Bottich vorausrudert. Sie fahren bis vor den Eingang, und Kopisch, sehr geschickt in Leibesübungen, dringt schwimmend ein. Es folgt die übliche Rhapsodie von Licht und Farbe, der aufregende Fund eines geheimen Zuganges, der angeblich zur darüberliegenden Villa des Tiberius führen soll, wobei die Erforscher dieses Labyrinths in eine schlimme Lage kommen (aus der sie jedoch rasch wieder herausfinden) . . . und die Entdeckung ist gemacht.
Kopisch gibt im Fremdenbuch des Hauses Pagano, am 18. August 1820, Nachricht über seine Entdeckung, auch schreibt er noch im selben Monat einen ausführlichen Bericht an seine Mutter.

Sonderbar an der Geschichte ist, daß sie damals nicht den geringsten Eindruck hinterließ. Sicher erheiterte sie den Notar Pagano, der, ein großzügiger und jovialer Gastgeber, doch auch die eigenen Interessen im Auge hatte und es wohl für nützlich hielt, nach dem Verschwinden der *Grotta oscura* einen Ersatz zu finden, der die Begeisterung ihrer Besucher wecken und weiterhin als Anziehungspunkt dienen konnte.

Ferraro hatte sich inzwischen ein geeignetes Boot bauen lassen, flach genug, um durch den niederen Eingang schlüpfen zu können, und begann damit, Fremde dorthin zu führen und sich als den Entdecker der Grotte auszugeben, obwohl er natürlich wissen mußte, daß sie auch den anderen Fischern Capris längst bekannt war. Trotzdem zog die neue Grotte anfangs nicht, und auch der gebildete Humanist Feola erwähnt sie nicht, obwohl er die Insel 1828 eingehend erforschte und die Gegend, in der sich die neue Grotte befindet, Gradula nennt, eine Korruption von *gruptula* – Grotte; sie war also anscheinend allen bekannt, ohne daß ihr besondere Bedeutung beigelegt worden wäre. Sie entging auch der Aufmerksamkeit August von Platens, der Capri 1827 besuchte und ein Freund Kopischs war. Auch Waiblinger, der Autor des Märchens von der Blauen Grotte, hat sie nicht besucht.

Als der Eingang etwas erweitert wurde, fanden sich mehr Besucher ein, und nun entstanden die ersten begeisterten Schilderungen. Nach 1830 erschienen verschiedene Beschreibungen, so eine von Felix Mendelssohn-Bartholdy 1831, eine von Murawieff 1832 an Monseigneur Capece-Latro. Marianne Stark schildert sie in *Travels in Europe* 1833, Audot in *Italie* 1834, und schließlich erschien der phantastische Roman Hans Christian Andersens *Der Improvisator*, der außerordentlich zu ihrem Weltruf beitrug. Erst drei Jahre nach dem Erscheinen dieses Romans entschloß sich Kopisch, seine Entdeckung zu veröffentlichen. Da er aber bereits 1829 von Capri abgereist war, begann Ferraro die Entdeckung für sich in Anspruch zu nehmen. In einem Artikel des *Poliorama pittoresco*, Jahrgang 1837—38, wurde eine Ansicht der Blauen Grotte abgebildet, und im Jahrgang 1841—42 der gleichen Zeitschrift unter dem Titel *Angelo Ferraro, il riccio*, ein Bild des Fischers mit einem Artikel von Morgigni-Novella gebracht, worin Ferraro nachgerühmt wird, die Grotte bereits am 16. Mai 1822 entdeckt zu haben. Es gibt jedoch keine Anhaltspunkte für die Stichhaltigkeit dieses Datums, und der Versuch, den Fischer zu einem Vorläufer Kopischs zu machen, kann nicht ernsthaft belegt werden.

Als der Fremdenverkehr anschwoll und die Fischer aus dem Besuch der Grotte Nutzen zu ziehen begannen, wurde Ferraro bevorzugt und durfte die Fremden dreimal so oft führen als die anderen. Als er alt geworden, erbat man für ihn, als den Entdecker der Grotte, vom Innenministerium eine monatliche Unterstützung von dreißig Carlini.

13. Angelo Ferraro, genannt „il Riccio“, der August Kopisch in die Blaue Grotte ruderte. Aus der Zeitschrift „Poliorama pittoresco“.

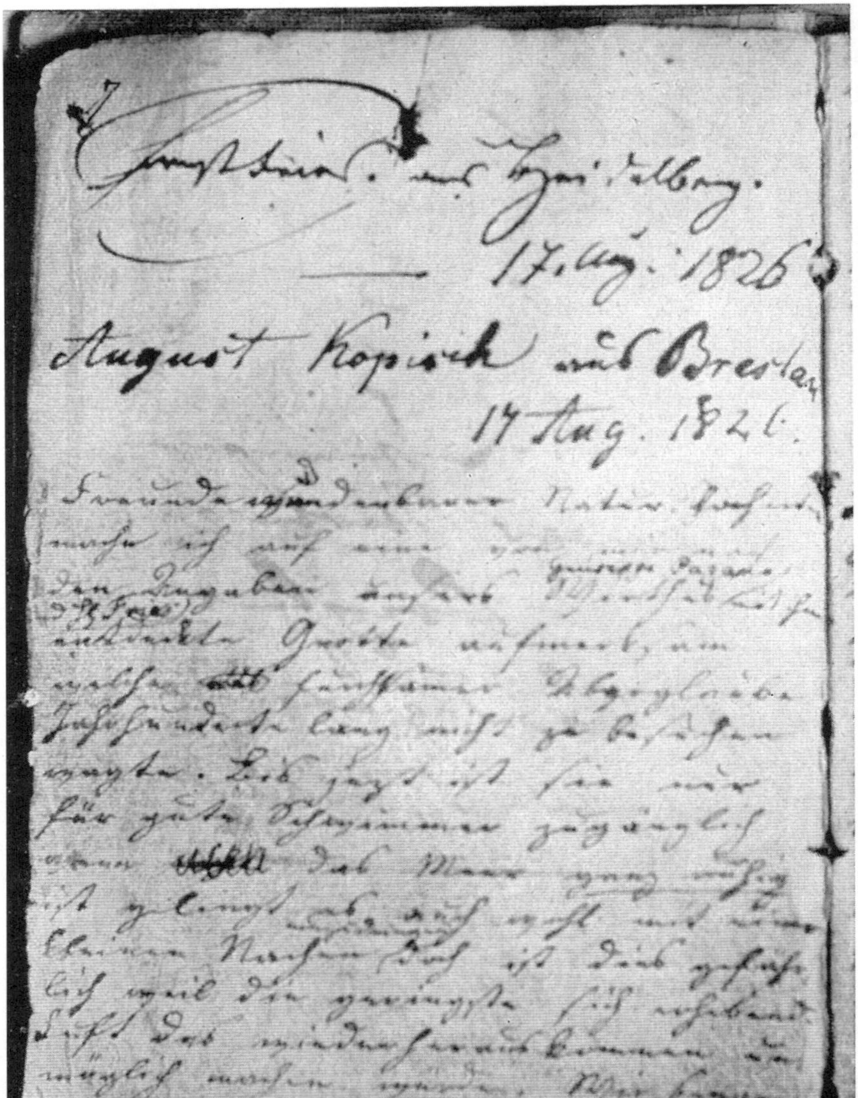

August Kopisch aus Breslau
17 Aug. 1826.

14. Seite aus dem Fremdenbuch des Albergo Pagano mit den Namen von August Kopisch und Ernst Fries und dem ersten Bericht über die Entdeckung der Blauen Grotte.

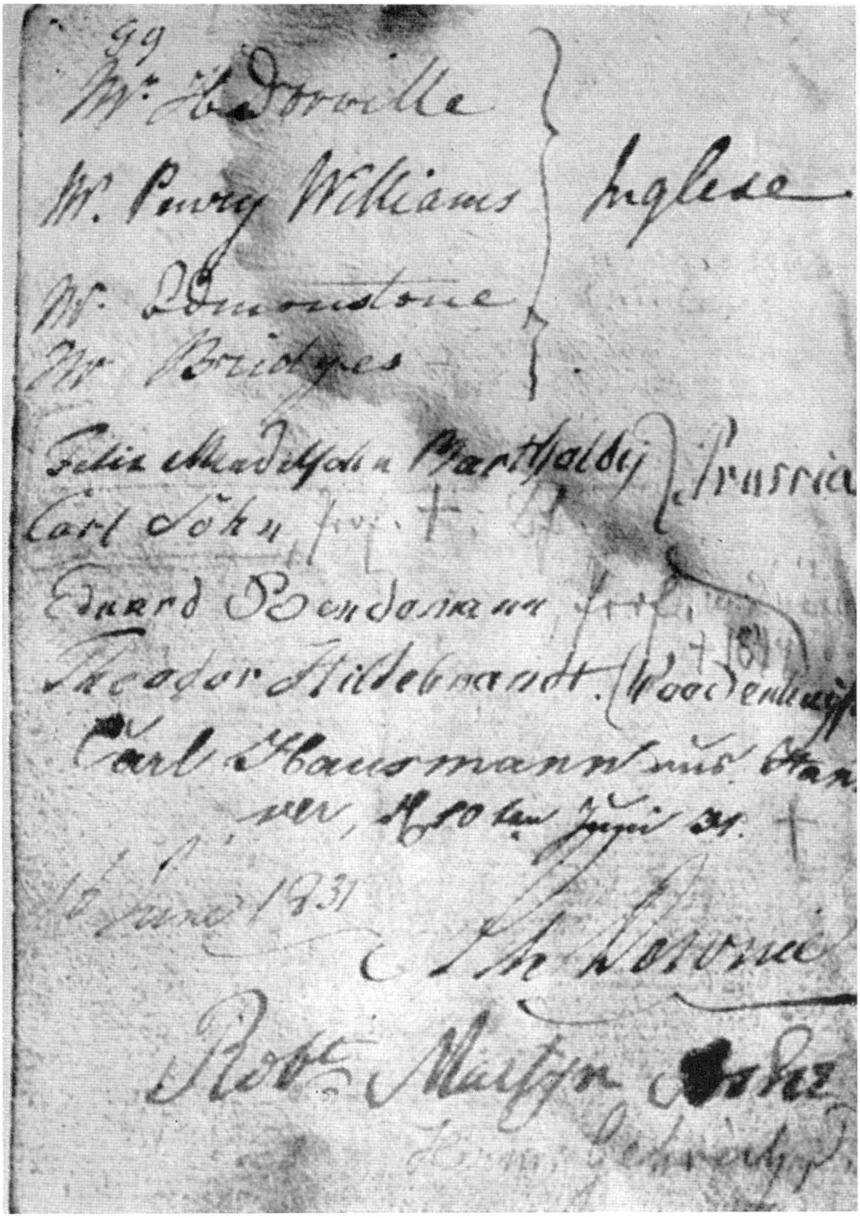
99
Mr. Percy Williams – Inglese
Mr. Bridges
Felix Mendelssohn Bartholdy – Prussia
Carl Söhn
Eduard Bendemann
Theodor Hildebrandt
Carl Hausmann aus Hannover, d. 10ten Juni 31.
1831

15. *Fremdenbuch des Albergo Pagano mit den Namen von Felix Mendelssohn-Bartholdy und der Maler Söhn, Bendemann und Hildebrandt.*

16. Donna Lucia, die Wirtin des „Kater Hiddigeigei“ bei einem mittäglichen Nickerchen. Zeichnung von Mabel Norman.

Nun machen sich der deutsche Maler und der capresische Fischer seit über einem Jahrhundert das Verdienst streitig, die Blaue Grotte entdeckt zu haben. In Anbetracht der Tatsache jedoch, daß die Grotte unter dem Namen *Gradola* in der prächtigen Karte des *Isolario Coronellis* aus dem Jahr 1696 eingezeichnet ist, kann im geographischen Sinn von einer Entdeckung nicht gesprochen werden. Allerdings wird das Verdienst des romantischen Fremden, der das kühne Abenteuer unternahm und die touristische Literatur um ein Weltwunder bereicherte, dadurch ebensowenig geschmälert, wie das des bescheidenen Fischers, der auch sein Plätzchen an der Sonne des Ruhmes wollte und es im Alter endlich zu einer monatlichen Rente von dreißig Carlini brachte.

August Kopisch ist zu Breslau am 26. Mai 1799 geboren und studierte in Dresden, Wien und Prag Malerei, wurde aber später, da er sich die Hand am Eis schwer verletzte, an der Ausübung seiner Kunst behindert. Ein mittelmäßiger Maler, war er ein gefälliger Dichter und begabter Schriftsteller, dessen Werke man nicht nach der *Entdeckung* beurteilen darf, die eine reine Gelegenheitsarbeit ist. Er war mit einer Schar Intellektueller befreundet, unter anderem mit Donizetti und Cammerano, dem berühmten Schauspieler, der für die Bühne von San Carlino nach dem Modell seines deutschen Freundes eine spassige Maske schuf, den Don Augusto prussiano — den preußischen August.

Mit der Folkloristik des Mittelmeeres beschäftigt, übersetzte Kopisch Lieder und Komödien aus dem Repertoire des Pulcinella. Seine Übertragung des *Guaraccino* ist ein kleines Meisterwerk. Er schrieb mit Cammerano ein Theaterstück in neapolitanischem Dialekt, das sein Glück machte, da der preußische Kronprinz, der spätere Friedrich Wilhelm IV., dessen Cicerone er während des Prinzen Besuch in Neapel war, ihn zum künstlerischen Beirat des Hofmarschalls ernannte.

Damals lernte Kopisch in Neapel Platen kennen und machte auf den oft mißmutigen Dichter einen, wie Platen selbst schreibt „nur zu tiefen Eindruck . . .". Der heitere schlesische Maler und Sänger kam dem einsam und schwermütig durch das Menschengewühl der Stadt wandelnden Dichter entgegen. Platen schreibt über Kopisch: „Da er bei allen seinen Vorzügen auch Dichter ist, und zwar einer, der es ernsthaft mit sich selbst meint, so läßt sich leicht denken, daß dadurch tausendfache Berührungspunkte zwischen uns entstehen."

Sie tauschten Oden aus, und Platen schildert das gemeinsame Baden am Posilip, wo Kopisch ihn im Schwimmen unterrichtete, er aber den Maler im Griechischen. Es sind frohe Tage, die die beiden Freunde mit dem Maler Großpitsch aus Breslau und mit Moritz Rugendas, der Platens Porträt gezeichnet hat, verbringen.

Doch Platen flüchtet vor dem Gewühl, dem Lärm und den Ausdünstungen der Stadt nach Sorrent und schreibt am 24. August an Kopisch: „Obgleich wir gestern und heute gewaltige Stürme auszustehen hatten, so ist es doch hier außerordentlich schön ..." Er richtete eine Ode *Einladung nach Sorrent* an Kopisch und begann seinen *Romantischen Ödipus*. Doch die Sorrentiner Gassenjungen verleideten ihm auch hier den Aufenthalt, und am 30. September 1827 fuhr er nach Capri.

Er findet die Insel „höchst reizend und malerisch; Trümmer der Tiberischen Paläste, von allen Seiten Aussichten, die alles übersteigen, was mir bisher vorgekommen". Mit dem Maler Rehbenitz, einem Freund von Cornelius und Overbeck, macht er die Fahrt um die Insel und reitet auf einem Esel auf den höchsten Punkt, den Monte Solaro, von dem aus der Golf bis Salerno und Paestum, der von Neapel mit Inseln und Vesuv zu übersehen sind; und so entsteht die herrliche Idylle *Die Fischer von Capri*, die den ganzen Zauber der Insel atmet.

Hast du Capri gesehen und des felsenumgürteten Eilands
Schroffes Gestad als Pilger besucht, dann weißt du, wie selten
Dorten ein Landungsplatz für nahende Schiffe zu späh'n ist:
Nur zwei Stellen erscheinen bequem. Manch mächtiges Fahrzeug
Mag der geräumige Hafen empfahn, der gegen Neapels
Lieblichen Golf hindeutet und gegen Salerns Meerbusen.
Aber die andere Stelle — sie nennen den kleineren Strand sie —
Kehrt sich gegen das ödere Meer, in die wogende Wildnis,
Wo kein Ufer du siehst, als das, auf welchem du selbst stehst.
Nur ein geringeres Boot mag hier anlanden, es liegen
Felsige Trümmer umher, und es braust die beständige Brandung.
Auf dem erhöhteren Felsen erscheint ein zerfallenes Vorwerk,
Mit Schießscharten verseh'n; sei's, daß hier immer ein Wachtturm
Ragte, den offenen Strand vor Algiers Flagge zu hüten,
Die von dem Eiland oft Jungfrauen und Jünglinge wegstahl;
Sei's, daß gegen den Stolz Englands und erfahrene Seekunst
Erst in der jüngeren Zeit es erbaut der Napoleonide,
Dem Parthenope sonst ausspannte die Pferde des Wagens,
Ihn dann aber verjagte, verriet, ja tötete, seit er
An's treulose Gestad durch schmeichelnde Briefe gelockt ward.
Steigst du herab an den sandigen Kies, so gewahrst du ein Felsstück
Niedrig und platt in die Wogen hinaus Trotz bieten der Brandung;
Dort anlehnt sich mit rundlichem Dach die bescheidene Wohnung
Dürftiger Fischer, es ist die entlegenste Hütte der Insel,
Bloß durch riesige Steine geschützt vor stürmischem Andrang,
Der oft über den Sand wegspült und die Schwelle benetzt ihr,
Kaum hegt, irgend umher, einfacher Menschen die Erde;
Ja kaum hegt sie sie noch, es ernährt sie die schäumende Woge.
Nicht die Gefilde der Insel bewohnt dies arme Geschlecht, nie
Pflückt es des Obstbaums Frucht, nie schlummert es unter dem Palmbaum:
Nur die verwilderte Myrte noch blüht und der wuchernde Kaktus

Aus unwirtlichem Stein, nur wenige Blumen und Meergras;
Eher verwandt ist hier dem gewaltigen Schaumelemente
Als der beackerten Scholle der Mensch und dem üppigen Saatfeld.
Gleiches Geschäft erbt stets von dem heutigen Tage der nächste.
Immer das Netz auswerfen, es einziehn; wieder es trocknen
Über dem sonnigen Kies, dann wieder es werfen und einziehn.
Hier hat frühe der Knabe versucht in der Welle zu plätschern,
Frühe das Steuer zu drehen gelernt und die Ruder zu schlagen,
Hat als Kind mutwillig gestreichelt den rollenden Delphin,
Der, durch Töne gelockt, um die Barke heran sich wälzte.
Mög euch Segen verleihen ein Gott, samt jeglichem Tagwerk,
Friedliche Menschen, so nah der Natur und dem Spiegel des Weltalls!
Möge, da größeren Wunsch euch nie die Begierde gelispelt,
Möge der Thunfisch oft, euch Beute zu sein, und der Schwertfisch
Hier anschwimmen! Es liebt sie der Esser im reichen Neapel.
Glücklicher Fischer! Wie auch Kriegstürme verwandelt den Erdkreis,
Freie zu Sklaven gestempelt und Reiche zu Dürftigen, ihr nur
Saht hier Spanier, saht hier Briten und Gallier herrschen,
Ruhig und fern dem Getöse der Welt, an den Grenzen der Menschheit,
Zwischen dem schroffen Geklüft und des Meers anschwellender Salzflut.
Lebet! Es lebten wie ihr des Geschlechts urälteste Väter,
Seit das Eiland einst vom Sitz der Sirene sich losriß,
Oder die Tochter Augusts hier süßes Verbrechen beweinte.

In dieser Zeit finden wir viele andere bekannte Deutsche in Capri, die zur Gruppe der Odysseer gehörten, so Friedrich Preller, einen der glücklichsten Illustratoren Capris, oder Johannes Proells, der mit deutscher Methodik ein homerisches, tiberianisches und hohenstaufisches Capri unterscheidet; und den jungen Dichter Wilhelm Waiblinger, der, im Auftrage des Verlagshauses Cotta nach Italien gereist, auf Capri den Plan zu einem Hohenstaufendrama faßte, auch er, wie so viele Deutsche nach ihm, beeinflußt von der Tatsache, daß Capri einmal unter der Herrschaft der Schwaben-Kaiser gestanden, das Kastell Barbarossa für ein Schloß Friedrichs I. haltend, während es seinen Namen nach dem berühmten Korsaren Kairedin Barbarossa führt, dem Schrecken des Mittelmeeres, der es vielleicht vorübergehend bewohnte und Raubzüge von hier unternahm.

Im Gästebuch des Hauses Pagano sind unter der Bezeichnung „Preußen" noch vier Namen zu finden, die interessant sind: Carl Sohn, Eduard Bendemann, Theodor Hildebrandt und Felix Mendelssohn-Bartholdy, der hier die *Walpurgisnacht* komponierte.

Als Nachfolger der Odysseer erscheint um die Mitte des Jahrhunderts eine andere Dichtergruppe, angeführt von Ferdinand Gregorovius, dem künftigen Historiker des mittelalterlichen Roms, Kaiser Hadrians und Lucrezia Borgias. Er und die

Dichter Viktor von Scheffel und Paul Heyse nehmen Quartier im Hotel Pagano, dem alten Stützpunkt der Deutschen, wo nach dem Tode des braven Notars Giuseppe sein Sohn, Don Michele, die traditionelle Gastfreundschaft sorgsam weiterpflegt.

Gregorovius veröffentlicht im Jahr 1851 eine Tragödie *Der Tod des Tiberius*, die jedoch von geringer dramaturgischer Wirkung ist. Ehe er sich in Rom niederließ, wo er die Hauptzeit seines Lebens verbrachte, reiste er viel durch ganz Italien und sammelte seine Eindrücke in *Wanderjahre in Italien*, herausgegeben bei Brockhaus 1856, einem Meisterwerk der Reiseliteratur. Ein Juwel in dieser Sammlung ist *Capri, eine Einsiedelei*, die schönste Schilderung der Insel, die je geschrieben wurde und die man heute nur noch mit Schmerz und Rührung liest, wenn man bedenkt, daß diese Einsiedelei ihre göttliche Schönheit innerhalb eines Jahrhunderts der Fremdenindustrie geopfert hat. Überwältigt von der Verzauberung des Ortes, wird Gregorovius zum Dichter, befreit sich von den Klassikern und schaut mit eigenen Augen, die Seele durstig nach Poesie.

An einem Sonntag angelangt, wohnt er einer Prozession bei, sieht die Männer in ihren weißen Kapuzen, das Haupt von einem Brombeerkranz umwunden, die Frauen in Schleier gehüllt, mit jammervoller Litanei Gott um Hilfe gegen die Rebenkrankheit anflehend, die die Insel bedroht. Der Romantiker genießt das fast antike Schauspiel, das ihn an Bacchanalien gemahnt, gerührt von der Naivität und Ursprünglichkeit des Volkes, das seine alten Sitten bewahrt hat, nur Friede, Armut und Fleiß kennt, und von den Lastern der Zivilisation nichts weiß.

Allerdings war Capri damals wirklich noch ein romantisches Idyll, und die Kunst, bei ehrlichem Verdienst gastfrei zu sein, hatte sich noch nicht in die verwandelt, den Reisenden die Taschen zu leeren; noch hatten die großen Wege des Verkehrs die Insel nicht mit dem mühelosen Reichtum überschüttet, der so verderblich ist. So war es Gregorovius noch möglich, zuzusehen, wie Frauen und Mädchen, beim Ausladen der Schiffe behilflich, schwere Lasten auf die Köpfe luden und von der großen Marina auf die Certosa trugen, während die Männer, wenig ritterlich, ihnen bei dieser Arbeit zusahen. Über dieses Thema haben sich viele fremde Schriftsteller ausgelassen, ohne zu wissen, wie stolz die Frauen Capris diese Arbeit verrichteten und wie sie sich brüsten können, alle Häuser der Insel, Stein für Stein, auf ihrem Kopf getragen zu haben. Während die Grazie der Insulanerinnen auf Waiblinger, der sie nur stark, gesund und frisch fand, so gut wie keinen Eindruck machte, war Gregorovius betroffen von ihrem Zauber, der ihre Schönheit noch übertrifft. Die Mädchen aus Anacapri scheinen ihm Danaiden, die aus Capri Gestalten des Perugino. Der Typ des Mädchens aus Capri, mit dem griechischen Profil, der leidenschaftlichen und einfachen Seele, tugendhaft und arbeitsam, wie

Gregorovius ihn geschaffen, hat später die capresische Literatur um viele Seiten bereichert.
In einem seiner Hauptwerke, der *Geschichte des Kaisers Hadrian*, bestätigt Gregorovius kraft seiner Autorität die Opferung des Hypatos in der Grotte von Matromania, eine Legende, die längst zu den überholten Behauptungen der Gelehrten des vorigen Jahrhunderts gehört.

Wir kommen nun zu Scheffel.
Viktor von Scheffel, ein junger Student der Rechte, begeisterte sich während seiner Referendarpraxis in Säckingen für die pathetische Geschichte des Trompeters Werner, der in die schöne Margarete verliebt war und deren Herz er durch die gefühlvollen Klänge seiner Trompete gewann. Scheffel, der sich mit der Gelehrsamkeit der Pandekten nicht recht abfinden konnte, erhielt die Erlaubnis seines Vaters, nach Rom zu gehen und dort Malerei zu studieren.
Doch in Rom überwältigte ihn die Erinnerung an Werner und Margarete; er ließ Pinsel und Leinwand stehen, reiste über Sorrent nach Capri, wo er am 11. März 1853 ankam und in sechs Wochen das letzte Meisterwerk der deutschen Romantik, den *Trompeter von Säckingen* schrieb.
In der schönen Widmung an seine Eltern schreibt er:

Wer ist dort der blonde Fremde,
Der auf Don Paganos Dache
Wie ein Kater auf und ab geht?

Die Szene, von Anton von Werner illustriert, blieb in den Herzen vieler Deutscher der vorigen Generation lebendig, während heute die Erinnerung an jene Zeit erlischt und mancher deutsche Reisende sich frägt, warum ein berühmtes Café in Capri *Zum Kater Hiddigeigei* heißt.
Der Kater, eine wichtige Persönlichkeit des Gedichtes, versenkt sich in die Betrachtung der Welt, die ihn dazu verleitet, zu philosophieren. So erzählt der Dichter von seinem Leben in Capri:

Manchen goldgrüngelben Seefisch,
Manchen Hummer und Polypen
Zehrt ich auf und unbarmherzig
Trank ich, wie Tiber, den Rotwein,
Unbarmherzig dichtend schritt ich
Auf dem Dache . . .

Während Scheffel sein Gedicht in Capri sang, arbeitete sein junger Freund Paul Heyse am Idyll *L'Arrabiata*, die erste seiner Novellen mit italienischem Hintergrund. Es folgt *Auf Capri* und *Hochzeit auf Capri.*

Julius Grosse, Gast im Albergo Pagano, schrieb 1856 *Das Mädchen von Capri*, das viel Erfolg hatte. Er gehörte mit Heyse und Lingg zur Dichtergruppe um Geibel.

Dann folgten die Maler Muhr, Passini, Alex Hagen.

Im April 1859 kam Ernst Haeckel nach Neapel und wohnte in Santa Lucia. Er war eingeladen worden, die Fauna des Mittelmeeres zu studieren.

Doch die für ihn so neue Flora überwältigte ihn, und so strich er botanisierend umher und klassifizierte die Pflanzen, die er sammelte und genau beschrieb. Begeistert von der Stadt, vom Vesuv und der Umgebung Neapels, kann er sich als Nordländer an die Neapolitaner nicht gewöhnen; als leidenschaftlicher Protestant ist er unfähig, die Gebräuche, Sitten und Leidenschaften eines südlichen Volkes zu verstehen. In seinen Briefen kann er sich an der Schilderung der südlichen Landschaft nicht genug tun, versäumt aber keine Gelegenheit, die Neapolitaner zu verleumden, Dämonen, die ein Paradies bewohnen.

Der Treffpunkt der Deutschen der damaligen Zeit war die preußische Apotheke Bernkastel, in San Francesco di Paula, wo Haeckel Allmers begegnete, mit dem ihn sofortige Freundschaft verband, auf den Hängen zweier Vulkane, dem Epomeo und dem Vesuv, unter heißen Umarmungen geschlossen. Ein Ausflug nach Ischia wird durch ein Gedicht Allmers' unsterblich, es heißt *Meerfahrt in der Zaubernacht*, und Haeckel schildert einen schrecklichen Ausbruch des Vesuv in einem Brief an seine Braut, Anna Sethe.

Haeckel kam im Mai nach Capri, aber erst im August ließ er sich mit seinem Freund einen Monat auf der Insel nieder, ein Aufenthalt, glücklich und verzaubert, eine Rhapsodie jeder Stunde, im Zustand der Gnade erlebt.

Der junge Naturforscher, ein geschickter Zeichner, wie sich später bei den wundervollen Illustrationen zu den Radiolarien herausstellt, wird hier zum Dichter und gerät mitten ins Leben der Bohème. Er vernachlässigt Algen, Polypen und Seesterne um die Malerei und denkt daran, die Wissenschaft der Kunst wegen an den Nagel zu hängen, erkennt aber dann, daß sein Schicksal schon vorgezeichnet ist, und findet sich damit ab, als „resignierender Bücherwurm" sein Leben zu Ende zu leben. Die Botanik ergreift ihn wieder, und in den Briefen an seine Braut schreibt er begeistert von seinen Beobachtungen über die südliche Flora, die für die Insel typisch ist, hauptsächlich aber für die Macchia.

An diese glücklichen Tage erinnert Haeckel in seiner *Italienfahrt*, als an die glücklichsten seines Lebens. Die Orte, die er mit dem Pinsel wiedergab, die göttliche Alchimie der Farben genießend, deren Licht und Schatten er als neue Erfahrung mit lyrischem Sinn in sich aufnimmt, schildert er in seinen Briefen an Anna Sethe und zeigt uns einen neuen Haeckel, einen romantischen, geistreichen Dichter. Wer diese Prosa liest, würde nie in dem tiefen, idealen und anmutigen Geist den Keim zum philosophischen Gedanken vermuten, der die Welträtsel zu lüften suchte. Vielleicht finden sich im Ernst-Haeckel-Haus in Jena zwischen den vielen Reliquien seines arbeitsreichen Lebens auch einige Bilder, die er in Capri malte. Gewiß werden sie seinen Entschluß, als mikroskopierender Bücherwurm enden zu wollen nicht bedauern lassen.

17. Zeichnung von Anton von Werner zum „Trompeter von Säckingen", die den jungen Scheffel auf dem Dach des Albergo Pagano darstellt.

18. Karikatur des Dichters Victor von Scheffel.

VIII.

FRANZOSEN AUF CAPRI

Alexandre Dumas, der große französische Romancier, ließ sich 1835 zum ersten Male in Capri blicken. Von dieser Pilgerfahrt in Italien hat Dumas in einem heute fast unauffindbaren Buche, *Le Speronare*, Bericht erstattet, ein Titel, der sich auf das Schiff, eine sogenannte „Speronara“ bezieht, auf welcher Dumas mit einem Freund die Reise von Neapel nach Capri, Kalabrien und Sizilien zurücklegte.

Sie landeten auf der großen Marina und entdeckten, daß sie sich auf der Insel des Tiberius befanden, worauf Dumas sich beeilte, seine Kenntnisse auszukramen: er erneuerte das Klischee des *grausamen Tyrannen* und behauptete, Tiberius habe sich damit beschäftigt, zu dichten: „quelques vers grecs, qu'il venait de composer“.

Nun wissen alle, oder sollten es doch wissen, daß die mittelmäßigen, von den Höflingen gelobten Verszeilen auf Masgaba und Apragopolis nicht von Tiberius stammen, sondern von Augustus. Dumas hätte es auch bekannt sein sollen, daß es Tiberius war, der plötzlich die seinem Vorgänger so teuere Tradition unterbrach und nicht nur keinen Geschmack mehr an der griechischen Sprache fand, sondern sie sogar ganz vom Hofe verbannte. Der unschuldigste Gräzisismus ärgerte ihn, und der kleinste anakreontische Vers versetzte ihn in Wut.

Da der berühmte Romanschriftsteller in Einzelheiten über das Leben des Kaisers, der den Capresen so teuer ist, schwelgt, macht es Spaß, ihm einen Fehler nachzuweisen, der jeden ehrlichen Botaniker erschauern ließe. So erzählt er, Tiberius habe seiner Wollust in *bosquets d'Orangers* gefrönt, „wo sich schöne Jünglinge und hübsche junge Mädchen verborgen hielten.“

Es ist aber einwandfrei festgestellt, daß der Orangenbaum den Römern unbekannt war. Wenn also Dumas daran lag, die sündigen Gewohnheiten des alten Feinschmeckers mit Wohlgerüchen zu parfümieren, hätte er sagen müssen, daß Tiberius sich unter Zitronenbäumen erging, und zwar dem Citrus medica, denn gerade ihn hatte Tiberius in Capri eingeführt, wo er noch heute kultiviert wird.

Die Liste der Fehler ist damit nicht erschöpft. So, wenn Dumas, um die Glorie der Franzosen zu besingen, behauptet, sie hätten 1808 bei der Landung erst den *rempart granitique* vom Fort Santa Barbara überwinden müssen, das niemals existiert hat. Er ist allerdings nicht der einzige Schriftsteller, der den Steinbau der Insel in einer Weise schildert, daß sich dem Geologen die Haare sträuben. Denn die Seele Capris ist ganz und gar kalkhaltig, und es dürfte auch dem berühmtesten Autor nicht erlaubt sein, sie für einen Ausläufer der Pyrenäen oder der Alpen zu halten und, wie Adolphe Ribauf dies tut, von Mauern aus Basalt und Porphyr zu sprechen.

Trotz all seiner Anachronismen, seiner botanischen Irrtümer und seiner geologischen Unbekümmertheit führt Dumas eine unübertreffliche Feder, und seine Beschreibung der Blauen Grotte, „eine ungeheure azurne Höhle, als hätte es Gott Spaß gemacht, aus dem Rest des Firmaments ein Zelt zu machen", ist ein kleines Meisterwerk. Hätte er sich doch damit zufrieden gegeben, nur Dichter zu sein. Statt dessen fühlt er sich in der wunderbaren Grotte als Archäologe und gibt uns damit einen neuerlichen Beweis seiner unsicheren Bildung.

Nachdem er sich in der Grotte umgesehen, schließt er, sie müsse, aller Wahrscheinlichkeit nach, den Alten unbekannt gewesen sein, weil wir sonst durch die Historiker von ihr gehört hätten, denn: „Tiberius, der alte Lüstling, hätte sie ohne Zweifel zum Schauplatz einiger seiner ungeheuerlichen Orgien gewählt." Wie wäre es sonst möglich, daß ihm, so gierig nach raffinierten Wollüsten, ein solcher Ort entgehen konnte?

Das schönste ist, daß er es versucht, den Fall geologisch zu erklären: „Vielleicht war das Meer zu jener Zeit höher als es jetzt ist und das Meereswunder war nur der Amphitrite und ihrem Hofstaat von Sirenen bekannt."

Hätte Dumas sich etwas länger und gründlicher umgesehen, wie Kopisch und viele andere berühmte Besucher dies taten, wären ihm die zahlreichen Spuren römischer Mauerwerke im Hintergrund der Grotte nicht entgangen. Sie beweisen, daß die Grotte den Alten bekannt war und von ihnen besucht wurde, wenn auch nicht um dort „ungeheuerlichen Lüsten zu frönen", was schon der Mangel an Bequemlichkeit an Ort und Stelle ausschloß, so doch, um im Sommer die Kühle zu genießen und hier zu baden.

Der Autor so vieler romantischer Bücher las schlecht in dem Buch der Natur; ein Blick hätte ihm genügen müssen, um zu erkennen, daß der Meeresspiegel in der Antike niedriger lag und nicht höher, das Blau der Grotte daher neueren Datums ist, und der Lichteffekt damals nicht derselbe sein konnte wie heute. Er hätte sich also sein Bedauern darüber schenken können, daß den Römern dieses anregende Farbenspiel entging. Aber ob blau, grün oder rosa, Tiberius und seine Höflinge besuchten die Grotte gewiß nicht um ihre Färbungen zu genießen, sondern um während der heißen Sommertage dort Bankette zu feiern, wie das herrliche Fragment einer Kamee beweist, das in der Grotta del Arsenale gefunden wurde und sich heute im Metropolitan-Museum in New York befindet.

Von Dumas' Erscheinung sind jene Persönlichkeiten nicht zu trennen, die unter dem Titel *Unbekannte Neger* in nicht sehr zu beneidender Arbeitsgemeinschaft mit ihm standen, und auch in Capri zur Legende des Autors der *Drei Musketiere* beigetragen haben. Wir wollen hier nicht so boshaft sein wie Gérard in seinen *supercheries littéraires*, noch so zudringlich wie Jacquot, der Dumas den Autor der *Fabrique de romans, Maison Alexandre Dumas et Cie.* nennt, wir wollen nur unter uns ein wenig über ihn lästern und stellen also unseren Capresen honoris causa, den Cavaliere Don Carlo Bonucci vor.

Bonucci hatte sich mit einem Werk über Pompeji, 1823 publiziert, einen Namen gemacht, und nicht nur die Aufmerksamkeit der Altertumsforscher, sondern auch die Gnade der Königin von Neapel auf sich gelenkt. Da er sich große Übung in den Ausgrabungen erworben hatte und tiefgehende humanistische Kenntnisse besaß, ernannte ihn der König von Neapel zum Direktor der Ausgrabungen von Herculaneum. Nachdem er die Häuser längs der Strada della fortuna bloßgelegt, entdeckte er in der *Casa del Fauno* das größte Mosaik des Altertums, die berühmte Schlacht zwischen Persern und Griechen. Dieses Mosaik erweckte das Interesse ganz Europas. Mit seinen Publikationen *Pompei descritta e dipinta, Ercolano e Stabia, La tomba di Virgilio* und zahlreichen anderen weniger wichtigen Schriften über Pozzuoli und Bajä machte er das Ausland mit den Untersuchungsmethoden bekannt, deren Impulse von ihm, dem Marchese Arditi, von Fiorelli, einem bekannten Archäologen, und von Ruggiero ausgegangen waren.

Bonuccis Werke sind fast alle in französischer Sprache erschienen und brachten ihm die Freundschaft vieler großer Geister seiner Zeit ein. Als aber die Bourbonen in Neapel gestürzt wurden, mußte Bonucci, der dem König treu geblieben war, sein Amt verlassen und ohne weitere Hilfsmittel nach Capri in sein Haus zurückkehren, wo er die Beziehungen zu Dumas, den er in Neapel kennengelernt hatte, wieder aufnahm.

Es ist möglich, daß er von Capri aus an der Mache zahlreicher Romane Dumas mitgearbeitet hat, sicher aber an der großen Geschichte der Bourbonen, obwohl deren erste Ausgabe, vom *Indipendente* herausgegeben, sich nannte: *I Borboni a Napoli di Alessandro Dumas*, und auf dem Umschlag folgende Notiz trug: „Diese Geschichte ist nach neuen und unveröffentlichten Dokumenten geschrieben, die vom Autor selbst in den geheimen Archiven der Polizei und des Auswärtigen Amtes in Neapel entdeckt wurden."

Wem soll man glauben? Gewiß wird die Anklage der Zeitgenossen und der Nachgeborenen dem Genius des berühmten Schriftstellers nicht viel anhaben, der von sich selbst sagte, er benütze so viel Mitarbeiter wie Napoleon Generale. Aber es beleuchtet seine Arbeitsweise und den großen Beitrag der italienischen Freunde an seinem Werk. Wie man jetzt weiß, war Fiorentino der bekannteste. Dieser längst vergessene Literat, ein unter die Räder gekommener Journalist, war 1836 von Neapel nach Frankreich emigriert und erlernte und beherrschte das Französische so vollkommen, daß er mit seiner Übersetzung der *Divina Commedia* ins Französische eine Arbeit vollbrachte, die von Sarcey als eines der größten Kunstwerke der Zeit bezeichnet wird. Ein tiefschürfender Kritiker, war er, nach Sarcey, Jadin und Gauthier überlegen, fand sich aber aus Elend damit ab, den schwarzen Literaten für Dumas abzugeben und ihm das Material für seine Romane mit italienischem Fonds zu liefern und in Gemeinschaft mit Maquet den größten Beitrag zu dem zwölfbändigen Wolkenkratzer zu leisten, den der *Graf von Monte Christo* darstellt. Jedenfalls war er aber besser bezahlt als Bonucci, wenn man nach dem einzigen Brief schließen darf, der, von Dumas' Hand, in der Bibliothek Capris erhalten ist und dessen Text lautet:

Mein lieber Bunocci,
es ist zwischen uns ausgemacht, daß Sie mir behilflich sein werden, die nötigen Nachforschungen für mein großes Werk über Neapel zu machen und mir alle Anmerkungen und Gravuren, die Sie in Besitz haben, überlassen, damit ich selbst Zeichnungen und Korrekturen danach durchführen kann. Es ist ausgemacht, daß ich Ihnen mein Manuskript nach Maßgabe der Fertigstellung übergebe und Sie es mir übersetzt und druckfertig zurückstellen. Endlich ist ausgemacht, daß diese Anmerkungen mir 250- bis 300000 Buchstaben liefern müssen. Schließlich als letzte Abmachung kommen wir überein, daß ich Ihnen 500 Francs pro Band für die Arbeit bezahle und Sie gütigst anerkennen wollen, lieber Freund, heute, den 16 Jänner, den Preis für die ersten beiden Bände erhalten zu haben.
Nehmen Sie meinen Dank entgegen, lieber Freund, für die Hilfe, die ich von Ihnen empfing und glauben Sie an meine Ergebenheit.
16. 1. 1861 A. Dumas

Wozu über Dumas noch zu sagen wäre, daß er sich Garibaldi angeschlossen hatte und 1860 einige Monate lang Direktor des Museums von Neapel war.
In den sechziger Jahren des vorigen Jahrhunderts gab die Dampfschiffahrt der Reiselust neue Anregungen und der Besuch der Insel wurde immer internationaler. In dem berühmten Gasthaus, das bisher ausschließlich Gebiet der Deutschen gewesen, tauchten nach dem leuchtenden und flüchtigen Erscheinen Dumas' andere Gestirne Frankreichs auf. Im Albergo Pagano finden wir unter anderen Berühmtheiten J. J. Henner, dessen Selbstporträt in den Uffizien aus einer Zeit stammt, in der er schon reich und anerkannt war. Elsässer von Geburt, ist er einer der stärksten Koloristen seiner Zeit, der, nachdem er seine Studien bei Guérin in Straßburg be-

gonnen, bei Drolling und Picot in Paris sich zu seltener Meisterschaft aufschwang, den Prix de Rome gewann und 1858, die Augen noch voll mit Visionen Holbeinscher Bilder, sich in Italien an Giorgione und Correggio berauschte und nun eine Welt von Nymphen und Najaden und nackten Gottheiten in der Pracht ihres Fleisches schuf.

Heute ist Henners ganzes Werk in Paris im Museum untergebracht, das seinen Namen trägt. Von ungefähr achtzig Bildern erregen acht Ansichten von Capri aus den Jahren 1859 bis 1864 Aufsehen.

Im Jahr 1869 nahm Tristan Corbière in Capri Aufenthalt. Er hatte damals schon viel von sich reden gemacht, die Gemüter teils zu Lob, teils zu Widerspruch gereizt; eine aufsehenerregende Erscheinung, hat er als Karikaturist begonnen, sich aber den wenigen Eingeweihten mit *Les amours jaunes*, in denen Huysman nichts sieht als *bibelots rares*, zu erkennen gegeben. Jules Laforque, der Hauptvertreter der Symbolisten, gibt seine Verwandtschaft mit ihm zu, obwohl er die Verse „cassant, cinglant, à la cravache“ nannte. Vergeblich versuchten raffinierte Außenseiter, den neuen Dichter durchzusetzen, der in der Bretagne als Maler bekannt war. Das Publikum verstand weder die Schönheit, noch die Originalität seiner Verse und war weit eher geneigt, das bescheidene Urteil des Dichters zu übernehmen, der von sich sagte: „Die Kunst kennt mich nicht und ich kenne die Kunst nicht“, und von sich behauptete, nur von ungefähr Dichter und Maler zu sein.

Sein Ruhm ist ganz posthum. In der französischen Literatur durch Paul Kalig entdeckt, erlebte er seine Auferstehung durch Verlaine, der in ihm die eigene geistige Potenz wiederfand und ihn für den ersten der *Poètes maudits* erklärte.

Les amours jaunes sind die Beichte seines Lebens, Bodensatz der Bitterkeit, Bekenntnis vom Erdenwallen eines echten Nachfolgers Villons und wirklich männlichen Dichters, eines Vorläufers der „ungereimt Dichtenden“.

Während seines langen Aufenthaltes in Capri gab Corbière sich hauptsächlich als Karikaturist aus, und viele seiner reizenden Zeichnungen sind im Albergo Pagano aufgehoben.

Als Maler folgen Henner und Sain, den Gautier begeistert anführt. Hamon blieb zehn Jahre in Capri, stellte seine Bilder aber alljährlich im Salon aus, Bilder, die ihm den Namen *Peintre des Capriotes* eintrugen.

Sain, der 1875 eine Insulanerin heiratete, machte zwar in Paris eine Schule auf, kam aber doch jedes Jahr auf einige Monate nach Capri, wo er seinen Zeitgenossen Jean Brenner traf, einen Romantiker, der später das Glück hatte, seine Bilder durch Reproduktion weit verbreitet zu sehen. Sein Sohn, Many Brenner, in Capri geboren, berühmter Porträtist und Direktor des Museums Henner in Paris, wurde zum Verherrlicher der capresischen Landschaft.

Alle diese französischen Künstler waren nach Capri gekommen, um die Seligkeiten der Insel zu genießen, deren Ruhm die Welt durchlief. Es kamen aber auch Fremde, die nur Vergessenheit suchten, wie Camille du Commun du Locle, dem es wirklich gelang, hier in Vergessenheit zu geraten. Denn selbst in Frankreich, wo er zu seiner Zeit einen erheblichen Anteil am Theaterleben hatte, wissen nur noch wenige von ihm, in Italien aber erinnert sich fast niemand mehr, wieviel er zum Ruhm Verdis beitrug, dessen glücklichster Librettist und feurigster Verehrer er war.

Der geheiligte Larousse, der ihn zwar als den Librettisten der Aida anführt, behauptet zugleich, der Khedive von Ägypten habe Verdi den Auftrag zu diesem Werk erteilt. Tatsächlich aber war es du Locle, der, wie wir sehen werden, Verdi als Komponisten für diese Oper vorschlug.

Sohn eines sehr bekannten französischen Bildhauers, wurde er 1832 in Orange geboren, lernte an der *Ecole des Chartes* und studierte dann, preisgekrönt, in Italien. Vom Theater angezogen, entschloß er sich zur Dramaturgie und wurde bald der Librettist Dupratos. Gemeinsam mit Méry schrieb er die Texte des *Don Carlos* und der *Macht des Schicksals* für Verdi.

Seine Erfolge als Librettist und die feine Intuition in der Regie brachten ihm die Ernennung zum Direktor der *Opéra Comique*. Am musikalischen Himmel Frankreichs leuchteten damals Meyerbeer, Halévy und Auber; der Stern Félicien Davids war im Aufsteigen. Er war aus dem Orient, wo er sich der komisch-musisch-religiösen Expedition der Saint-Simonisten angeschlossen hatte, zurückgekehrt und wollte dem staunenden Europa den Orient ebenso musikalisch offenbaren, wie es Décamps in der Malerei getan hatte. Von seiner Reise tief beeindruckt, komponierte er *Le Désert*, dessen riesiger Erfolg ihn überraschend zur Berühmtheit machte. So kam der Orient in Mode. Denn auch Ägypten lenkte in dieser Zeit die Aufmerksamkeit ganz Europas auf sich. Ismail Pascha war es nämlich gelungen, sich vom bloßen Wali, das heißt Statthalter der Türkei, zum Khediven aufzuschwingen und gleichzeitig die Verhandlungen wegen des Suezkanals der Jurisdiktion Ägyptens zu unterstellen. Zur Feier der Eröffnung des Suezkanals sollte eine Oper aufgeführt werden, und der Khedive beauftragte Mariette Bey, für die in Aussicht genommene Aufführung einen Autor und ein passendes Stück zu finden. In Memphis fiel eines Nachts Mariette Bey eine alte heroische Legende ein, die er, rasch skizziert, dem Khediven vortrug, und deren Inhalt, von höchster Stelle genehmigt, an Camille du Locle weitergegeben wurde, damit er ein Libretto schreibe. Der Einfluß Frankreichs war damals in Ägypten vorherrschend und der Ruhm des Schöpfers des „Désert" noch lebendig, also wurde zuerst an David gedacht, der aber, ein sehr langsamer Arbeiter, sich nicht verpflichten konnte, die Oper in sechs Monaten zu schreiben, wie es für die Eröffnung nötig war. Nun wurde

Richard Wagner vorgeschlagen. Doch du Locle widersetzte sich und erinnerte die Auftraggeber an die Erfolge Verdis, des Komponisten des *Don Carlos* und der *Macht des Schicksals*. Es gelang ihm, Ismail Pascha zu überreden. Verdi wurde mit der Arbeit betraut. Das Ergebnis ist bekannt. Die triumphale Erstaufführung fand am 24. Dezember 1871 in Kairo statt und die *Aida* wurde eine der populärsten Opern der Welt.

Du Locle ist von Verdis Ruhm kaum gestreift worden; und doch bestand sein Hauptanteil an dem Werk nicht so sehr im Libretto, das er zu dieser Oper geschrieben hat, als darin, Verdis Genie erkannt und durchgesetzt zu haben. Ein kühner Neuerer, frischte er den Geist der *Opera Comique* auf und setzte Namen und Werke durch, deren Wert erst von den Nachfahren richtig erkannt wurde und deren Aufführung seinen kritischen Sinn rechtfertigte; so die der Oper *Carmen*, die bei der Premiere durchfiel. Die einzige öffentliche Anerkennung, die ihm jemals zuteil wurde, war der Preis der Französischen Akademie für sein Poème *André Chénier*, das später ein förmliches Zugstück wurde.

Verbittert und enttäuscht kehrte er endlich Paris den Rücken und ließ sich in Capri nieder, um hier „sans soucis" die reine Luft des Meeres zu genießen und etwas ähnliches zu werden wie ein *homme de lettres. U Francesiello* von den Capresen, *the acid drop* seines kaustischen Witzes und seiner kleinen Statur wegen von den Engländern genannt, wurde er bald einer der beliebtesten Typen der Insel.

Auf dem kleinen Friedhof der Fremden erinnert ein Grab an den mageren, geistreichen, bissigen Homunkulus, der nicht nur Direktor der *Opéra Comique* und der erfolgreichste Librettist seiner Zeit gewesen war, sondern auch, ohne daß jemand eigentlich recht Notiz davon genommen hätte, zum größten Wohltäter der Insel wurde, zum Schöpfer einer ihrer typischen Industrien, zum Erfinder der Wolle von Capri.

Zu seiner Zeit nämlich wurde weiße Wolle, oberflächlich gewaschen und entfettet, gesponnen und handgewebt, aus der Provinz Salerno über Amalfi nach Capri eingeführt und erwies sich sowohl luftdurchlässig als auch warm, also allen Jahreszeiten angepaßt, sehr brauchbar für Fischer und Matrosen. Nun hatte der Francesiello in der ganzen Zeit seines Aufenthaltes nichts Auffälliges begangen, und da er sich kleidete wie die Männer in den Hauptstädten Europas, hielt man ihn für exzentrisch; bis er eines Tages auf dem Hauptplatz ganz in weiße Wolle gehüllt erschien, mit einem Mantel und einer Kapuze aus Rohwolle von Amalfi. Die Leute, die ihn seines Komplets neuesten Pariser Schnitts wegen belächelten, wurden ernst. Nach einer Woche schon trug mancher Freund du Locles die weiße Wolle der Fischer, bald ahmte ihn die ganze englische Kolonie nach, folgten ihm die Deutschen mit leichten Tiroler Varianten. Die Capresen wieder, die den Fremden begreiflich machen wollten, daß es sich um eine alte Inseltradition handle, trugen bald alle Wolle aus Amalfi. Es wurde sogar daran gedacht, Ziegen auf Capri einzuführen, ein Vorschlag, der sich als überflüssig erwies, weil die wahre einheimische capresische Wolle aus Bergamo stammt und nicht einmal Wolle ist! Aber sie trägt einige Millionen Lire im Jahr, die die Insel Camille du Locle verdankt.

Camille du Commun du Locle liegt zwischen der Elite begraben. Nicht weit davon birgt eine Gruft einen, wenn auch weit weniger Berühmten, immer noch von seinem schlechten Ruf Verfolgten, dem aber wenigstens zwischen den Schriftstellern Capris das Recht eingeräumt wird, sich Dichter zu nennen. Denn in Capri will man um jeden Preis glauben, daß im November 1923 ein Dichter gestorben ist, während Paris 1902, als *Les chansons légères*, ein Jugendgedicht Jacques Fersens, erschien, glaubte, ihm sei ein Dichter geboren.

Doch schon mit seinem zweiten Band, *L'hymnaire d'Adonis* à la facon du marquis de Sade, mit dem *Adonis aux yeux claires* und der Kostbarkeit des *Paganisme* legte er einen Geschmack an den Tag, der gar zu offensichtlich eine Fortsetzung jener Tradition vorstellte, zu deren Führer zwei englische Dichter sich gemacht hatten: Swinburne, enfant terrible der Präraffaeliten, der, um Ruskin zu entsetzen, sich Lucifer de Sade nannte und den Kult des Hermaphroditus pries, und Oskar Wilde, dem der Versuch, einen kühnen Schlag gegen die aristotelischen Traditionen seines Landes zu führen, ebensowenig verziehen wurde wie später Fersen.

Der Zögling der großen englischen Dekadenten war Fähnrich der Marine. In aristokratischen Salons angebetet, stellte der junge Offizier fest, daß er es sich, wie Oskar Wilde, schuldig war, der moralischen Bürgerlichkeit seines Landes eins auszuwischen. In der Erinnerung an literarische Orgien und religiöse Parodien zu Satans Ehren, inszenierte er schwarze Messen in Paris, den Kult des Eros zu feiern. Und endete mit einem großen Skandal! Denn der Versuch „d'épater les Parisiens" war nicht von dem Wildeschen Skandal zu trennen, der in England von der Farce zur Tragödie wurde, und schließlich den Prozeß, den der Marquis von Queensbury gegen den Verführer seines Sohnes anstrengte, zum Epilog hatte.

Auch Fersen wurde der Prozeß gemacht. Bereicherte jedoch die Verurteilung Wildes die englische Literatur um zwei Meisterwerke, das *De Profundis* und *Die Ballade von Reading*, so brachte die Verurteilung Fersens die Muse in Verzweiflung. Da wir aber Oskar Wilde schon genannt haben, dessen ästhetisches Gehaben Fersen imitierte, darf auch Wildes Reise nach Capri nicht übergangen werden.

Nach dem skandalösen Prozeß im Jahre 1895 war sein junger Freund, Alfred Douglas, auf die Insel gekommen, hatte sich in der Villa Federico in der Via Pastena eingemietet und führte, Wilde entfremdet, ein ruhiges Leben; wie es scheint, war es ihm gelungen, in Vergessenheit zu geraten. Aber auch Oskar Wilde

19. Tristan Corbière, einer der vier „Poètes maudits", in einer Selbstkarikatur.

20. Karikatur des Gründers der „Ecole de Capri“, des französischen Malers Edouard Sain.

kam, 1897 aus dem Kerker von Reading entlassen, nach Capri, vielleicht in der verzweifelten Absicht, sein Leben zu retten. Statt unterzutauchen, erregte er jedoch unangenehmes Aufsehen. Edouard Schneider berichtet den Vorfall in einem 1929 in der *Comoedia* erschienen Artikel unter dem Titel *Oskar Wilde et l'île de Tibère*. Danach kam es an diesem *Ort der Pharisäer* zwischen den englischen Philistern und dem Dichter zu einem peinlichen Zwischenfall, eine der letzten Katastrophen im Leben des Dichters; denn als der Autor des *Dorian Grey* abends im Quisisana erschien, erhoben sich alle Engländer von ihren Tischen und drohten dem Wirt, sein Gasthaus nie wieder zu betreten, falls er Wilde nicht aus dem Lokal weise. Schneider dürfte nicht gewußt haben, oder vielleicht sagt er es nicht ausdrücklich, daß das kleine Kontingent der *Pharisäer* nicht aus Capri, sondern aus dem Lande des Dichters stammte, der, wie er berichtet, in die bitteren Worte ausbrach: „Ils m'ont réfusé le pain."

Tatsächlich waren es die Engländer, nicht die Capresen, die Oskar Wilde das Brot verweigerten.

Aber Fersens Prozeß und Verurteilung war eine Parodie auf die Tragödie Wildes. Fersen selbst gibt davon folgende Schilderung: Als Zögling und nicht als Hauptpriester des neuen Kultes wurde er das Opfer eines Erpressungsversuches, der von einem der politischen Hauptorgane von Paris, einer zu Beginn des Jahrhunderts gegründeten Zeitung – sie verdankte ihren Reichtum dem *Mut*, mit dem sie sich in den Kampf gegen die Unmoral stürzte – begangen wurde. Fersens Vater weigerte sich, die vom Journal für sein Schweigen geforderten 100000 Francs zu bezahlen, und dem jungen Fersen wäre nur die Rettung durch die Flucht übriggeblieben, hätte er es nicht vorgezogen, die Verzeihung seiner Braut zu erflehen, die aber für ihn nichts übrig hatte als kalte Verachtung. Ihr Verhalten tötete, wie er angab, jeden Glauben an die Frau in ihm, der nun Prozeß und Strafe auf sich nahm, um schließlich, nach ihrer Verbüßung, im Exil und später auf einer Orientreise Trost und Vergessenheit zu suchen.

Der Baron Jacques Adelswaerd de Fersen kam jedoch nicht den Ephebenleib mit dem härenen Gewand des Pilgers bedeckt und das Haupt mit Asche bestreut nach Capri. Er erschien unerwartet, *retour d'Orient*, mit einem glänzenden Aufwand von Reichtum und Luxus, einer Unmenge von Koffern, also den Attributen des Adels, die die Aristokratie von der gemeinen Plebs der Rucksacktouristen unterscheiden. Die Koffer geleert, konnte nicht mehr daran gezweifelt werden, daß der Besucher ein ausgesuchter Künstler und raffinierter Dichter war. Die gute Gesellschaft bemächtigte sich seiner im Triumph, erhob ihn zum Grafen, und die Damen wurden wahnsinnig; denn er war schön wie ein Halbgott und ebenso unerreichbar. Den Männern freilich, die seinen Geist schätzten und seine

Konkurrenz nicht zu fürchten hatten, war er ein sehr beruhigender Halbgott. Und die schwarzen Messen? Und der Pariser Skandal?
Nun, Capri, als die Hauptstadt aller Ausländer, hat sich nie darüber erregt, was sich in Paris, London und Berlin zutrug. Seine Fremdenkolonie war eine Fremdenlegion, und die gute Gesellschaft fragt nach keinem Paß.
Der junge Gott mietete also eine prächtige Villa, La Certosella, die von Camille du Locle errichtet worden war. Sie wurde modernisiert, der Keller mit besten Weinen gefüllt und ein französischer Chefkoch engagiert. So war das Debüt in Capri ein „succès fou", wie du Locle gesagt hätte.
Doch dem Akteur genügte die Szene nicht. Zu Fersens Zeit mußte jeder Dichter seinen elfenbeinernen Turm haben, und auch er suchte den seinen und fand ihn auf dem Hang des Tiberianischen Felsens. Dort richtete er sich und seinen Musen eine ideale Bleibe ein, den Turm La Glorietta, den er später in Villa Lysis umtaufte; es gelang ihm auch wirklich, die Leere der eigenen Anforderung mit der Banalität der schlechtesten Architektur der Côte d'Azur zu vermählen und sein großes Geltungsbedürfnis mit dem einer leicht erreichbaren Einsamkeit zu vereinen. Er schrieb zwar Verse, machte aber nie wirkliche Poesie.
Auf Capri, wo die Moral ins Stocken geraten war, fühlte man die ersten Anzeichen einer atmosphärischen Störung. Die Flucht Allers' war eine Enttäuschung für alle die gewesen, die mit einer Erpressung an dem berühmten Deutschen gerechnet hatten; der Skandal Krupp, eine Tragödie, begann in Vergessenheit zu geraten; jetzt empörte es die Leute, daß Fersen noch keine Dame kompromittiert hatte, und erst als sie Wind von den schwarzen Messen bekamen (im Ausland gelesen), sie überdies von den Haschischorgien in Villa Lysis hörten, hatten sie immerhin genügend Material, um einen Skandal wiederzukäuen und die Scherben des beschädigten Ansehens des Grafen zu sammeln.
Die gute Gesellschaft beeilte sich, die Ereignisse zu überstürzen. Bis dahin waren es nämlich die Engländer, die nach stillschweigendem Übereinkommen mit ihrer „Society for the propagation of the Gospel", ihrem evangelischem Kult und religiösem Eifer die geistige Leitung auf der Insel inne hatten, wie die Deutschen deren materielle. Die Engländer behandelten die Deutschen geringschätzig, sie hielten sich für bessere Menschen. Doch um die Wende des Jahrhunderts erlitt dieser soziale Aspekt Erschütterungen moralischer Art.
Die Amerikaner, die bisher keine konsulare diplomatische Vertretung in Capri besaßen, was für sie um so ungünstiger war, als sie keinen eigentlichen Salon gegründet hatten, begnügten sich faute de mieux mit einem Treffpunkt in den Studios Charlie Colemans oder Elihu Vedders. Da tauchte Thomas Spencer Jerome, der Wiedererwecker römischer Tugend, in Villa Castello auf, und über ihm wehte

das Sternenbanner, das Symbol prokonsularischer Würde. Gleichzeitig erschienen aber auch Norman Douglas, der künftige Verdammte Nummer eins, und Baron Fersen, der Jünger und Nachfolger des Marquis de Sade.

Es wurde Zeit, sich hinter die Dämme der Moral zu flüchten, was Mr. Harold Trower zu seinem Unglück tat, als er allen jenen, die in Capri ein skandalöses Leben führten, den Krieg erklärte, weshalb die englische Gesellschaft, von Trower angeführt, beschloß, Fersen und seine Genossen erotischen Glaubens nicht mehr zu empfangen.

Aus diesem Umstand zog die amerikanische Kolonie Nutzen. Zwei Misses P . . ., in der stucküberladenen Villa Toricelle, hatten Fersen längst ins Auge gefaßt und wollten ihn, aus dem sie ihr Idol gemacht, der Gesellschaft aufdrängen, die den Mut gehabt hatte, sich von Trower loszulösen. Denn die Duckmäuser trafen sich nach wie vor bei Trower zum Tee, und nur die wirklich Unvoreingenommenen, die Bohèmiens, fanden sich an der reichgedeckten Tafel der Villa Toricelle; und damit Jacques, amerikanisch Jacks, sich seinen Anbeterinnen in der vielfältigen Farbenpracht seiner Kimonos auf würdigem Hintergrund präsentiere, entstand im Garten der Villa ein kleiner Tempel, wie ihn dann auch zu besitzen jeder Villenbesitzer sich beeilte.

Nun begnügten sich die Bewohnerinnen von Toricelle nicht mit Tableaux vivants im Freien, mit üppigen kleinen Gastereien — sie wollten die Spießbürger verblüffen, und das glückte ihnen über Erwarten. Jacques Adelswaert von Fersen hatte sich längst bemüht, eine *Société des amis de Tibère* ins Leben zu rufen, ein schüchterner Versuch, den Spuren des Marquis de Sade zu folgen und die Liebe zur Perversität zu pflegen wie zu Zeiten des Tiberius. Wollte er sich jedoch nicht im Netz der Moralität, noch ärger, in dem der Gesetze fangen, mußte er langsam vorgehen. Fersen, äußerst bewandert in der Antike, hatte die glückliche Idee, die Opfer des Hypatos wiederzuerwecken, den „delicatus" des Tiberius, den er selbst darzustellen gedachte. Er brachte den Gedanken den beiden noch sehr prüden, in Dingen der Perversität sehr unbewanderten Amerikanerinnen schonend bei und bereitete eine mithräische Feier in der Grotte der Matromania vor. Wollte man ihm glauben, so hätte sich Tiberius während der gymnastischen Spiele zu Ehren des Hermaphroditos in einen jungen Sklaven verliebt und die Absicht geäußert, ihn vom Felsen des Salto sofort ins Meer stürzen zu lassen. Doch wäre er von seiner Umgebung überredet worden, den geliebten Jüngling Mithras zu opfern und mit dieser Tat das Volk von seinem religiösen Eifer zu überzeugen. Gleichzeitig wären Nachrichten über die Kreuzigung Christi in Capri eingelangt und die Höflinge in Angst geraten, die Opferung des Knaben könnte im Fall einer judäischen Rebellion aus diesem einen Märtyrer machen. Soweit Fersens Elaborat. Aus Teilen des

Manuskriptes, die nach Fersens Tod gefunden worden sind – er hatte es nämlich zerrissen –, geht hervor, daß Tiberius sich von Macro, dem Oberpriester, überzeugen ließ.

Wir können uns die Szene ungefähr vorstellen, die in später Nacht, von Fackeln beleuchtet, im Wäldchen der Villa Lysis stattfand.

Da sich der amerikanische Vizekonsul geweigert hatte, die Rolle des Tiberius zu übernehmen, wurde sie dem Koch der Villa Toricelle anvertraut, was nicht so schwer war, weil der alte Imperator etwas müde zu sein und nur wenige liebevolle Worte zu murmeln hatte. Den Oberpriester Macro gab Cazzariello, ein Barbier.

Die Überlebenden der alten Kolonie erinnern sich noch der wirklich rührenden Szene, als gegen Ende der Vorstellung der Knabe, die schönen Glieder von einer durchscheinenden Chlamys umhüllt, vor dem Imperator erschien und von wahrer Liebe zu philosophieren begann; wie Tiberius sein Opfer fragte: „Weißt du, wie das Kommende vermieden werden kann? Hast du die Gabe der Voraussicht?“ — und wie der Knabe antwortete: „Ananke, das Schicksal ist unbestechlich!“ Und wie im Augenblick, als die älteste der drei Parzen, Atropos, sich erhob, um mit der Schere den Lebensfaden des Baron Fersen – denn er gab den Hypatos – abzuschneiden, der Maresciallo der Carabinieri in die Grotte drang und die erhebende Feier roh unterbrach.

Es scheint, als habe die Vorbereitung zur Feier, die Geschäftigkeit der Dienerschaft und Freunde, die mit allerhand Gegenständen beladen zur Grotte gingen, um mit leeren Händen zurückzukehren, den Verdacht des Pfarrers geweckt, der eine Orgie befürchtete, während der Bürgermeister sich einen Skandal erhoffte. Als daher eines Nachts die ganze häretische und erotische Gesellschaft der Insel im Fackelschein in der Grotte verschwand, gab es für diese beiden keinen Zweifel, und das Eingreifen der Carbinieri wurde beschlossen.

Die Polizeirazzia gelang vollkommen: Fersen, der keine Zeit fand, sich umzuziehen, wurde als Hypatos verhaftet, ebenso Cazzariello, der Barbier, weil er im Besitz einer Lanzette zum Blutablassen war, während ihm nur das Recht zustand, Blutegel zu diesem Zweck zu verwenden. Es wurde außerdem sehr viel Gerät beschlagnahmt: eine ganze Küchenbatterie, Speisereste, verdächtige Drogen; Zeichen des Tierkreises, auf den Felsen des Eingangs gemalt, Spuren von Minium, die Blut vortäuschen sollten, und die Sternchen des Widders im Zeichen des Fisches wurden für obszön gehalten; die Zeichen der Sonnenwende und des Skorpions an den Flanken des Fisches waren so verdächtig, daß der Prätor in seinem Bericht an den Staatsanwalt es vorzog, sich nicht weiter darüber zu äußern und meldete: „Schweigen ist Gold.“

Eine genaue Liste all der beschlagnahmten Gegenstände wurde angelegt: verschiedene Dreifüße, eine priesterliche Tunika, ein Coctail-shaker, Gefäße mit Spuren von Haschisch ... lauter Überfluß, denn über die Intervention des Unterpräfekten, die, wie man sagt, aus diplomatischen Rücksichten erfolgte, ging die ganze cause célèbre in Rauch auf. Immerhin kann man Fersen dankbar sein, daß er die ranzig gewordene Sage des Hypatos wieder auffrischte, wenn auch diese Opferung, dazu bestimmt, die Moral des goldenen Zeitalters zurückzuführen, unter dem Gelächter der ganzen Insel ihr Ende fand.

Fersen jedoch nahm dieses Gelächter übel. Ein zartbesaiteter Poet, faszinierender Gesprächspartner, hochkultivierter Mann, besaß er nicht den geringsten Sinn für Komik. Er wollte ernst genommen werden. Er hatte wirklich beabsichtigt, die Moral der Insel zu verändern, und fand es unverantwortlich, daß die Capresen lachten. Er hatte einen hübschen Jüngling aus der Campagna mitgebracht, aber auch von seinen Schäferspielen wollten die Bekannten nichts wissen. Ein Unfall in seiner Villa führte zu einer Mordanklage und einigen Tagen Kerker; Abenteuer, die ihn mit Haß gegen die bürgerliche Gesellschaft erfüllten, zum mindesten gegen die capresische. Wenn er sich mit Versen und den kleinen Geschichten begnügt hätte, die er so reizend zu erzählen verstand, wären ihm vielleicht die Herzen der Capresen zugeflogen, sicherlich die der in Bildung begriffenen kleinen Republik des Literaten. Er aber zog die Öffentlichkeit vor und schrieb *Le feu s'éteignit*, das Rachebuch eines Enttäuschten und Erbosten. Der häßliche *Roman de Capri* rief ehrliche Empörung wach und führte zu einer Ausweisung aus Italien.

Wieder in Frankreich, gelang es ihm jetzt, seine Rolle im literarischen Leben Frankreichs zu spielen, und wir finden ihn 1909 an der Spitze der Schriftsteller der Zeitschrift der freien Kunst, *Akademos*, die er gegründet und finanziert hat, lauter Ästheten und Anbeter der Schönheit. In Paris erschienen der Roman *Paternité* und ein Band *Poèmes choisis*, von denen keine Spur mehr zu finden ist.

Nun war die Ausweisung Fersens durch das Kabinett Giolitti erfolgt, und sein Nachfolger, Luzatti, dem eine Ode zu widmen Fersen sich nicht scheute, hob die Verbannung wieder auf. Dieser aus opportunistischen Gründen entstandenen Ode legte er sogar eine italienische Übersetzung bei. Auf diese Weise kam Fersen wieder nach Capri.

Jetzt arbeitete er anonym an den *Pagine del' Isola* mit, in welchen, kurz vor seinem Tod, einige Verse erschienen.

Nun hatte sich zur Zeit des Akademos die wirkliche Leidenschaft Fersens offenbart: die Liebe zum Druck, der Haß gegen den Druckfehler. Fehler spornten ihn immer wieder zu Überarbeitungen an. Akademos verwirklichte seinen Traum. Er verwirklichte ihn fast vollkommen und ließ Fersen die Wiedergeburt der französischen

Literatur erhoffen, wie er die schöne Literatur verstand: eine Zeitschrift, im Gewand absolutester Korrektheit, in der sich kein Buchstabe über den andern erhob, es keine verschobenen, verwechselten und kopfstehenden Zeichen gab, nichts, was die typographische Grazie störte.

Und doch hatte Akademos nur ein kurzes Leben. Vielleicht war ein Gedicht Fersens in Kursiv von einem Druckfehler erdolcht worden, erdrückt von einem falschen Zeichen, von einem ordinären Beistrich, in gemeinem, rundem Format?

In die Villa Lysis heimgekehrt, suchte er Vergessenheit im künstlichen Paradies von Kokain und Opium und schickte seine Verse an die Druckerei, die es ihm niemals recht machte, deren Fahnen er immer wieder zerriß, bis ihn der Tod erlöste.

Um seine Leiche mühten sich seine Freunde. Sie wollten das Herz in einem Opferschrein aufbewahren, und eine Gräfin, Nachfolgerin der Komnenen und Exkaiserin des Ostens, ganz besonders beteiligt an der makaberen Komödie, behauptete nicht nur, die Eigentümerin der Insel Ithaka im griechischen Archipel zu sein, sondern auch den Schatz des Odysseus dort gefunden zu haben.

Daher konnte es geschehen, daß Fersens Dichtermund mit der Goldfibel der Penelope geschlossen, und er, die Lippen auf diese Weise mit der wertvollsten Nadel der Welt durchstochen, in die Gruft gesenkt wurde.

Aber auch auf dem protestantischen Friedhof kann der raffinierte Ästhet keine Ruhe gefunden haben, denn auf dem kleinen Grabstein, der sein Grab schmückt, sind die Worte eingemeißelt:

Jaques Adelswaert de Fersen

letzte, äußerste Betrübnis, furchtbarer Alpdruck: Jacques, ohne c!

Könnte man den fehlenden Buchstaben ersetzen, fände seine arme Seele vielleicht den Frieden, der ihr auf Erden versagt war.

IX.

FEIER DER VERGESSENEN

Zwischen den literarischen Kostproben, die sich aus der Verleumdung unseres Landes ein Vergnügen machen, steht an erster Stelle das Urteil, das Ernest Renan über Neapel fällt. „In diesem Land lebte man nur dem Genuß (als ob das nicht schon recht viel wäre?), . . . nie sind große Dinge gedacht oder getan worden." Unterhaltender ist die Feststellung eines gewissen Mr. Pinkerton, der zu Beginn des vorigen Jahrhunderts den Vorsatz faßte, seine Landsleute durch eine *Modern Geographie* zu unterrichten und, über das Königreich Neapel sprechend, das Folgende sagt: „Dieser Teil Italiens hat wenig Leute besonderen Geistes hervorgebracht."

Abgesehen vom Gelächter, das solche Behauptungen hervorrufen, muß man Pinkerton dafür dankbar sein, daß sie die stolze Antwort eines „Napolitan" herausforderten, eine kleine Broschüre, die den Titel führt: *A few Remarks in reply to Mr. P.*, in Bristol herausgegeben 1810, und dessen Autor Don Antonio Bonucci ist, der Vater des Archäologen, dem wir auf diesen Seiten schon begegnet sind. Sein Werkchen ist ein saftiges und feuriges Dokument der Vaterlandsliebe und kann heute, ob auch vergessen und unauffindbar, doch als eine erste und wirkungsvolle Verherrlichung des Landes gelten. Es klingt wie ein Echo auf die ausgezeichneten *Account of the manners and customs of Italy* des Barletta, dieser bekanntesten und klassischsten Verteidigung gegen die Angriffe, denen Italien von Besuchern jenseits der Alpen ausgesetzt war, die die ihnen erwiesene Gastfreundschaft mit Verleumdungen, kleinen gehässigen Genrebildchen und herabsetzenden Randbemerkungen bezahlten, wie sie gewisse Reisende jener Zeit liebten, und nicht nur die jener Zeit. Um den Anwurf geistiger Armut, der dem Reiche Neapel gemacht wird, zu entkräften, legt der Autor ein beglaubigtes und reich ausgemaltes Verzeichnis der Berühmtheiten des Landes vor. Doch würde dieser Ausweis noch sonderbarer und erbauender sein, wenn er die Namen der Literaten, Wissenschaftler und großen Provinzhumanisten enthielte, die im Schatten ihrer Campanile aufleuchteten und erloschen.

Norman Douglas, der Autor von *Old Calabria*, staunt während seiner Wallfahrt durch die der Mittelmeerkultur heiligen Orte über die Liste der zweitausend berühmten Calabresen, die von Alceti 1737 aufgestellt wurde, und wundert sich, daß es dem alten Zavaroni, geboren 1705, möglich war, nur für Calabrien sechshundert Schriftsteller namhaft zu machen.

Was für Schicksale! Einer von ihnen, Giovanni Battista Vico, ist der Begründer der modernen Geschichtsphilosophie; ein anderer, Thomas Campanella, 1568 zu Stilo in Calabrien geboren, ein freimütiger Philosoph, wurde von der spanischen Regierung 1599 gefangen und gefoltert und erst 1626 an Papst Urban VIII. ausgeliefert, als dieser versprach, ihn als Ketzer richten zu wollen, und ihn zum Schein nach Rom in die Gefängnisse der Inquisition brachte, dann aber mit einem ansehnlichen Jahresgehalt freiließ und vertrauten Umganges würdigte. Campanellas hauptsächlich während der Gefangenschaft verfaßte Schriften, Kanzonen und Sonette wurden in Deutschland gedruckt und unter dem Titel *Scelta d'alcune poesie filosofiche di Spetimontano Squilla* herausgegeben. In *Civitas solis* polemisiert er in heftigster Weise gegen den von Machiavelli vertretenen italienischen Nationalstaat.

Aber nicht alle auf diesem Boden erblühten Geister heißen Vico, Campanella, Thomas von Aquino, Andrea d'Isernia, Telesio, der Vicos Lehrer war, Bruno G. B. della Porta, Fabio Giordano, Fabio Colonna, Giannone, Capasso; sie leuchteten nicht immer strahlend in die Geschichte, geben jedoch Licht genug, um die lokale Chronik zu erhellen.

Von diesen gebildeten Männern, den im Schatten vergessenen, ist im geistigen Gesicht des Süditalieners vieles erhalten geblieben und überlebte die Gattung in seltenen Exemplaren. Diese Gebildeten, Priester, Ärzte und Advokaten, hatten immer Umgang mit Klassikern, schwärmten für Horazischen Lebenswandel, und falls sie in der Stadt zu arbeiten gezwungen waren, erbauten sie sich ein Landhaus über dessen Eingang eine lateinische Inschrift nicht fehlen durfte.

Gehörten sie aufs Land, setzten sie ihre Studien weiter fort, blieben vollendete Humanisten, bewandert im Griechischen, ohne durch ihre Gelehrsamkeit die Genüsse des Lebens zu übersehen, voll Toleranz für die Schwächen ihrer Mitmenschen. Die Bücherregale aller Provinzsakristeien und aller Familienbibliotheken füllten sich im Lauf der Zeit durch eifriges Sammeln, durch die Hinterlassenschaft eines erzbischöflichen Onkels oder einer kleinen Universität, und die winzigsten Kommunen der Campania, der Basilicata und Calabriens sind voll gestopft mit wunderbaren, in Ziegenleder gebundenen und von Motten zerfressenen Riesenbänden, die, mit der Anrufung eines Heiligen beginnend, die ganze Geschichte des Landes enthalten.

Heute jedoch hat niemand mehr Lust, im *Zodiaco di Maria, ovvero le dodici Province del Regno di Napoli — come tanti segni illustrate da questo sole* zu blättern, außer vielleicht ein Priester, der darin nach Erbauung sucht. Und doch ist dieses umfangreiche Werk seit zweihundert Jahren eine unerschöpfliche Quelle und Fundgrube historischer, archäologischer und ethnographischer Notizen über Ursprung und Schicksal berühmter Heiligtümer und Wallfahrtsorte, die der Madonna geweiht waren. Der *Monte Vergine Sacro* des Abtes Mastrullo, eine köstliche Sammlung regionaler Chronik, wird kaum mehr angesehen. Werke, wie die *De regia Theca Calamaria* des Gräzisten Giacomo Martorelli, die von schlecht angewandtem Wissen erfüllt sind, zählen nach Hunderten, und es gibt gegen tausend Bücher wie die *Lucubrationes* des Erzbischofs Anastasio von Sorrent, die nichts sind als ein lyrisch-religiöses Traktat über die Altertümer Sorrents.

Manche dieser Gelehrten sahen mit Genugtuung zu Lebzeiten den Schweiß ihrer Mühe von der vergänglichen Glorie des bedruckten Papieres gekrönt; viele andere hingegen, schattenhafte Helden der Kultur, opferten sich gelehrten Studien, selbstvergessener Arbeit des Geistes.

Italien, das einzige Land Europas, das seit der Gründung Roms auf eine ununterbrochene Kulturdauer zurückblicken kann, hat seine Tradition nicht nur in den großen Mittelpunkten menschlicher Tätigkeit erhalten, in den Werken großer Historiker, Schriftsteller und Philosophen, sondern auch in den versteckten Winkeln der Provinz, wo vergessene Gelehrte ihren Nachkommen die Erbschaft eines Livius, Tacitus und Sallust hinterließen.

Auch Capri leistet einen Beitrag zum Katalog der unbekannten Gelehrten, eine kleine Liste jener Männer, die Geschmack für Kultur, verbunden mit Liebe zur Heimat, antrieb, Untersuchungen und Forschungen anzustellen, durch welche ihre Insel in aller Welt berühmt wurde.

Wir sahen schon Karl III. von Bourbon sich an den Gouverneur Giuseppe Maria Secondo wenden mit dem Auftrag, zwischen den Ruinen wertvollen Marmor für sein Schloß in Caserta aufzutreiben.

Dieser Auftrag, der ebensogut mit einer einfachen Ausführung hätte enden können, führte hingegen zu einem wertvollen Ergebnis, zu der *Relazione Storica dell' Antichità, Rovine e Residui di Capri umiliate al Re*, erschienen 1750, Quelle und Führer aller folgenden archäologischen Forschung. Der Bericht ist, wie Furchheim, Leipzig 1916, in einer Bibliographie der Insel bekanntgibt, schon damals als literarische Seltenheit betrachtet worden.

In der zweiten Hälfte des 18. Jahrhunderts lebte auf Capri ein großer Naturwissenschaftler und Archäologe, Doktor Luigi Giraldi. Fast das gesamte Werk dieses gelehrten Humanisten ist verlorengegangen, ja selbst die Erinnerung an ihn ist erloschen und nur auf Capri finden sich noch verwischte Spuren. Bertolini führt in

seiner monumentalen *Flora Italica* die von Giraldi entdeckten und beschriebenen Arten an. Nach ihm hat Giraldi von 1772 bis 1774 auf Capri gelebt.
Hadrawa berichtet seinerseits über ihn in den *Ragguagli*:
„Im Jahr 1775, im Dezember, kam Dr. Giraldi nach Capri. Er machte an verschiedenen Orten kleine Ausgrabungen und sammelte alle wertvollen Altertümer, die damals noch bei den Insulanern zu finden waren und die sie zufällig während der Bestellung ihrer Felder fanden."
Da und dort begegnen wir noch ungenauen Angaben über Giraldi in anderen zeitgenössischen Werken: im *Vividar florent* des Manetti; in der *Storia di Cento* des Erri und in den *Cenni biografici degli illustri Centesi*.
Diese beiden Autoren sagen, Giraldi habe 1763 in Venedig eine *Storia degli Stabilimenti Europei in America* publiziert.
Auch Norman Douglas erwähnt ihn und Lalande kannte ihn persönlich. Einige Schriftsteller halten ihn für den ersten Botaniker Italiens, und wenn man die Beachtung berücksichtigt, die er zu seiner Zeit genoß, staunt man über den Mangel präziser Notizen, die über ihn vorhanden sind. Daß sein Werk verlorenging, ist ein Jammer.
Es finden sich wichtige botanische Schriften Graeffers, der, in Ponza botanisierend, die *Daphne collina* entdeckte und oft nach Capri kam, um die für unsere Flora charakteristischen Pflanzen zu sammeln und sie im Garten der Königin in Caserta anzusetzen, obwohl sich die Neapolitaner, wie Douglas berichtet, darüber beklagten, daß er eine so gewöhnliche Pflanze wie die Myrte in ihre Gärten einführe.
Filippo Cavolini entdeckte zwischen den Algen auf dem felsigen Grund der Marina die Najade, die seinen Namen trägt. Wenige Jahre später taucht Domenico Cirillo auf, von Leidenschaft für die Algen Capris erfaßt. Man liest heute seine Berichte über die graziösesten Arten von Algen nicht ohne eine gewisse Rührung, denn seine Arbeit, gesammelt unter dem Namen *Plantarium rariarum Regni Napolitani* wurde durch seinen Tod unterbrochen. Er wurde nämlich, als ein Märtyrer der Freiheit, 1799, von den Bourbonen gehenkt.
Wie man sieht, interessierten sich die Einheimischen, noch ehe Capri von den Fremden seiner Schönheiten wegen besucht wurde, für die Insel und untersuchten die geologischen, geschichtlichen und archäologischen Probleme, die sie bot, aus eigenem Antrieb und aus Liebe zu ihrer Heimat.
Nicht zu übergehen ist schon aus Gegensatz zu dem bescheidenen Gouverneur Giovanni Maria Secondo der pompöse und vielwissende Graf della Torre Rezzonico. Seine Beschreibung der Insel Capri, ein langweiliger Bericht, den er 1794 zu dem Zweck verfaßte, die *Ragguagli* Hadrawas zu vervollständigen, wurde, da Hadrawas Tod eine gemeinsame Ausgabe verhinderte, für sich herausgegeben, bereichert um

die informativen Notizen des Abtes Romanelli und um zwei Beilagen: eine von Professor Breislak über Mineralogie und eine von General Pommereuil über die *geographischen Dimensionen* der Insel. In seinen *Descrizioni* wiederholt und kommentiert er die wichtigsten Vorgänge zur Zeit des Kaisers Tiberius und sichtlich interessiert an der pikanten Seite, erläutert er die *Spintriae* und deren obszöne Darstellungen. Typisch ist sein Urteil über den von polychromen Ziegeln gedeckten Boden der Kirche San Michele: „bedeckt von bemalten Ziegeln, einer Schöpfung, mit Adam und Eva und verschiedenen Tieren des irdischen Paradieses. Die Zeichnung wird Solimea zugeschrieben, der diese Tiere wenig oder gar nicht kannte ... und so gab der ungebildete Maler das Einhorn wieder, das er nie gesehen hat, höchstens durch die romantische Erfindung des Bojardo. Über die Habsucht und den Geiz dieses Malers ist schon gesprochen worden, hier enthülle ich seine Unwissenheit."

Ein anderes Beispiel für die Art der Beobachtung des Grafen, der gern den Gebildeten herauskehrt, ist seine Beurteilung der Mosaikfußböden, die Trasyllos für die kaiserlichen Villen entwarf. Da er Astrologe war, mußte er, nach der Folgerung des Grafen, auch Mathematiker gewesen sein: die Böden aber sind bedeckt mit Rhomben, Dreiecken und Parallelogrammen, und der Graf schließt, Trasyllos habe diese geometrischen Figuren zur Beweisführung seiner Lehre hingezeichnet und um dem Kaiser zu schmeicheln, dessen Vorliebe für die Astrologie er kannte.

Rezzonico sammelte seine antiquarischen Kenntnisse auf die bequemste Weise, indem er sich wie die alten Imperatoren mit einer Sänfte über die Insel tragen ließ, um schließlich auf dem Steckenpferd aller Archäologen der damaligen Zeit zu landen, auf dem Mithrasrelief, das, wie er behauptet, aus der Grotta di Matromania stamme, eine Annahme, die er von seinen Vorgängern übernommen und auf vielen Seiten wiedergekäut hat.

Aber seine Begründungen haben einen Fehler, den nämlich, daß das Relief niemals in der Grotta der Matromania gefunden wurde, sondern in der Umgebung der Kirche San Costanzo, einer Basilika, errichtet auf den Ruinen eines alten Mithrastempels, ein Umstand, der den Blicken des Grafen entgangen war.

Sehr wahrscheinlich wurde diese Herkunft im Manuskript des Giraldi angeführt, woraus sie Graf Rezzonico entnommen hat. Er gab dann eine italienische Version der so vielumstrittenen griechischen Inschrift, die vom berühmten Antiquar Matteo Egizio zum erstenmal ins Latein übersetzt und beschrieben worden war. Auch der Gräzist Giacomo Martorelli hat sich ausgiebig mit der Inschrift beschäftigt.

Die Opferung des jungen Hypatos hat viele empfindsame Seelen bewegt und viel weinerliche Lyrik erzeugt, nachdem sie die Gelehrten in Aufruhr versetzte. Während aber die Echtheit der Inschrift nie wirklich beglaubigt und die Auffindung des

berühmten Marmors in der Grotte der Matromania immer in Zweifel gezogen worden war, ist die Echtheit der Inschrift von Muratori verbürgt. Und als genügten diese Zeugnisse der besten Epigraphisten nicht, hat selbst Nietzsche ihr einen Aphorismus in *Jenseits von Gut und Böse* gewidmet.
Aber schon verweht das Lüftchen der guten Laune die trübe Trauer der anachronistischen Opferung. Der Zweifel erhebt sich, ob der Marmor mit der berühmten Inschrift nicht nur eine Phantasiegeburt des Matteo Egizio ist ... oder ein Meisterwerk des ausgezeichneten Fälschers Pratilli, der zur Zeit der Entdeckung lebte.
Somit wäre es möglich, daß Hypatos nie geopfert wurde, hingegen ist es sehr wahrscheinlich, daß sich Muratori, Kaibel und Nietzsche foppen ließen.
Zu Beginn des 19. Jahrhunderts erscheint unter den Gebildeten, die sich damit beschäftigen, versprengte Altertümer zu sammeln, der wahre Genius loci Capris, ein typischer Landedelmann und vollendeter Humanist, Don Giuseppe Feola.
Seine Familie, aus Neapel stammend, besaß den Monte San Michele auf Capri, ein Grundstück in Mulo und in Parate. Der Vater, Don Domenico, hatte im Jahr 1789 vom Kapitel in Capri das Haus, Palazzo genannt, erworben, in dem Feola viele Jahre lebte und das jetzt Sitz des Centro Caprense ist. Es wird zum erstenmal in einem Dokument am 16. August 1371 erwähnt. Viele Bauelemente, wie die Bauart der Zisterne, deuten darauf hin, daß es zur selben Zeit erbaut wurde wie die Certosa.
Feola hatte sich nach Capri zurückgezogen, um die Güter seiner Familie zu überwachen, und benutzte seine Muße, um sich den von ihm bevorzugten Studien hinzugeben und eine Unmenge Manuskripte und Dokumente zu sammeln, die später demselben traurigen Los anheimfielen wie die Archive der Certosa, der Kirchen und der Rathäuser Capris und Anacapris. Der Verlust der Bücherei des Feola wird von Douglas mit mindestens 10000 Bänden angegeben, ebenso sind eine Kiste von einem Zentner Gewicht mit Manuskripten und viele wertvolle Altertümer und Bilder alter Meister verlorengegangen.
Der Urenkel Giuseppe Feolas, Ignazio Cerio, erinnert in seinen Schriften daran, daß in einem einzigen Schrank im Palazzo über 100 Manuskripte aufbewahrt wurden, daß, nachdem Feolas Enkel, Don Pasquale Cerio, die Insel politischer Umstände halber plötzlich verlassen mußte, das Haus als Gasthaus verpachtet wurde und in dieser Zeit, zwischen 1856 und 1860, außer wertvollem Hausrat eine reiche Majolikasammlung aus den Abruzzen und der Hauptteil der Bücher verschwanden. Nur wenige Manuskripte Feolas entgingen der Verwüstung, und die von Douglas seinerzeit in der Bibliothek Cuomo aufgefundenen sind seither von dort verschwunden. In Capri befindet sich eines: *Rapporto sullo stato attuale dei ruderi*

Augusto-Tiberiani nell' Isola di Capri, mit Anmerkungen seines Urenkels Ignazio Cerio, 1894 von Furchheim herausgegeben.

Es ist zu bemerken, daß das ganze von Feola in langen Jahren gesammelte Material für ein Werk über Geschichte, Archäologie, Topographie, den politischen und religiösen Zustand der Insel bestimmt gewesen sein muß, daß sich überall in den noch vorhandenen Aufzeichnungen Spuren und Anmerkungen für diese Absicht finden, daß es aber anscheinend schließlich nur Mangoni gedient hat, seine beiden Bände *Geschichtliche, topographische und archäologische Untersuchungen auf der Insel Capri* zu verfassen.

Mangoni, Feolas Freund, kannte die Insel kaum, war aber ein praktischer Mensch und gab vielleicht dem Fleiß und Sammlergeist Feolas erst die richtige Form, eine Hypothese, die durch die Beobachtungen Douglas' an Wahrscheinlichkeit gewinnt. Er sagt von Mangoni, es wäre lobenswert, daß er, obwohl langweiligen Stiles, sich der Mühe unterzogen habe, das Material Feolas, das sonst verkommen wäre, zu einem Werk zusammenzufassen. Tatsächlich gab es nichts in Mangonis Büchern, das sich nicht auf die Unterlagen des weit älteren Feola stützte.

Außer diesem Buch, das an Reichtum der Quellen und Unterlagen heute noch nicht übertroffen ist, hatte Mangoni den Plan, einen Decamerone, historische Novellen auf Capris Boden zu verfassen, deren erster Teil 1840 erschien, während die Ausgabe des Restes unterblieb — weil der Tod Feolas anscheinend die gemeinsame Arbeit unterbrach und Mangoni allein nicht fähig war, sie zu leisten. Doch so minderwertig Mangoni als Schriftsteller gewesen sein mochte, so hebt doch auch Furchheim sein Verdienst hervor, das Hauptwerk Feolas gerettet zu haben, der, 1748 geboren, mit 94 Jahren starb und, als die *Ricerche* Mangonis herausgegeben wurden, 86 Jahre zählte.

Die Gleichgültigkeit, aber vielleicht auch die innere Grazie, mit der Feola, der Genius loci, bei einem so mittelmäßigen Schriftsteller wie Mangoni den „Neger" spielte, schmälert die Erscheinung Giuseppe Feolas nicht.

1826, als die Befestigung der Insel ins Auge gefaßt wurde, beauftragte Oberst Alvarez y Lobo Feola, einen Bericht über die Küste der Insel und über die Möglichkeiten, sie uneinnehmbar zu machen, zu verfassen.

Feola übernahm die Aufgabe, aber als guter Archäologe vergaß er anscheinend die militärischen Zwecke, so daß seine humanistische Bildung ihn zu einem Rapport verleitete, der, vom 28. Oktober 1829 stammend, eine originale Monographie topographischen, historischen und archäologischen Inhaltes ist.

Zwischen den erhaltenen Papieren Feolas finden sich die Entwürfe zu einigen Briefen an seinen Freund Bernardo Targiani, der als Beispiel eines erloschenen Briefstiles im Auszug hier wiedergegeben wird, typisch für eine Epoche, in welcher der Brief noch zur Kunst gehörte und eifrig geübt wurde, ehe ihm die Ansichtskarte Ende des vorigen Jahrhunderts den Todesstoß versetzte. Diese Art des Briefwechsels gab den Gebildeten Anlaß, ihr Wissen leuchten zu lassen, ein Zeitvertreib, zu dem heute leider Gottes niemand mehr Zeit hat.

Nachdem er den Freund gebührend begrüßt hat, begeistert sich Feola für die Schönheiten Capris, wo ewiger Frühling herrsche, von dessen Ufern er den ganzen Golf Neapels überblicke, von Ponza bis Ischia, von Procida nach Nisida und bis nach Megaria mit dem berühmten Castell dell' Ovo — eine Inselkette, mit der die Natur Neapel umfangen habe und aus der die Halbinsel Sorrent hervorleuchte, die einstmals den Tempel der Minerva trug. Er spricht von den Altertümern Capris und von einem König Oibalos, Sohn Telons, der zur Zeit des Trojanischen Krieges auf Capri herrschte. Diesen Oibalos erwähne auch Virgil im siebenten Buch der Äneis — hier zitiert Feola die Verse —, dann verfolgt er den Stammbaum der Teleboer und schließt, sie müßten griechischen Ursprungs sein, weil sie, von der Insel Taphos kommend, auch Thaphier genannt worden wären, ein Wort, das im Hebräischen und Phoinikischen „Räuber" bedeute.

Leider fänden sich auf Capri keine namhaften Ruinen aus vorrömischer Zeit. Wie er sagt, habe Augustus sich durch eine Art Gütertausch in den Besitz der Insel gesetzt, indem er den Eigentümern Ischia überließ. Er habe dann viele Villen mit großen Säuleneingängen und Hallen errichtet, wo die Epheben ihre gymnastischen Spiele übten. Sueton berichte, daß Augustus seine Villen mit seltenen Bildwerken schmücken ließ und in den letzten Jahren seines Lebens öfter nach Capri gekommen sei; aber erst Tiberius habe die Insel zu seinem Lieblingsaufenthalt erkoren und zwölf Villen an verschiedenen Stellen erbauen lassen. Vielleicht waren sie den Göttern gewidmet, eine von ihnen hieß jedenfalls Villa Jovis.

Der Schreiber erzählt, er habe die Ruinen dieser Villa besucht, die sich im Ostteil der Insel befindet, und von wo man einen herrlichen Ausblick auf Neapel und den Golf habe. Von hier oben habe Tiberius in Ruhe die Verschwörung des Sejanus abwarten können. Nachher habe er aber neun Monate lang die Villa nicht mehr verlassen.

Die Villa besäße einen mächtigen Unterbau und die Wände der Zimmer bestünden aus genau ineinander gefügten Steinen, während sich an den Eingängen Säulen aus weißem Marmor befänden, die dem toskanischen Stile ähnelten. Es fänden sich dort oben riesige Zisternen vor, innen mit einer besonderen Art Marmor verkleidet, die man „Avenate" nenne. Südlich von diesem Palast stünden die Ruinen eines Turmes, der offensichtlich als Leuchtturm gedient habe. Schon Statius spricht von diesem Leuchtturm auf Capri. Hier zitiert Feola die entsprechenden Verse.

Der Turm wurde durch ein Erdbeben zerstört, und Sueton behaupte, er wäre

eingestürzt, kurz bevor Tiberius starb, um die Greuel nicht mehr mitanzusehen, die zu beschreiben jede Feder sich sträube.
Er erwähnt den Monte San Michele, der, reizend gelegen, Spuren römischer Bauten und Säulenreste auf seinem Rücken trüge. Diese Säulen aus gelbem Stein wären herrlich gewesen. Zuerst in die Kirche von San Costanzo eingebaut, waren sie später dem katholischen König gegen andere Werte eingetauscht worden. Er spricht dann noch von einer Straße auf dem Gipfel San Michele, die breit genug sei, um zweipferdige Wagen aneinander vorüber zu lassen.
Schließlich berichtet er, auf der Westseite, nahe dem Meeresufer, befänden sich die Ruinen eines Palastes, der wunderbar gewesen sein müsse. Er bedauere, daß die Zeit so viel Schönheit zerstört habe. Hier waren Stuckornamente von so vollendeter Kunst gefunden worden, daß man sie für Marmor gehalten habe. Vitruvius nenne diese Art der Bearbeitung *albarii opus*. Diese Ornamente hätten, wenn ein Palast zerfiel, ohne weiteres für einen andern verwendet werden können.
Auch auf dieser Seite der Insel gäbe es Steinfragmente und Säulen in großer Zahl, Bruchstücke, die den Engländern um teures Geld verkauft würden.
So sei Capri, wie er schon zu Beginn anführt, von Altertümern übersät, und wenn er auch in der Grotte Matromania keine Aschenurnen habe entdecken können, so gäbe es sie anderen Ortes in großer Zahl und sie wären jetzt noch mit Asche gefüllt.
Er schließt mit der Hoffnung, den Freund durch seinen Brief unterhalten und nicht etwa gelangweilt zu haben.

X.

MISZELLEN GROSSER GEISTER

Die Mitarbeit von Carlo Bonucci an Alexander Dumas' *Bourboni di Napoli* und vielleicht auch an anderen von Dumas' Werken mit neapolitanischem Hintergrund schöpft den Anteil der ausgezeichneten Archäologen an der Literatur nicht aus. In der Biblioteca Caprense sind nur einige Fragmente seiner Manuskripte und Briefe, sowie einzelne seiner Bücher gesammelt worden.

In einer neapolitanischen Zeitung gibt Ernesto Trevi die berühmtesten Persönlichkeiten an, deren Führer Bonucci in Pompeji gewesen ist. Aber der gewiegte Altertumsforscher und gelehrte Humanist war mehr als ein Führer, er war der Inspirator großer Werke und lieferte deren Schöpfern Material und Illustrationen, die er ausgearbeitet hatte. Ein großer Freund Raoul Rochettes, von dem einige Briefe vorliegen, war er auch der Mitarbeiter bei der Verfassung zweier Werke, *Pompei, choix d'édifices inédites* und *Peintures antiques inédites*.

Er gefiel sich darin, auf Plätzen und Straßen zu Hause zu sein, auf denen Augustus, Plinius und Cicero, Prinzen und Souveräne des Geistes gewandelt waren, mit seinen ausdrucksvollen Worten und seinem Wissen den Prinzen von Neapel, Karl Felix von Sardinien, Leopold von Belgien, Ludwig von Bayern, den Königen von Sachsen und von Preußen, dem Zaren und der Zarin die Ruinen Pompejis und Herkulaneums zu erläutern, und ein junger Engländer, Edward Bulwer-Lytton, der eben *Pelham, die Geschichte eines Gentleman* geschrieben hatte, verdankt es vielleicht den aufregenden Schilderungen Bonuccis, daß er die tragische Geschichte Pompejis mit wuchtigen Strichen zu dem weltberühmten Roman *Die letzten Tage von Pompeji* zu formen vermochte.

Bonucci grub immer neue Wunder aus, und die Pilgerschaft berühmter Männer nach Herkulaneum und Pompeji riß nicht ab. Walter Scott, erschöpft von literarischer Arbeit und vom Unglück verbittert, ließ sich von Bonucci in die klassische, noch von alter Glorie leuchtende Welt der Antike einführen, und auch Lord Byron, der Sänger Childe Harolds, besuchte Pompeji, als er Ende Juli 1823 auf der Fahrt zu seinem letzten Abenteuer an Bord des ‚*Hercules*' in Neapel landete. „Er hinkte etwas", schrieb Bonucci, „war schlank und von graziösem Äußeren, mit länglichem Gesicht und Adlernase, die Augen immer zum Himmel aufgeschlagen; das etwas gelichtete Haar, zur Seite gekämmt, enthüllte eine melancholische und nachdenkliche Stirn. Er sprach nicht, schrieb aber mit Bleistift auf eine zerbröckelnde Wand einige Worte und gab den Arbeitern, die eben eine Malerei bloßlegten — es war aus einem sonderbaren Zufall ein Bild des Genius der Kunst und Poesie —, eine Handvoll Geld. Er drückte mir die Hand und verabschiedete sich mit der Bitte, ihm Nachricht aus Pompeji und Neapel zukommen zu lassen, und auf die Frage, wohin sie zu richten wären, antwortete er ‚Missolunghi'."

Im selben Jahr war Bonucci auch der Führer und Lehrer von Margerite Lady Blessington, einer blendenden Schönheit, der Egeria des Grafen d'Orsay, die, nach einer Begegnung mit Byron in Genua, in Begleitung ihres langweiligen Gatten und ihres französischen Paladins, Eindrücke für ihr ausgezeichnetes Buch *Idler in Italy* sammelte, zu dem Bonucci seinen bescheidenen und von den anderen totgeschwiegenen Beitrag geleistet hat.

So leuchtend und hoffnungsvoll seine Jugend, so traurig war sein Alter und Ende in Capri. Direktor der königlichen Ausgrabungen und Inspektor der historischen Monumente von 1825 bis 1860, letzter Hüter der toten Stadt im Reiche beider Sizilien, fiel er mit dem alten Regime, dem er Ämter und Ehren dankte, als Opfer revolutionärer Methoden, wie sie ausgerechnet Dumas, damals Direktor der Museen in Neapel, in Anwendung brachte, — Opfer seiner Anhänglichkeit an die alten entthronten Souveräne.

Als in der zweiten Hälfte des 19. Jahrhunderts Darwin mit seiner *Entstehung der Arten* neues Licht in die Naturwissenschaften brachte, betrat die Archäologie, sich über das Hindernis der Heiligen Schrift hinwegsetzend, die Schwelle einer neuen Wissenschaft, der Paläontologie.

Nachdem er einige glückliche Funde gemacht hatte, wurde dieses neue Wissensgebiet zur Leidenschaft Bonuccis. Den Spuren Nicoluccis folgend, durchsuchte er zuerst erfolgreich Apulien und sammelte 1863 in verschiedenen Provinzen steinzeitliche Reste, eine Arbeit, von der sich beredte Spuren im Briefwechsel mit Pigorini finden, der, wenn auch auf wenig solider Grundlage, die italienische Paläontologie ins Leben rief und mit Nicolucci der Entdecker der größten neolithischen Denkmale Mittelitaliens war.

Die wenigen von Bonucci erhaltenen Manuskripte offenbaren einen leidenschaftlichen Poeten des Altertums, der, versunken in älteste Zeiten, ihrem Ursprung nachforschte. In seinen Notizen findet sich die Abschrift von Suetons Worten über das Leben des Imperators Augustus in Capri: „Große, prächtige Herrenhäuser konnte er nicht leiden. Das von seiner Enkelin Julia mit verschwenderischer Pracht erbaute Landhaus ließ er sogar bis auf den Grund niederreißen. Seine eigenen, sehr bescheidenen Landhäuser schmückte er nicht mit Statuen und Gemälden, sondern mit Altertümern und Raritäten und legte Spazierwege und Haine an. So befindet sich zum Beispiel noch jetzt in seinem Landhaus auf der Insel Capri die Sammlung von Riesenknochen ungeheurer Land- und Seetiere, welche man Gigantenknochen und Heroenwaffen nennt."

In der Einsamkeit Capris, weit von seiner gewohnten Wirkungsstätte, arbeitete seine Phantasie auf den Spuren Suetons und er folgerte, daß die Knochen der Giganten von vorsintflutlichen Tieren stammen, die Waffen der Heroen aber menschlicher Herkunft sein müßten, Kriegsmaterial, dem damaligen Kampf ums Dasein dienend.

So sah Bonucci, der Archäologe, in Augustus den Entdecker großer Werte, wie er selbst sie in Herkulaneum und Pompeji dem Boden entrissen hatte. Entsprach jedoch das, was Sueton über den Imperator schrieb, der Wahrheit, so mußten wertvolle und seltene Gegenstände sich noch auf der Insel finden.

Die Arbeit in Apulien hatte Bonucci mit den Erzeugnissen der Steinzeit bekannt gemacht, und es handelte sich für ihn nur darum, die Insel nach ihnen zu durchsuchen. So forschte er überall und erfuhr durch Landleute von einer Grotte auf dem Monte San Michele, die angefüllt sein sollte mit derartigen Resten.

Damals stand Bonucci in eifrigem Briefwechsel mit einem wissenschaftlichen Mäzen, dem Herzog von Luynes, dem die französischen Museen viele wertvolle Antiken und die *Bibliothèque Nationale de Paris* eine herrliche numismatische Sammlung verdankt.

Angeregt durch die Archäologen, hatte der Herzog im Museum von St. Germain eine prähistorische Abteilung gegründet und richtete nun ein Rundschreiben an die italienischen Gelehrten, mit der Bitte, ihn von ihren Entdeckungen zu verständigen, worauf Bonucci 1864 mit einem gedruckten Bericht antwortete, in dem er seine wunderbare Entdeckung bekanntgab ... das erste Kapitel eines paläontologischen Romans. Mit seinen Gedanken den Tatsachen vorauseilend, zählt er die bis 1862 in Italien gemachten Hauptfunde auf, berichtet er über den Friedhof der riesigen vorsintflutlichen Knochen in der Gegend von Massa Lubrense und kündet einen noch wichtigeren, aber leider nur in seiner Phantasie bestehenden Fund an: Entdeckung derselben Herrlichkeiten auf der Insel Capri, die Grotta *a Croce San Michele*, vier Meilen vom Meere entfernt und nahe dem Orte Capri, reich an Fossilien und sehenswert wegen ihrer Stalagmiten. Er deutet an, daß es dieselbe Höhle sein könnte, in der sich die Knochen der Riesentiere und die Sammlung primitiver Waffen befunden haben, die das Erstaunen und die Freude des Imperators Augustus gebildet ... *qualia sunt Capreis immanium beluarum.*

Die Entdeckung wurde als bereits gemacht bekanntgegeben. Cavaliere Bonucci dachte wohl, daß es kein Unglück sei, wenn er sie in dieser Weise vorwegnahm und den Herzog von Luynes dadurch anregte, seinerseits mit Vorschüssen nicht zu sparen. Doch die Vorschüsse kamen nicht. Also schrieb er 1866 wieder ein Memorandum, in dem er, immer auf die Auskünfte der Bauern und auf den Bericht Suetons gestützt, angibt, daß der Boden voller Fossilien und Knochen von Menschen und vorsintflutlichen Tieren sei. „Ich bin überzeugt", schreibt er, „daß es der Inhalt dieser Grotte war, dem das Staunen und die geniale Liebhaberei des Imperators Augustus galt." Und nun wiederholt er den auf die Grotte bezüglichen Absatz des Historikers der Cäsaren und erläutert ihn wissenschaftlich.

Der erstaunliche Bericht hatte Erfolg, wenn auch nicht so augenblicklich, wie ihn sich Bonucci erhoffte. Der Herzog von Luynes erklärte sich bereit, die paläontologischen Ausgrabungen zu finanzieren, den Grund von San Michele zu erwerben und damit in den Besitz der Grotte zu gelangen. Doch um Klarheit zu gewinnen, wandte er sich um ein Gutachten an die größte Autorität der Zeit, den Archäologen Rossignol, der ihm antwortete, er habe die Broschüre Bonuccis mit Eifer studiert, sie enthalte Tatsachen von größtem Interesse, geeignet, die Wissenschaft zu bereichern. Er habe vor kurzem eine alte Übersetzung Suetons gelesen und der von Bonucci zitierte Passus wäre ihm aufgefallen. Er stelle eine Beziehung zu der Grotte Capris her: „Hatte sie Kaiser Augustus gekannt und dort Gebeine ausgraben lassen? Hoffen wir, daß es M. Bonucci dank der Erwerbung der benachbarten Grundstücke schließlich gelingen wird, den wirklichen Eingang zur Grotte zu finden . . .".

Doch der wahre Eingang, der dem Imperator als Zugang gedient haben mußte, fand sich nicht. Da aber immerhin der Herzog und Rossignol sich entschieden hatten, das Museum des Kaisers Augustus nach St. Germain umzusiedeln, forderten sie den energischen und unternehmenden Mitarbeiter auf, Knochen und Waffen aus Capri nach Fankreich zu schicken. Sie wurden durchaus befriedigt: in Frankreich kamen Elefantenzähne und -schultern, Nilpferdfossilien, Waffen und Werkzeuge der Steinzeit „aus Capri" an.

Worauf der Herzog von Luynes sich begeistert entschloß, selbst zu kommen und die Reste des Augusteischen Museums persönlich in Augenschein zu nehmen. Aber unterwegs, während seines Aufenthalts in Rom, starb er, der Vorsehung sei Dank, und ersparte sich mit diesem Tode eine Enttäuschung, Bonucci aber eine Demütigung.

Inzwischen hatte sich Ignazio Cerio, ein junger Arzt und begeisterter Naturforscher, in ehrfürchtiger Freundschaft Bonucci ergeben, auf Capri niedergelassen. Er drängte den Freund, die immer wieder verschobene Erforschung der Grotte durchzuführen. Doch der Tod des Herzogs verhinderte das Unternehmen. Da entschloß sich Cerio, aus eigener Initiative den geheimnisvollen Eingang zu suchen, fand ihn schließlich und entdeckte eine Grotte, angefüllt mit Stalagmiten und Stalagtiten, Kalkformationen, die von den Einheimischen, als sie hier eindrangen, für Tierknochen gehalten worden waren.

Woher aber stammten die Knochen, die Bonucci nach Frankreich geschickt hatte? Sie waren, wie Cerio auf den Blättern des unglücklichen, aber phantasievollen Archäologen vermerkte, Fossilien, die er sich aus Ruvo bei Bari hatte kommen lassen, um sie, in Reliquien des Augustus verwandelt, nach St. Germain zu senden. Wie Cerio angibt, hätten sich wegen der Unzugänglichkeit der Grotte keine Fossilien finden lassen. Aber gerade er, der mit dieser Notiz den Traum seines Freundes zerstörte, mußte ihm bald darauf mit seinen Entdeckungen Gerechtigkeit widerfahren lassen. Als der Ruhm Bonuccis im Erlöschen war, übernahm Cerio dessen Gedankengut und wiederholte auf Capri, was dieser in Pompeji und Herkulaneum unternommen hatte.

Wir haben schon gehört, daß der Biograph des Augustus nicht ausschließlich von Fossilien und Steinwaffen spricht, die der Imperator sammelte, sondern auch von seltenen Antiquitäten, wie sie ja auf der Insel in reicher Zahl gefunden worden waren. Nun grub ein Bauer 1922 in einem Weingarten auf den Hängen des Castiglione, auf dem einst eine große Villa der Cäsaren gestanden hatte, eine Bronzestatuette mit Resten von Vergoldung aus, eine herrliche archaische Arbeit, möglicherweise aus den Zeiten der ersten ägyptischen Dynastien stammend und nach der Schlacht bei Actium irgendwie auf Capri gelandet, wo sie, auf einen römischen Kandelaber montiert, der Zerstörung entgangen war. Cerio, den Spuren Bonuccis folgend, hatte das Glück, an einem den Künstlern längst bekannten Ort die Tradition einer ländlichen Kultur anzutreffen. Er sagt von sich, er habe seine Ziele mit den Augen des Glaubens gesucht, Worte einer herrlichen Eingebung, die Worte aller Schatzsucher, ein Geist, der auch Schliemann zur Entdeckung der Ruinen Trojas führte. Dieser Glaube verband sich mit einer unheilbaren Liebe zu Capri, machte ihn zu einem Naturschwärmer, zum Kenner der heimischen Flora und Fauna in all ihrer Eigenart, zum aufmerksamen Beobachter der wechselnden Spiele der Lufterscheinungen, ließ ihn den Boden durchwühlen und die Tiefen des Meeres loten, immer mehr in die zauberhaften Mysterien der Schöpfung eindringend. Er wollte das Alter der Insel erforschen und stellte im Laufe dieser Arbeiten eine Chronologie der Kalkformationen des Appenins auf, deren letzter Ausläufer, Capri, Jahrtausende unter dem Meeresspiegel lag, ehe er als Insel ans Licht stieg, von Mollusken und Korallen besiedelt, die der junge Naturforscher jetzt als Versteinerungen von den Bergen löste und zu einer Sammlung ordnete, einer einzigartigen geologischen Topographie, deren Erstauflage Capri selbst geliefert hatte.

Seine Untersuchungen aber führten ihn weiter. Er durchwühlte die Erde, entdeckte Obsidianmesser und Pfeilspitzen, Produkte primitiver Industrien, und gelangte endlich bis zur Grotta delle Felci.

Diese Kaverne ist eine Einbuchtung der riesigen Höhlung der Grotta dell' Arco in den unzugänglichen Hängen des Monte Solare und trägt alle typischen Anzeichen eines Unterschlupfes im Felsen, wie er von unseren Urvätern benutzt wurde: links erhebt sich unversehens, dem heißen Magma der Schöpfung entstiegen, das Massiv des Castiglione, den riesigen Rachen öffnend, auch dieser vielleicht Zuflucht prähistorischer Wesen, in der Ferne leuchtet das Profil der Pyramide von Tuoro Grande, die, langweilig wie alle Pyramiden, fast, um sich zu rehabilitieren, eine Ehe mit dem Kap Tragara eingegangen ist, aus welcher Mesalliance die Faraglioni entstanden sind, in Urzeiten vielleicht noch nicht malerisch, aber erhaben.

Wer wollte das Panorama beschreiben? Den Felsen der Sirenen, die blumenreiche Wiese, die Odysseus weiß von Knochen sah?

Verzaubert betritt der Suchende die Grotta delle Felci, verblüfft von dem grandiosen Prunk, der die Anwesenheit des prähistorischen Menschen verrät, als er noch seine Unterkunft zwischen den Spitzenvorhängen und Säulen der Stalagtiten suchte.

So beginnt Cerio hier die ersten Ausgrabungen, überzeugt, am rechten Orte zu sein. In die Erde, die sich in Jahrtausenden angesammelt, schneidet er eine Furche und vertieft sie Schicht um Schicht, unschätzbare Werte ans Licht hebend: Scherben von handgearbeiteter Keramik, lange vor der Zeit der Töpferscheibe, Fragmente schwarzleuchtender Trinkgefäße ... nicht nur Küchen- und Eßgeschirr, sondern auch Kultgegenstände, Utensilien für die Bedürfnisse von Leben und Tod, Zierat, Toiletteartikel, Schmuck und Spielzeug ... Mühlsteine zum Mahlen des Getreides und Knochen, durch die sich die prähistorische Fauna der Insel bestimmen ließ. Wie Schliemann an das von Homer erzählte Leben Agamemnons glaubte, glaubte der Capreser Arzt an das Leben des Augustus, das Sueton überliefert hat. Auch das Anathema des Hohenpriesters der Archäologie, Salomon Reinach, vermochte seinen Glauben nicht zu erschüttern, obwohl Reinach in seinem Werk *Les Museé de l'empereur Auguste* beweisen wollte, daß einige italienische Gelehrte die berühmte Stelle des Sueton falsch gedeutet hätten, indem sie behaupteten, die *arma herorum* des Augustus könnten nicht die auf Capri gefundenen Steinzeitgeräte gewesen sein. Nach Reinach waren sie ausschließlich Erzeugnisse neolithischer Kulturen, polierte Pfeilspitzen und Äxte aus Stein, von den Römern *Ceraunìae* genannt. Und so groß war die Autorität des französischen Gelehrten, daß alle italienischen sich seinem Diktat beugten.

Erst in den letzten Jahren siegte eine neue Auslegung, und es ist das Verdienst Breuils in Frankreich und Alberto Carlo Blancs in Italien, die Vorgeschichte des

Menschen für den wissenschaftlichen Gedanken entdeckt zu haben, der die Beobachtung an erste Stelle setzt und nicht die vorgefaßte Meinung. Blanc machte den glücklichen Fund des Neandertaloiden von Monte Circeo, und sein Werk *Il pensiero italiano nel campo della Paleontologia Umana* stellt ein doppeltes Verdienst auf diesem Gebiet fest, das italienische und das römische. Denn, sich auf die Zeilen in Suetons *Caesarenleben* beziehend, lobt Blanc die Tätigkeit des Imperators Augustus auf Capri, der als leidenschaftlicher Naturforscher mit kritischem Sinn die wahre Natur der enormen Knochen erkannte und schon damals leugnete, daß sie von Riesen stammen könnten. Somit rechtfertigte Blanc den Glauben Ignazio Cerios und Bonuccis, daß es Reste von Riesentieren waren, die hier gefunden wurden, und nicht von Menschen.

Blanc widerlegt die Behauptungen Reinachs und seiner Nachfolger, indem er sagt: „Die Absage an ihre rein theoretischen Ideen mußte von einem scharfsinnigen jungen italienischen Naturforscher kommen, dem capresischen Arzt Ignazio Cerio, der sich damit unterhielt, Zeugnisse für eine wirkliche prähistorische Besiedlung der Insel der Sirenen zu sammeln."

Und wenn selbst Mommsen in seiner *Römischen Geschichte* behauptet, die Annahme der Existenz einer Rasse in Italien vor dem Beginn primitiver landwirtschaftlicher Kulturen und der Bronzezeit sei durch nichts gerechtfertigt, so hat er Sueton nur mit dem Auge der damaligen Wissenschaft gelesen.

Die oberflächliche Beobachtung dieses von Vulkaneruptionen umgeackerten Bodens nährt den Glauben, Latium habe in der Vorzeit von Urmenschen nicht bewohnt werden können. Und doch wurde 1929 in Saccopastore der Schädel eines Wesens gefunden, das einer vor dem Homo sapiens existierenden Rasse angehört haben muß. Breuil, der Blanc begleitete, fand 1935 einen zweiten Schädel am gleichen Ort. Blanc aber war erst eine wirklich dramatische Entdeckung vorbehalten, und zwar fand er den Schädel des Menschen von Monte Circeo, eines zu religiösen Zwecken enthaupteten Neandertalers, umgeben von Knochen, die es erlaubten, die ganze Fauna dieser Zeit zu rekonstruieren. Er lag neben einem Baum, Abios alba, der die Flora und das Klima der Epoche charakterisiert.

Aus der Berechnung der Vereisung konnte Blanc feststellen, daß der Mann des Vorgebirges vor 70000 Jahren gelebt haben muß. Der Mann der Sireneninsel aber muß noch älter gewesen sein. Sein Alter läßt sich nur aus dem Grade der Versteinerungen errechnen und aus den Knochen, die das Grab des Mannes teilten. Es waren Pflanzenfresser riesigen Ausmaßes, die damals auf diesem Grund weiden konnten, weil Capri noch keine Insel war, sondern als Gipfel eines Berges zu einem längst versunkenen Kontinent, der Tyrrhenis vielleicht, gehörte.

XI.

OLD ENGLAND

Der Typ des von seiner Familie ins Ausland verbannten Engländers, den sie mit einem Scheck versah, damit er nicht in die Heimat zurückkehre, des sogenannte *remittance-man*, bereicherte um die Mitte des 19. Jahrhunderts die Bohème Capris um einige so seltene Exemplare, daß die Verwirrung, die sie in der Kolonie der Ausländer anrichteten, zu einer förmlichen Reaktion führte, zu einer Erneuerung in der Art des Lebens und der Sitten.

Diesmal war eine Frau, Sophie Anderson, wegen ihres weißen Haares, das, unter einem Netz zu einer Frisur aufgebaut, verdächtige Ähnlichkeit mit einem Blumenkohl hatte, von den Insulanern nur „Signora Cavolosciore" genannt, vom Schicksal dazu ausersehen, die englische Kolonie, die sich nicht nur aus respektablen Leuten, sondern auch aus zahlreichen Bohèmiens zusammensetzte, zu reformieren.

Sophie Anderson war schon in London an der Royal Academy bekannt und später im ganzen Reich berühmt wegen der Art ihrer Bilder. Wenn es nämlich je eine moralisierende, von jeder Leidenschaft freie Kunst gab, war es die Mrs. Andersons. Was sie malte, war ein Hymnus auf die guten Sitten. Sie wurde wirklich die Erneuerin, und, so sonderbar es klingt, war sie es, die mit der Unberührtheit ihrer Seele, weiß wie ihr Haar, das Nackte in die englische Kunst einführte.

Das Publikum war gegen die Mitte des Jahrhunderts der ewigen Stilleben und Porträts müde. Schon die Gemälde der *Preraphaelite Brotherhood* revolutionierten die der Königin Viktoria so lieb gewordene Kunst. Aber wenn die Keuschheit der Präraffaeliten die Nacktheit auch nicht ausschloß, so sah man doch nur wenig Fleisch auf ihren Bildern, und die kühne *Ophelia* Millais ertrank in einem brokatenen Meer.

Indessen trimphierte das Nackte jenseits des Ärmelkanals, und jeden Frühling wurde im Salon in Paris eine Orgie menschlichen Fleisches ausgestellt.

Sophie Anderson unternahm es kühn, das englische *home* mit dezenter Nacktheit aufzuheitern, ein Unterfangen, das ihr bald gelang und sie berühmt machte. Wenn ihr Fleisch auch nicht die Qualitäten hatte, die es der Verdammnis preisgibt, sondern weit eher die einer entnikotinisierten Zigarre oder koffeinfreien Kaffees, so gelang es ihr doch auf ihre Weise, eine Bresche in die konservativen englischen Ansichten zu schlagen und trotzdem *respectable* zu bleiben.

Das Problem der Fleischtechnik einmal überwunden, konnte Sophie Anderson sich an alle klassischen Sujets wagen, und so entstanden in ihrem Atelier in der Villa Castello Aphroditen, Iphigenien, Kirken und Sibyllen. Den Pinsel wie einen Weihwasserwedel handhabend, brachte sie den Engländern die ganze heidnische Welt wieder in Erinnerung, allerdings drapiert mit einem Überfluß von Schaum und Schleiern, der es dem Menschen zum Bewußtsein brachte, wie er sich anständig zu bekleiden habe; eine Nacktheit, die ihr die Pforten der Royal Academy öffnete und die der große Manager, Arthur Booth, in alle englischen homes einführte.

Es muß gesagt werden, daß sich damals eine Horde sittenloser Künstler auf der Insel herumtrieb, ein skandalöses und heiteres Leben führte, malte und schrieb, und den Tarascone und die Tarantella mit den Bauernmädchen tanzte. Die Engländer dieser Horde *respectable* zu machen, unternahm Mrs. Anderson. Nun scheint es in England ausgeschlossen, zugleich unterhaltend und *respectable* zu sein. Daher wurde den Bohèmiens der Krieg erklärt und eine Kolonie ausschließlich anständiger Leute gegründet. Mr. Anderson, nur fünf Fuß hoch, während seine Frau deren sechs maß, wurde mit der Organisation dieses Gesellschaftslebens in Villa Castello betraut, bei dem sich schließlich alles einfand, was in Capri englisch und langweilig war: Pastoren, Missionare, Pensionisten, alte Jungfern und Menschen, denen das lockere Leben auf der Insel zu teuer war. In schöner Eintracht wohnten die Gäste der jährlichen Frühjahrsausstellung von Mrs. Andersons Kunstwerken bei, um dann bei Erdbeercrème weiterzufeiern, was Mr. Anderson *Garden-party* nannte.

Mr. George Burton, wie er vorläufig noch *tout court* hieß, als *remittance-man* nach Capri gekommen, nahm zum Gaudium der ganzen Bohème diese Gelegenheit wahr, um den Respektabeln einen bösen Streich zu spielen. Mr. Anderson hatte nämlich ermittelt, daß er ein Schürzenjäger und Trunkenbold war, und ihn daher zur Frühjahrsfeier nicht geladen; was Burton nicht hinderte, zu erscheinen, und als die Pastoren und Missionare, die alten Jungfern und die übrigen Gäste eben ihre Eiscrème löffelten, an der Haustüre zu läuten. Das Zimmermädchen öffnete und fiel in Ohnmacht: Burton war nackt, bis auf Monokel und Zylinder! So trat er ungeniert zwischen die Gesellschaft, die sich im Garten erging. Die Damen wagten einen Blick auf den nackten Mann, bevor sie ebenfalls in Ohnmacht fielen, denn Burton war schön, und wenn auch nicht unbedingt zur Sünde, so führte er doch in Versuchung. Die Männer waren empört. Mr. Anderson warf ihn, nachdem er sich vom ersten Schrecken erholt hatte, zur Türe hinaus, holte dann einen Bohrer und bohrte sogleich in eben diese Türe vier Löcher, damit von nun an das Stubenmädchen, bevor es öffnete, sich davon überzeugen könne, daß nicht wieder ein nackter Mann Einlaß begehre. Diese Löcher hießen, berühmt geworden, „Burtons-Löcher". Aber auch Burton wurde berühmt als Anführer einer liederlichen Bande, die, wie man allerdings sehen wird, lange nicht so verdorben war, wie die Sittenrichter in Villa Castello annahmen.

In Capri hatte sich nämlich die Tradition unter den Eingeborenen erhalten, daß wahre Liebe sich nur in Anacapri fände, ein Umstand, erklärlich durch die lange Abwesenheit der Männer, die zum Kalfatern der Schiffe oft und lange in den Werften Neapels beschäftigt waren. Es gab somit ausgiebigen Jagdgrund zu Liebesabenteuern für die Don Juans aus aller Herren Länder in Anacapri. So suchten Maler und Bildhauer dort ihre Modelle und trieben nebenher ein wenig Liebe, um so mehr, als Gregorovius den Typ der Mädchen aus Anacapri für einen griechischen erklärt und den Ort zur griechischen Kolonie ernannt hatte. Hier nun machte Burton einen unglaublichen Fund: er entdeckte Luisa, eine Tochter Mastro Saverios. Mastro Saverio, der Bäcker Anacapris, hatte, obwohl jung Witwer geworden, das Glück, seine Töchter in wunderbarer Schönheit um sich heranwachsen zu sehen, so daß alle Welt sie nur die „vier Jahreszeiten" nannte, *le quattro stagioni*, weil in Capri eine Jahreszeit schöner ist als die andere. Da aber diese Mädchen ihre Verehrer immer in respektvoller Distanz zu halten wußten, hatte es in Saverios Haus noch nie einen Skandal gegeben. Als Burton Luisa auf dem väterlichen Acker sah, verliebte er sich auf den ersten Blick in sie. Aber wenn er auf leichte Beute gehofft hatte, irrte er. Damals war die älteste der *quattro stagioni* mit einem Bauern verlobt, die dritte im Begriff, einen Vetter zu heiraten, die vierte von einem Maurer umworben. Nur Luisa, die schönste und des Vaters Liebling, war frei. Wie wenig leichtfertig Burton im Grunde war, kann man daraus schließen, daß er, allen Schwierigkeiten zum Trotz — denn als er ernst machte, widersetzte sich sogar der Vater, für den der wohlhabende Mann im Grunde ein Nichtstuer war, dieser Liebe — Luisa endlich heiratete. Er richtete ihr in Capri ein Haus ein, wo sie, trotz reicher Dienerschaft, selbst regierte und vollendet glücklich war. Bis eines Tages aus heiterem Himmel die Nachricht eintraf, in England sei der Chef des Hauses gestorben und Burton unversehens sein Erbe und Lord Bentley geworden, was ihn dazu verpflichtete, sein Haus in Capri aufzugeben und nach England zu übersiedeln. Die neugebackene Lady Bentley faßte das Ereignis als Strafe Gottes auf und fand sich nur schwer in den Abschied von Heimat und Geschwistern. Ganz Capri war außer Rand und Band. Nicht nur wurde das junge Paar jetzt von Mrs. Anderson und ihrer Clique mit offenen Armen empfangen und malte die Künstlerin ein Bild der *quattro stagioni*, das ihr Meisterwerk wurde;

der Pfarrer sah sich veranlaßt, Luisa über die Geschichte des Imperators Tiberius zu unterrichten, damit sie diese Geschichte aus ihrer Heimat der Königin erzählen könne, wenn sie in Audienz käme; denn daß es zu einer Audienz und einem glänzenden Empfang bei Hof kommen würde, daran war kein Zweifel, und Talmage White bemühte sich, sie im Englischen zu unterrichten.
Es kam zu eifrigem Briefwechsel zwischen Bentley Castle im Yorkshire und Anacapri, und so erfuhr man, daß Lord Bentley in England Ländereien und Wälder besaß, von denen sich kein Caprese eine Vorstellung machen konnte. Noch wurde vom Empfang bei Hof nicht gesprochen, weil die Königin um den Prinzgemahl tiefe Trauer trug. Aber das Haus war so groß und still, daß es Luisa fast nicht gelang, es ganz zu erforschen, besonders weil es Dienerschaft in Menge gab, die sie an jeder Tätigkeit hinderte. Zur Küche hatte sie keinen Zutritt, hier regierte ein französischer Koch, und der unvermeidliche Butler behütete jeden Schritt der jungen Lady.
Endlich erscheint der ersehnte Sohn, den Luisa Saverio nennen möchte, der aber George heißen muß, weil er eines Tages der zweiunddreißigste Graf Bentley sein wird. Jetzt erst wird von einer Vorstellung bei Hof gesprochen, die aber nicht in St. James stattfinden kann, sondern in Balmoral, wo die Königin ihrer Trauer lebt. Das größte Leiden Luisas ist aber die Tante Lord Bentleys, Lady Anne. Sie ist die Zeremonienmeisterin der unglücklichen Tochter Mastro Saverios, die alle Fragen und Antworten und Reverenzen mit der jungen Pairess einstudiert, Generalproben und Wiederholungen aller bei solchen Empfängen üblichen Verbeugungen abhält, bis die junge Lady vollkommen unsicher wird. Man stelle sich vor: ein mit Möbeln, Stühlen, Tischchen überfüllter Saal, wie es damals üblich war, den die verschüchterte Besucherin zu durchqueren hatte, um ans Fenster zu gelangen, wo die kleine, dickliche Königin die üblichen Reverenzen entgegennahm, ehe sie das Wort an die Debütantin richtete. Diese jedoch, die, ohne auf die verzweifelten Winke der Zeremonienmeisterin zu achten, sich spontan vor der Königin verneigt, scheint besonderen Gefallen zu erregen, und die Majestät läßt sie neben sich niedersitzen, und nun entspinnt sich ein Gespräch, bei dem die junge Frau alles vergißt, was ihr für diese Gelegenheit so mühsam eingepaukt worden ist, und zum Entsetzen Lady Anns sprechen die beiden Frauen wie gewöhnliche Frauen sich unterhalten würden, über das Wetter zuerst, dann über Kinder, und schließlich zeigt die Königin der Tochter Mastro Saverios die Bilder des Prinzgemahls und kann ihre Tränen kaum zurückhalten.
Wenn man also den in Capri kursierenden Gerüchten Glauben schenken darf, hat Luisa auch das Herz der Königin Victoria im Sturm erobert, die sie nun häufig nach Balmoral einlädt und, da sie keine Hofdame aus ihr machen kann, zur

Freundin erwählt. Im Leben ihrer Schwestern aber hat sich nichts geändert und Mastro Saverio bäckt weiter sein Brot wie eh und je.
Viele Jahre sind seither vergangen und in Capri denkt niemand mehr an die *quattro stagioni*.
Auch die Tür, die Mr. Anderson durchlöchert hatte, um nackten Männern den Eintritt zu verbieten, wurde später erneuert. Aber Spencer Jerome, der die Villa damals von Mr. Anderson übernahm, hatte historischen Sinn und ließ sie stehen wie sie war, jeden seiner Besucher darauf aufmerksam machend: „Das sind die vier Löcher Burtons."
Dann geriet die Villa in die Hände von Philistern, die für derartige Erinnerungen keinen Sinn hatten und die historische Türe verschwinden ließen; und mit ihr schwand auch die Erinnerung an den Schlimmsten der *Mauvais sujets*, der so viel zur Unterhaltung auf der Insel beigetragen hatte und sein ganzes Leben als Einheimischer auf Capri verbracht hätte, wäre ihm nicht das Los zugedacht gewesen, Pair von England zu werden.

Wer der vollen Verzauberung schon bei der Ankunft in Capri erliegen will, darf nicht die Funiculare nehmen, sondern muß den Weg von der großen Marina hinaufsteigen, den der Asphalt jetzt zu einer Autostraße herabgewürdigt hat. Und um sich von so viel Schönheit nicht überwältigen zu lassen, ist es für den Besucher unerläßlich, an der letzten Biegung stehenzubleiben, sich umzuwenden und sich die Freude am Leben nicht durch den Anblick des schönsten Friedhofes der Welt rauben zu lassen.
Überall auf Erden ist der Friedhof ein Ort der Trauer, hier ist er der eines unendlichen Friedens, und wer in Capri zuerst den Friedhof besucht, denkt nicht mehr an den Tod.
Schon über dem Eingang stehen die gastlichen Worte *Rest*. Eine etwas förmliche, englische Gastfreundschaft; doch wer in den freundlichen akatholischen Friedhof eintritt, wird sofort von einem großen Grabmal empfangen, das anscheinend dem Hausherrn gehört und sich mit der Inschrift vorstellt:

For fifty years a Resident of Capri.

So einfach, ohne falsche Scham, fast stolz, verschweigt er seine Titel und gibt nur seinen Beruf an: fünfzig Jahre Bewohner Capris! Eine Berufung, ein Glaube!
Da über den Toten nicht mehr zu erfahren ist, trachtet man die Autopsie des Lebenden zu machen und findet im Hof des Rathauses eine andere Gedenktafel. Darauf liest man, daß der auf seine Mitbürgerschaft so stolze Herr sich Henry Wredford nannte, daß er, ein gebürtiger Engländer, mit dem Herzen Italiener war und Ritter der Orden der Heiligen Mauritius und Lazarus. Das ist nicht viel. Doch

aus den Papieren, die er hinterließ, wäre mehr in Erfahrung zu bringen, wenn man sich erinnern wollte, daß Wredford ein großer Pionier des modernen Journalismus und vielleicht einer der ersten Kriegsberichterstatter gewesen ist, ein großer und wertvoller Freund Italiens, der vieles zur politischen und moralischen Wiederaufrichtung des Landes beigetragen hat.

Von seiner Tätigkeit finden sich Spuren in den Sammlungen der *Times*, der *Daily News*, des *Athenaeums* und des *Naples und Florence Observer*, für die er während seines langen Aufenthaltes in Italien Artikel schrieb. Auch aus den Notizen anderer ließe sich manches über ihn erfahren; man könnte in persönlichen Dokumenten, in der Bibliothek San Martino in Neapel und zwischen seiner Korrespondenz im British Museum nach ihm forschen; aber leider ist diese ganze Literatur verstreut und vergessen, und was sich findet, durchblättert man mit einer gewissen Rührung, weil es alles ist, was von einer einzigartigen Persönlichkeit übrigblieb, von dem ersten typischen Fremden, der eines Tages zu kurzem Besuch nach Capri kam, um dann fünfzig Jahre, bis an sein Ende, dort zu leben; einer jener Engländer, die den Süden nicht nur aufsuchen, um ihre Melancholie loszuwerden, sondern um das Land zu lieben und sich an den Idealen der erwachenden Nation zu entflammen.

Nach allem, was man von ihm weiß, kann man schließen, daß Henry Wredford eine wichtige, vielleicht geschichtliche Größe seines Landes geworden wäre, hätte er es nicht vorgezogen, einfach Mensch und Bewohner Capris zu sein.

Er kam eines Morgens hier an, um zu frühstücken, das war 1842, verschob seine Abreise, wie das viele Fremde tun, und blieb, wie gesagt, fünfzig Jahre. Sein letzter Artikel über Italien erschien am 22. 3. 1892 in der Times; er starb vier Tage danach, 86 Jahre alt, in seiner Villa alla Croce.

Von der Insel, die er seine *villeggiatura* nannte, verfolgte er die Entwicklung Italiens. Ein Freund Gladstones, teilte er nicht nur dessen politische Ideale, sondern auch den literarischen Geschmack und die Liebe zu den Klassikern und Historikern Italiens. Von der Times beauftragt, die Entstehung des Risorgimento zu verfolgen, verband er mit seiner Tätigkeit den Zweck, die konservativen englischen Ansichten über die Bourbonen und Österreich umzustoßen und den Widerstand gegen die Einigung Italiens zu hintertreiben. 1850 von Lord Palmerston in geheimer Mission nach Neapel geschickt, sammelte er Material für seine bekannten Briefe an Lord Aberdeen, in welchen er das Bourbonische System als die Verkehrung jeder sozialen Idee, als die Verleugnung Gottes, erhoben zum Regierungsprinzip, brandmarkte. Er schrieb bewundernswerte Seiten über die Taten und die Opfer der Patrioten, folgte Garibaldi auf seinem triumphalen Marsch nach Sizilien und Neapel und wurde Zeuge der Kämpfe von Santa Maria di Capua und Gaëta,

Ereignisse, die er in seinen Journalen lebhaft schilderte. Nach der Befreiung kehrte er nach Capri zurück und folgte dem Schicksal Italiens, immer schreibend und berichtend: über die Heldentaten Garibaldis, der sein Freund war und mit dem er viele Jahre hindurch korrespondierte, Geschichten über Viktor Emmanuel, Cavour, Crispi und viele andere der damaligen Berühmtheiten. Besonders interessant sind seine Urteile über die Politiker der Zeit, die er fast alle kannte.

Alexander Dumas, der Garibaldi nahestand, genoß seine Sympathien nicht. Er schildert in der *Times* die Entrüstung der Neapolitaner über die Großsprecherei und die Ansprüche dieses genialen Eindringlings: „Durch welches Verhängnis", schreibt er am 18. 9. 1860, „konnte Dumas sich so fest an Garibaldi anschließen?"

Tatsächlich hatte sich der große französische Romancier einen Dankestitel Italiens erworben, der dem Korrespondenten der Times unbekannt war: Dumas, der sich auf einem Schiff in den Orient begeben wollte, erfuhr in Genua, daß Garibaldi auf Palermo marschierte (16. Mai 1859), segelte nach Sizilien und bot ihm sein ganzes Vermögen, 50000 Franc, an, womit er dann selbst in Marseille Waffen und Munition kaufte. Diese schöne Geste berechtigte ihn nun, Dankbarkeit zu fordern.

Wredford schreibt über ihn: „Die Abenteuer dieses Autors müßten märchenhaft erscheinen, wenn er nicht selbst für ihre Echtheit garantierte. Wie immer aber sein Genius war, so verfügte er doch nicht über einen erhabenen Intellekt und auch nicht über die Kenntnisse, die ihn dazu berechtigt hätten, Direktor des Nationalmuseums in Neapel und der Ausgrabungen in Süditalien zu werden. Garibaldi ermächtigte ihn auch, geeignete Persönlichkeiten für archäologische, geschichtliche und künstlerische Publikationen vorzuschlagen, wozu ihm jede Eignung fehlte. Warum gerade Dumas einen so wichtigen Posten erhielt, fragen sich alle. Die Neapolitaner sind beleidigt, daß einem Franzosen eine Aufgabe übertragen wurde, für die sie selbst viele entsprechendere Menschen hätten." So bricht Wredford eine Lanze für seine Freunde Fiorelli und Bonucci, denen wir schon begegnet sind.

Wenn aber von seinem zerstreuten literarischen Werk auch vieles verloren und vergessen wurde, das Hauptwerk blieb doch erhalten, die wenigen Zeilen auf seinem Grabstein: Fünfzig Jahre hindurch ein Bewohner Capris!

Besuchen wir nun die Toten auf unserem Spaziergang durch den Friedhof: wenige Schritte von der unbekannten Berühmtheit finden wir neben dem ältesten Bewohner Capris die jüngste — Pamela —, eine, der es der Tod verwehrte, berühmt zu werden, weil er die Besten in ihrer Jugend abberuft. Auf dem Grabstein der jungen Dichterin stehen die Jahreszahlen 1915—1935 als Grenzen, die ihr das Leben setzte, und zwei Verse:

Quem dii diligunt
adolescens moritur, dum valet, sentit, capit.

Das Schicksal hatte es eilig. Es stürzte sie von einem Felsen, auf dem sie, die nordischen Augen trunken vom südlichen Licht, gestanden hatte. Nach einem leuchtenden Morgen, vor dem Mittag, fällt die Nacht ein, und Pamela ist nur noch Schatten zwischen Schatten. So singt sie, kaum erwachsen, in ihrer kleinen Dichtung *Shadows:* „Do not put your hand out to touch the shadows!", als habe sie ihr Ende vorausgeahnt.

Wer sich hier weiter umsieht, entdeckt die Vorherrschaft Englands im Mittelmeer. Hier und dort findet sich ein Deutscher, ein Russe, ein Lette, manchmal ein Franzose zwischen den Toten, alle bescheiden zur Seite gedrückt, um nicht als Eindringlinge zu gelten. Von Grab zu Grab gehend, liest man die Namen von Kaufleuten, Offizieren, von Menschen, die mit klarer Einfachheit angeben, in England geboren und in Capri gestorben zu sein. Hier ein großer Name: Algernoon Gordon Lennox, ohne seine adeligen Titel, obwohl die Lennox' gräflichen und fürstlichen Geschlechtes sind und zu den ältesten Namen Englands gehören. Er kam nach Capri, um zu sterben, und die Wahrheit des Ausspruches, der seinen Grabstein schmückt, wahrzumachen: *There is no death,* es gibt keinen Tod!

Und hier ein Doppelgrab, überdacht von einer Sonnenuhr, die keine Stunde anzeigen kann, weil sie nach Norden schaut, sonnenlos. Bis vor kurzem besuchte hier an jedem 2. November, dem Jahrestag der Toten, ein Herr eine Dame, die in diesem Grabe ruht, und legte einen Blumenstrauß mit einer Visitenkarte dort nieder, deren eines Eck, zum Zeichen, daß der Besucher sie selbst abgegeben habe, um sein Beileid auszusprechen, eingebogen war, und einige in der Hast gekritzelte Worte enthielt: *I never forget!*

Überall hätte diese Hartnäckigkeit der Kundgebung die Lästerzungen bewegt, hier fand sie niemand lächerlich, auch ist in Capri der Friedhof der Ort, wo jedermann von üblen Nachreden verschont bleibt. Man wußte ja auch, daß die Besuche dieses Herrn die sehr höflichen Visiten waren, die Mr. Harold Trower seiner verstorbenen Gattin, Mrs. Trower, abstattete.

Er war der Konsular-Agent Englands in Capri, der die jährlichen Berichte an das Foreign Office über die industriellen Produkte Capris und dessen Handel mit England abzufassen hatte; da damals fast jährlich ein Cargoboat in Sorrent anlegte, um Orangen zu laden, wurde Trower nicht müde, seiner Regierung vorzustellen, wie wichtig es wäre, dieses Schiff auch in Capri landen zu lassen, um die Zitronen mitzunehmen, die schon Tiberius so geliebt hatte. Argumente, die jedoch ihre Wirkung verfehlten, weshalb Trower den Aufenthalt in Capri als besonders geeignet für alte, aus Indien kommende Offiziere anpries — eine Initiative, die mehr Erfolg hatte und Capri um wertvolle soziale Elemente bereicherte.

Doch seine Muse, durch diese Rapporte in Schwung gebracht, wollte sich nicht mehr beschwichtigen lassen, und so schrieb er ein Buch, *The book of Capri*, in welchem er verstreute Informationen über Capri sammelte. Später folgte noch einiges, weniger Glückliches über Capris Geschichte, eine Schilderung von Sitten und Gebräuchen, die zu begreifen ihm nie gelang.

Jedenfalls war er, fast ohne es zu bemerken, eine Persönlichkeit geworden, das anerkannte Haupt der englischen Kolonie in Capri, der Träger eines fast halbhundertjährigen Rufes von *Respectability*, der ursprünglich Henry Wredford zukam, dann von Mrs. Sophie Anderson übernommen, schließlich dem Vertreter Seiner Britischen Majestät anvertraut worden war, den Norman Douglas in *South Wind* so furchtbar zerzaust hat.

Während des ersten Weltkrieges schrieb Trower einen seiner gewohnten Briefe an die Times, gewisse geheime Machenschaften zwischen Papst und Kaiser aufdeckend, der einen Protest des Vatikans und die sofortige Entlassung Trowers von seinem Posten zur Folge hatte. Nach dieser letzten unglücklichen und unerwünschten politischen Intervention fand Trower, zum Privatleben verurteilt, endlich seine Berufung darin, der älteste unter den ausländischen Bewohnern der Insel zu werden.

Er hätte vielleicht auch sein Ziel, durch ein halbes Jahrhundert Bewohner von Capri zu sein, erreicht, wäre der zweite Weltkrieg nicht ausgebrochen.

Ein treuer Freund unseres Landes, war er beim Ausbruch dieses Krieges, 1940, 83 Jahre alt, litt an einer Bronchitis und lebte unbehelligt in seiner Villa in Cesina. Der durch die politischen Schreihälse verursachte Haß berührte ihn nicht, und in der ersten Zeit der Fremdenverfolgung ließ man ihn in Ruhe in seinem kleinen Haus am Golf, am Fuße des San Michele. Doch im folgenden Winter, aus weiß Gott was für Gründen für gefährlich gehalten, ordnete ein tölpelhafter Polizist seine Überstellung nach Neapel an, um ihn dort internieren zu lassen. So kam er auf die Polizei, die, nicht wissend was sie mit ihm beginnen sollte, ihn wieder nach Capri schickte. Jetzt aber wehte eine heftige Tramontana, und aus der Bronchitis wurde eine Lungenentzündung, die Trower nicht überstand. Sterbend ließ er sein Bett auf die Terrasse bringen, um den Golf noch einmal zu sehen, den er so geliebt und so oft besungen hatte. Er starb, während Italien dem Selbstmord zutrieb; sicherlich beweinte er uns, wie wir ihn, der so sinnlos getötet wurde, heute beweinen.

XII.

DIE UNVERSÖHNLICHEN

Schon im frühesten Altertum finden wir Menschen, die, aus irgendeinem Grunde mit der Heimat verfeindet, nach Capri flüchteten, um hier frei und unbekümmert nach eigenem Geschmack zu leben.

Die Insel war ursprünglich von den Lästrygonen kolonisiert, einem Volk, dessen Ruf Homer verdorben hat, der ihnen nachsagt, sie wären auf dem Meer Piraten gewesen und auf dem Lande Räuber, die ihre Frauen dazu ausgenützt hätten, Seefahrer anzulocken, um sie dann zu erschlagen und auszuplündern. Sie wurde später das Reich der Teleboer, die fern der Heimat nach Abenteuern und neuen Lebensmöglichkeiten suchten. Immer noch in vorhistorischen Zeiten kamen dann aus Acherusia — das Wort bedeutet soviel wie verdorben oder störend — Völker phoinikischer Zunge und lebten glücklich neben Parthenope, das sie Parth-nop aussprachen, um auf diese Weise das weiche, süße Klima zu bezeichnen.

Diese kleine gelehrte Abweichung beweist nur, wie groß schon damals die Anziehung dieses Eilandes gewesen ist, auf dem später so viele gelehrte Fremde sich niederließen, um ihr eigenes Leben zu leben und nicht das ihnen von der Heimat bestimmte.

An der Spitze der modernen Teleboer steht Oberst J. C. McKowen. Geboren in New Orleans im Staate Louisiana, war er ein typischer Mann des Südens, einer jener Aristokraten, von einer neuen Gesellschaftsschicht geschaffen, die ihren Reichtum dem Mißbrauch, den sie mit der schwarzen Rasse trieb, verdankte. Er war sein Leben lang ein Verfechter der Sklavenwirtschaft, die die Grundlage zum Reichtum der Südstaaten bildete, und wäre in Seelenruhe Gentleman-Farmer geblieben, hätte der „Verrat Lincolns", wie er die Proklamation der Sklavenbefreiung nannte, ihn nicht gezwungen, zu den Waffen zu greifen. Er kämpfte unter General Lee bis zum Waffenstillstand von Appomatox. Gefangengenommen, wurde er gegen Ehrenwort, „das Gesetz nicht wieder zu verletzen", entlassen, ein Gesetz das er verachtete, weil es aus dem Norden kam und die Sklaven befreite, denen Louisiana seinen Reichtum verdankte.

McKowen wollte sich den Bedingungen der Sieger nicht unterwerfen. Die Idee der Vereinigung der Staaten widerstrebte ihm. Er überquerte also den Ozean, nachdem er seinen Besitz zu Gold gemacht hatte, kam 1866 nach Europa, besuchte deutsche Universitäten und wurde Arzt. Er wäre vielleicht Urologe geworden, hätte er nicht 1876 bei einem Besuch in Capri sein Herz für die Archäologie entdeckt. Er begeisterte sich für das Studium des Altertums und fand in Anacapri unerforschtes Gebiet.

Der Eindruck wilder Zerstörung der römischen Altertümer, wie er sich schon Gregorovius aufdrängte, hinderte spätere Forscher nicht, die Verwüstung fortzusetzen, die Hadrawa im 18. Jahrhundert begonnen hatte. Er brüstet sich, 14 Tonnen behauenen Marmors aus den Ruinen des Palazzo a mare fortgeführt zu haben. Und doch wurde noch aus dem Rest die nicht geringe Menge an Skulpturen und Inschriften gewonnen, die später die Villa Hahn, das luxuriöse Heim der Mrs. Harrison Williams, schmückten, was danach zum Bau der Häuser zu gutem Kalk gebrannt wurde, gar nicht mitgerechnet. So groß war die Menge der Altertümer, die sich damals noch vorfand.

Ein Engländer, der seine Identität unter dem Namen Mr. Daly verbarg, sammelte Marmor und verkaufte ihn an den Maler und Antiquar Coleman, dessen Villa Narcissus die beiden in einen richtigen Antiquitätenladen verwandelten. Auch Mrs. Sophie Anderson beschäftigte während der ganzen Zeit ihres Aufenthaltes einen Steinmetz, der die herrlichen Böden in der Villa Castello legte.

McKowen kaufte sich also in Anacapri den Grund Damecuta, wo er, dem Drang, sein Haus in ein Museum zu verwandeln, nicht widerstehend, die Mauern mit Statuen und Inschrifttafeln schmückte und auf diese Weise das Muster jener archäologischen Villen schuf, die jeder Fremde, gierig nach klassischen Erinnerungen, aufsucht, um sich an diesem Cocktail denaturierten Altertums den Geschmack zu verderben.

Von seinen geologischen, geschichtlichen und geographischen Untersuchungen ist nur ein kleines eigenartiges Büchlein auf uns gekommen. Sein historischer Sinn offenbart sich in seiner Wertschätzung des Kaisers Tiberius und in der Erklärung, die er über dessen Aufenthalt in Capri gibt.

Die klassischen Autoren begehen, wenn sie sich mit diesem Kaiser beschäftigen, den für alle Lateiner typischen Fehler, ihn nur von einer Seite zu beurteilen, und zwar von der übelsten, herkömmlichen und rhetorischen. In den näherliegenden Zeiten unserer Klassiker, Racines und Corneilles, tragen die Statuen ihrer Helden den ganzen Pomp des Imperiums, Zepter und Krone, die sie niemals ablegen. So machen die antiken Schriftsteller aus Tiberius ein Monstrum der Unzucht, das sie ihrem gewohnten Bild des Tyrannen beifügen, auf den sie alle Laster und Auswüchse, die je aus dem Orient nach Rom kamen, häuften — eine Kanaille der klassischen Schule.

McKowen beginnt nun mit dem kritischen Studium der Quellen, und nach dem Gouverneur Secondo ist er der erste Tiberiologe, der sich bemüht, menschliche Gründe für den Aufenthalt des Imperators in Capri zu finden. Es ist das Verdienst des alten Sklavenhalters, des gelehrten und rebellischen Amerikaners, bei seiner Arbeit nicht die klassischen Methoden Suetons, Tacitus' und Corneilles angewendet zu haben, sondern dem Genius Shakespeares gefolgt zu sein.

McKowen versucht es nicht, Tiberius zu rehabilitieren, aber er zeigt ihn uns in Capri im ganzen Glanz seiner Persönlichkeit — als einen gewissenhaften Verwalter öffentlicher Angelegenheiten, einen Kenner militärischer Belange, gütig, freundlich und streng. Im Bewußtsein, daß kein Mensch, sei er noch so hochstehend, dem Einfluß seiner Zeit entgeht, läßt er den Kaiser auch liederlich sein, wie jeden römischen Patrizier, Venus und Bacchus opfernd, Gottheiten, die dem heidnischen Farmer aus Louisiana auch nicht mißfielen, so wie er es natürlich fand, daß, um die Villa Jovis rasch zu erbauen, Zwangsarbeiter nötig gewesen waren, und manche zurückhaltende kleine Sklavin, manch renitenter Sklave in den Abgrund gestürzt wurden. So schrieb McKowen viel über Tiberius, aber wenig über sich und wurde bald eine der typischen Erscheinungen der Fremdenkolonie im Capri des verflossenen Jahrhunderts.

Ungern besuchte er seine Landsleute, und mit den Nordamerikanern kam es immer zu Auseinandersetzungen, diesen Yankees aus dem verhaßten *New England Stock*, die die Vereinigten Staaten mit ihrer puritanischen Moral verpesteten und denen es gelungen war, selbst die Staaten der glorreichen Konföderation mit der Idee der Freiheit zu verseuchen.

In groben Stiefeln, eine Gerte in der Hand, irrte er durch den Ort, verpflichtete seine Bauern, Mais zu bauen, und seine Freunde nannten ihn den Sklavenhalter.

Sein griechisch-römisches Privatleben empörte sowohl den Pfarrer als auch den protestantischen Pastor, seine häufigen Gäste; aber er behandelte alle Kranken der Umgebung kostenlos und versorgte sie mit Arzneien und Lebensmitteln.

In Anacapri erregte der Kampf, den er gegen Axel Munthe eröffnete, größtes Aufsehen. Der schwedische Doktor hatte den Ortsarzt in Mißkredit gebracht. McKowen, der Munthe umsonst aufgefordert hatte, die Verfolgungen aufzugeben, bot ihm ein Duell bis zum letzten Blutstropfen an, ein Duell, das jedoch niemals stattfand.

Wegen seiner hartnäckigen Opposition zur Heuchelei der guten Gesellschaft, deren Gebaren er verurteilte und bekritelte, wurde er wiederholt mit dem sogenannten *Horsewhipping*, der Auspeitschung, bedroht, mit dem damals Verbrechen gegen die

Gesellschaft gerächt wurden. Es wagte jedoch niemand, den aufsässigen Amerikaner zu züchtigen, der im Gebrauch der Peitsche gewiß mehr Übung besaß als jene, die sie gegen ihn zur Anwendung bringen wollten.

Unter den berühmten Abenteuern des turbulenten Obersten ist keines so bekannt, wie die versuchte Schändung der Blauen Grotte.

Die Grotte liegt nämlich auf dem Boden Anacapris, wurde aber immer nur von den Fischern Capris ausgenützt. Um diese Ungerechtigkeit auszugleichen, ließ McKowen auf seinem Grund Damecuta einen Eingang zur Grotte graben, um auf diese Weise von Anacapri aus einen bequemen Zugang zu schaffen und die Bewohner dieses Ortes auch an dem Gewinn, den der Besuch der Grotte brachte, teilnehmen zu lassen. Das Unternehmen war kaum ruchbar geworden, als die ganze Einwohnerschaft Capris herbeieilte, um den Amerikaner vor Gericht zu rufen und ihn zum Ersatz des angestifteten Schadens anzuhalten, entstanden durch den Versuch, die allen Fischern heilige Grotte zu entweihen. McKowen, der seiner Sache sicher war, nahm sich nicht einmal einen Rechtsanwalt, er fragte die Richter nur, ob das italienische Recht auf dem römischen beruhe. Auf die bejahende Antwort behauptete er als Eigentümer des Grundes die Grotte mit vollem Recht zu besitzen, weshalb er den Durchbruch auch fortsetzen werde.

Der Richter, der die Interessen beider Orte zu wahren hatte, Capris, das die Einnahmen der Grotte von der Seeseite her genoß, und Anacapris, das sie vom Land aus genießen wollte, vertagte die Angelegenheit bis zu dem Zeitpunkt, wo die vom Obersten angeschnittene Besitzfrage geklärt sein würde. Bis dahin mußten die Grabungen ruhen.

Es verging manches Jahr und die Frage blieb ungeklärt. Inzwischen aber starb McKowen eines jähen Todes. Er hatte nämlich 1902 die unselige Idee, seine Heimat wiedersehen zu wollen. In New Orleans angekommen, betrat er eine Bar, geriet mit einem Abenteurer, der sich der dekadenten Zivilisation des Nordens angeschlossen hatte, in Streit und überhäufte ihn mit Schmähungen, worauf ihm der andere, statt aller Argumente, eine Kugel in den Leib jagte.

Von der Gattung Mensch, fähig, das Leben auf eigene Art und gegen die Art der anderen zu leben, kann Capri mit noch einem Amerikaner aufwarten, mit Thomas Spencer Jerome; auch er unversöhnlich dem eigenen Land gegenüber, das sich seinerseits noch nicht mit einem seiner originellsten Vertreter ausgesöhnt hat.

Mit 35 Jahren schon ausgezeichneter Rechtsanwalt in Detroit, in Michigan, im Besitz einer zahllosen Kundschaft von Geschäftsleuten, Mitglied eines Klubs, dessen Mitgliedschaft einen Adelstitel aufwog, nicht geschieden, weil nicht verheiratet, war er einem Industriellen in großer Freundschaft verbunden, einem weltberühmten Architekten, der wegen seines übertriebenen Reichtums an Herzverfettung litt.

Dieser Freund wußte ihm von den zauberhaften Schönheiten der klassischen Landschaft zu berichten, beschwor die Glut und das Glück des Lebens, genossen in einem weißen Haus am Strand des großen offenen Bogens, vor dem der Ozean im hellen Licht des Südens brandet.

„Ist es zu verkaufen?" fragte Jerome.

„Das hängt vom Angebot ab", antwortete der Freund.

„Kaufen wir es gemeinsam."

„Also telegrafieren wir."

Durch diesen Entschluß, der möglicherweise in der Trunkenheit gefaßt war, wurde die Villa Castello Eigentum der beiden Herren.

Erbaut im 18. Jahrhundert auf der alten vorrömischen Großsteinmauer, gehörte diese Villa in den achtziger Jahren des vorigen Jahrhunderts Mrs. Sophie Anderson. Jetzt sollte sie zur Bühne aufregenderer Ereignisse werden, als es das Erlebnis mit Burton war: Kaiser Tiberius erlebte hier seine Rehabilitierung.

Jerome ließ seine Arbeiten und Ämter in der Heimat im Stich, um nach Capri zu übersiedeln. Vielleicht hatte er ursprünglich keinen andern Wunsch, als in Ruhe ganz dem Geist zu leben; sicherlich dachte er nicht im Traum daran, Historiker zu werden, denn hierzu fehlten ihm alle Vorbedingungen. Die Landschaft Capris wurde ihm aber zu einer Offenbarung der Schönheiten der Natur und schließlich seiner selbst und der Aufgabe, die ihm vom Schicksal gestellt war.

Von seiner Terrasse aus in den Anblick des Golfs von Neapel versunken, überwältigte ihn der Gegensatz zwischen der Verzauberung der Gegend und der Häßlichkeit der geschichtlichen Überlieferung: Capri, die Bühne für die Liederlichkeit des Tiberius, wie Bajä und Pozzuoli die für die Gemeinheiten des Caligula und den Muttermord Neros. Selbst der Vesuv mit seinen Zerstörungen beteiligt sich an der Liste der Verbrechen.

Jerome, als Zuschauer, fühlte sich zum Verteidiger in Strafsachen berufen und übernahmt die Verteidigung des Tiberius.

Das Unternehmen war kühn und er mußte damit beginnen, sich selbst das nötige Wissen anzueignen und das Material mit größter Genauigkeit zu sammeln. Er studierte also den Fall, durchforschte die ganze römische Geschichte vom Beginn der Eroberung Kampaniens durch Augustus an und fand bei den zeitgenössischen Historikern nicht eine Zeile der Anklage gegen Tiberius. Erst 80 Jahre nach seinem Tod beginnen Klatsch und üble Nachrede in den *Annalen* sich der Person des Kaisers zu bemächtigen, und so ist es natürlich, daß Sueton und Tacitus sie romantisierten und die Capresischen Orgien erfanden.

Nun sehen wir den improvisierten Historiker einen neuen Goldfaden ins Gewebe flechten, die psychologische Begründung zum Falle Roms; wie er sich nach und nach in den Prozeß vertieft, die Verleumder aufzeigt und die Bestechlichkeit der Zeugen hinzurechnet. An die Universität Rom berufen, hält er einen Lehrgang über die Unzuverlässigkeit der geschichtlichen Quellen und gibt später ein Bändchen *L'uso delle fonte storiche* heraus. Inzwischen sammelt er Material für ein großes Werk, das später, 1923, von seinem Testamentsvollstrecker publiziert wurde: *Aspetti dello studio della storia Romana*, Material, das er unter dem Titel *Roman Morals* herausgeben wollte.

Jerome, der die Analogie zwischen Rom und Amerika entdeckte, findet die Geschichte Roms auf diesem Vergleichsweg völlig verständlich: zwei Staaten, Rom und Amerika, entstehen aus dem Konflikt zwischen Demokratie und Aristokratie und bilden sich in langsamer Umwandlung vom Agrarstaat zum Imperium. In Rom wie in Amerika findet er den groben Materialismus einer auf Reichtum gegründeten Gesellschaft, die fortgesetzten Revolten wegen sozialer Ungleichheit.

Das römische wie das amerikanische Volk haben sich aus vielen kleinen Einheiten gebildet, und zwar von freien Bauern, nicht von Städtern. Die Fremden, mit ihnen in Berührung tretend, bemerken den Mangel an Kultur; sie finden die Menschen hart und streng, Traditionalisten, zu Zensuren geneigt, nicht nur Fremden gegenüber — mit einer Neigung zur Gleichmacherei, die nicht zur Individualität ermuntert. Eine andere Ähnlichkeit ist die, daß sie rein intellektuell sind und diesen Intellekt an alle praktischen Seiten des Lebens wenden. Ihr Hauptantrieb ist die Ansammlung von Reichtum. Die einen wie die anderen sind schwach in der Ästhetik und betrachten das Schöne nicht als unabhängige Kategorie, sondern als Attribut des Nützlichen oder ethisch Lobenswerten. Ihre literarische Produktion hat lange Zeit weder Bedeutung noch Originalität gehabt, ebensowenig wie ihre Kunst. Der große und einzige Unterschied zwischen den beiden Zivilisationen liegt in den moralischen Werten. Das Asketentum und der religiöse Formalismus der Angelsachsen, in den neuen Kontinent verpflanzt, stand im schreienden Gegensatz zur gesunden, heiteren Religion der Freude, wie sie in Capri geübt wurde.

Hier applaudierten alle kunstsinnigen und unvoreingenommenen Leute Jerome zu seinem Unternehmen. Die Amerikanische Akademie in Rom gab ihm Gelegenheit, die neue Wahrheit zu proklamieren. Aber Corrado Ricci, damals Wettermacher der Geschichte, widersetzte sich einer Rehabilitierung des Imperators, die der offiziellen Geschichtsauffassung widersprach, und selbst Giacomo Boni weigerte sich, eine Gedenktafel für diesen Kaiser auf dem Kapitol anzubringen, für einen Kaiser, den die Geschichte verurteilt hatte, ohne daß jemand den geringsten Einspruch dagegen erhoben hätte.

Zum Glück war noch Capri da. Und als Jerome, damals schon sehr krank, der Gemeinde in Capri vorschlug, seine Gedenktafel für Tiberius auf dem Campanile anbringen zu lassen, und zwar auf eigene Kosten, hatte er die Genugtuung, diese Anregung mit Begeisterung aufgenommen zu sehen. Noch war Tiberius eine große Hilfsquelle für Capri, und ein schönes Epigraph für den Kaiser konnte den Fremdenverkehr nur heben, dachten die Stadtväter.

Man mußte sich jedoch über den Text einigen, weil Jerome darauf hielt, daß seinem Gedanken der rechte Ausdruck verliehen werde. Da er kein Lateiner war, vertraute er die Übersetzung einem gelehrten Pfarrer an, der zwar nur wenig Englisch konnte, das Latein jedoch fließend, und da es bei einer Übertragung das Wichtigste ist, den gedanklichen Inhalt wiederzugeben, übernahm der Pfarrer den Auftrag. Der Zustand Jeromes verschlimmerte sich indessen und er mußte sich beeilen; also suchte er selbst eine Tafel aus istrischem Stein aus, einen Marmor symbolischen Inhaltes, denn Tiberius war ihm zum erstenmal auf seinem Zug nach Illyrien begegnet und wollte das Peristyl der Villa Jovis damit auslegen lassen. Die Inschrift wurde von einem Steinmetzen des Museums in Neapel gehauen. An der Sitzung, die in dritter Lesung die Anbringung der Tafel auf der dem Golf zugewendeten Seite des Campanile beschloß, war Jerome glücklicherweise nicht anwesend. Sie hätte ihn zu sehr erregt. Denn, als der Bürgermeister, dem die lateinische Inschrift erst ins Italienische übersetzt werden mußte, erfuhr, daß sie kein Wort von Liederlichkeit und Unzucht enthielt, sondern, wie der Sekretär bekennen mußte, sogar eine Ehrenrettung für den Imperator, beschloß er, sich Zeit zu lassen und eine Kommission zu ernennen, die sich mit der Frage befassen sollte.

Die Kommission wollte dem Stifter, der es eilig hatte, gefällig sein und versicherte ihm, daß der Amtsweg eingehalten werden würde. So kam die Tafel von der Unterpräfektur zur Giunta Provinciale Amministrativa, von dieser an die technische Abteilung zwecks Untersuchung der Anbringungsmöglichkeiten an den Turm. Und die Sache wäre weitergegangen vom Präfekten zur Oberintendanz und von dieser ans Ministerium, wo irgendein Deputierter des Kollegiums ein gutes Wort eingelegt hätte . . ., wäre Jerome nicht vorher gestorben, im glücklichen Glauben, die Erledigung der Angelegenheit des Imperators werde nicht mehr lange auf sich warten lassen.

Nun aber betritt der Fürst der Unversöhnlichen die Bühne: Norman Douglas. Sein erster Auftritt fand 1888 statt, als er noch Student war. Der Besuch der Insel hinterließ ihm einen unauslöschlichen Eindruck.

Diplomat geworden, trat er seinen Posten an der Gesandtschaft in Petersburg an, wo er sich von der Unverträglichkeit seines Charakters mit dem englischen bald überzeugte. Vielleicht gärte das bayerische Blut seiner Mutter in ihm und erfüllte ihn mit Abneigung vor dem englischen Leben, ein Widerwille, der uns später aus jeder Zeile seiner unterhaltenden Seiten entgegenspringt.

Zu Beginn seiner Laufbahn dachte er nicht an Literatur, und wir dürfen uns nicht wundern, daß sein erster Versuch, der Diplomatie zu entrinnen, damit begann, die Herstellung und Art des Bimssteins auf den Äolischen Inseln zu erforschen. Belobt für diesen Fingerzeig, den er damit dem britischen Handel gab, kehrte er nach Petersburg zurück, voll Sehnsucht nach dem Golf von Neapel, beschwert mit Erinnerungen an die Fahrt längs der Küste, wo einst die herrliche Villa Pausylipon gestanden, die Vedius Pollio erbaut und Kaiser Augustus testamentarisch hinterlassen hatte, dieser von Shelley besungene Ort, der Sitz der Schule Vergils.
Er bittet seinen Freund Linden von der Zoologischen Station, ihm ein Haus in jener Gegend zu suchen, und Linden findet eines in einem Steinbruch, aus dem die Römer einst den Tuff gewonnen haben, der dem Ort den Namen gab: La Caiola. Douglas kauft und kommt, um hier zu leben. Er nennt das Haus Villa Maya, die Illusion.
Er träumt von einem Leben fruchtbaren Nichtstuns, dem Leben eines Grandseigneurs, der zu seinem Vergnügen und nicht zum Verdienst Dokumente und archäologische Stücke sammelt, um darüber hin und wieder eine gelehrte, aber überflüssige Monographie zu schreiben.
So entstand eine Serie dieser gelehrten und unvollkommenen Ernte, Material zur Geschichte Capris, mit dem Geschmack und den Vorkenntnissen eines richtigen gentleman-writers verfaßt, die verschiedensten Gegenstände berührend, ohne praktischen Zweck und sicherlich keinen Verleger reizend.
Und doch begann gerade damals das Goldzeitalter der literarischen Produktion in England, Buchseiten, die in Pfund Sterling bezahlt wurden. Shaw und Wells erreichten bisher ungeahnte Ziffern, Joseph Conrad nahm die Goldader auf, die Louis Stevenson noch nicht erschöpft hatte, und seine See- und Kolonialromane wurden ihm aus der Hand gerissen. Hugh Walpole, Galsworthy kamen nicht zu kurz, eine Liste großer Autoren, die, vom Publikum besonders geliebt, mit einer Tagesproduktion von 3500 Worten eine Wirksamkeit errangen, ohne die kein Ruhm sich erhält. Aus diesem Grund vielleicht entschloß sich auch Norman Douglas mit seinem schottischen Erwerbssinn, die Frucht seiner Tätigkeit auf den Büchermarkt zu werfen und *Siren Land*, ein reizendes Vademecum herauszugeben, für alle Reisenden, die seinen Spuren folgen wollten, den Weg durch Neuland, zu den reinsten Quellen, den Weg in die Landschaft der Sirenen.
Aber noch findet sich niemand, der ihm folgen würde, und Douglas' Buch, zuerst ein vollendeter Mißerfolg, wurde erst einige Jahre später ein unerwarteter Erfolg. Doch feindselig gegen das eigene Land, widersetzt er sich der literarischen Strömung Englands, obwohl gerade sie einen großen Beitrag zur Landschaftsschilderung geleistet hat. Norman Douglas geht mit *Siren Land* eigene Wege. Von Capri aus,

die Tasche mit seinen *Materials* in der Hand, landet er an der Punta Campanella und wird nun Schritt für Schritt der geistige Führer durch den Golf von Neapel und den von Salerno.

Sein Mißerfolg verführt Douglas, ein dem Publikumsgeschmack zusagenderes, von böser Nachrede strotzenden Buch *South Wind* zu schreiben, eine heitere Beschreibung von Land und Leuten auf Capri, voller Intrigen, Ästhetizismen und Skandalen, einen Schlüsselroman mit allen Schatten- und Lichtseiten eines solchen, der den Namen des Autors sofort bekannt macht. Aber erst mit *Old Calabria*, der Beschreibung des alten, griechischen Bodens, entpuppt er sich als großer Landschaftsschilderer. Er beobachtet und notiert, fast immer zu Fuß durch die Orte schlendernd, Sitte und Herkunft der Bewohner und entdeckt im Kalabresen, der eine Kreuzung vieler Mittelmeerrassen darstellt, den Archetypus, den homo Ibericus, das ewige und unerschöpfliche Leben des italischen Menschen, den die Jahrhunderte des Christentums nicht zu brechen vermochten. Mit *Old Calabria*, das zum erstenmal 1915 in einer Auflage von 1000 Stück gedruckt wurde, zum zweitenmal wieder nur in einer Menge von 1000 erschien, das also nur für ein erlesenes Publikum bestimmt war, begann der Douglas-Kult, die Jagd nach der ersten Ausgabe. Die Ausgabe von *Siren Land*, die, fast unverkauft, eingestampft worden war, erschien nun als Fälschung mit allen Druckfehlern der Erstausgabe. Douglas, ein schlechter Geschäftsmann, der seine Rechte *en bloque* verkauft hatte, wurde jetzt zu einem erstklassigen Geschäft für seinen Verleger.

Inzwischen erscheint er auch in den Seiten der *English Review*, fühlt sich aber seiner Heimat so entfremdet, daß er beim Ausbruch des ersten Weltkrieges nichts Besseres zu tun weiß, als neuerlich nach Italien auf Abenteuer zu gehen. So entsteht sein zweites Hauptwerk *Alone*.

Schon im ersten Kapitel, beim Überschreiten der Grenze in Ventimiglia, fühlt Douglas sich zu Hause. Nach der Überwindung der asketischen Gegend der Toskana findet der Autor die überschäumende Freude wieder, und die Seiten des Buches vergolden sich mit der ganzen Farbenskala des gelben Weines der Castelli. Die Reise geht weiter über Olevano, Valmonte, Soriano, Alatri, und jede Osteria lockt den Durstigen zu kühler Rast. Wer *Alone* liest, dem scheint der Autor aus einem alten Kunstwerk herabgesteigen, lebhaft und boshaft wie ein Faun, fröhlich wie Silen.

Es folgen Bücher von geringerer Bedeutung. Aber nachdem sie das halbe Dutzend überstiegen haben und der Autor fühlt, daß er das Publikum noch immer nicht gewonnen hat, wird er immer unversöhnlicher und wird zum Bilderstürmer.

Bei Gelegenheit einer Veröffentlichung von Maurice Magnus, *Erinnerungen eines Soldaten der Fremdenlegion*, einem nachgelassenen Werk, das Maurice Magnus *Dregs*

‚Unrat' nennen wollte und für dessen Herausgabe Lawrence gesorgt hatte, ließ er den ersten Angriff gegen das neue Idol los, ein Pamphlet, das ein mutiger Verleger seinen Lesern aufzuzwingen versuchte. Unseligerweise unternahm er es gleichzeitig, ein zweites Idol, Joseph Conrad, anzugreifen, der ein großer Romanschriftsteller und Psychologe geworden war. Nach Douglas war Conrad nur ein Pole, Politiker und Moralist *malgré lui*. Ärger ist es, daß alle Persönlichkeiten Conrads nach dem Schema der englischen Moralität gebaut waren, dem *right thing to do!* — dem Korrektsein!

Die Wiedererweckung des unglücklichen Magnus, eines deutschen Juden aus Amerika, der lange Zeit in Italien und kurz in Capri weilte, gab Douglas und Lawrence Gelegenheit zu einer lebhaften Polemik, an der sich das Publikum eifrig beteiligte.

Schließlich erschienen *Experiments*, eine Sammlung von Essays und Kritiken der Zeit. Aber erst später, in *Looking Back*, findet der Autor von *Siren Land* sich wieder, der große, aus reinem Zufall als Schotte geborene Schriftsteller, der vagabundierende Faun panerotischer Religion, der endlich seine Beichte ablegt.

Hier erzählt er die Geschichte einer japanischen Vase, eines sogenannten *Brule Parfum*, in die er fünfzig Jahre hindurch die Visitenkarten all der Leute gesteckt hat, die ihn besuchten. Er taucht die Hand hinein, zieht die Karte Axel Munthes hervor und sagt: „Wir sind uns 1897 begegnet." Nicht mehr! Denn er hat Eile und will jemanden treffen, der ihm sympathischer ist. Wie bei einer Lotterie zieht er die Namen und füllt vierhundert Seiten.

Wenige Jahre nach *Old Calabria* erschien ein anderes englisches Meisterwerk, *Etruscan Places*, das mit *Old Calabria* in Wettbewerb trat und die Rivalitäten zwischen Douglas und David Herbert Lawrence erklärlich macht, geistige Brüder, die einander in Haß-Liebe verbunden waren.

Weil er den Ehrgeiz hatte, der erste Romancier seiner Zeit zu sein, schöpfte Lawrence die ganze Psychoanalyse für seine erotischen Motive aus und drang unter dem Applaus der Leser mit seiner sinnlichen *Lady Chatterley* bis in die Abgründe der menschlichen Seele. In Villa Miranda zurückgezogen, wo er an diesem Buche schrieb, kam Lawrence immer wieder in Berührung mit Orioli, der ihn zwar fortgesetzt seiner Zuneigung und Freundschaft versicherte, aber diese immerhin leuchtende Erscheinung am literarischen Himmel der ersten Jahrhunderthälfte mit allem nur denkbaren Gift bespie. Wie es scheint, war Lawrence ein besserer Geschäftsmann als Orioli, und hier ist der Grund zu dessen absprechendem Urteil über Lawrence zu suchen, von dem er sagt: seine Homosexualität wäre nur durch die puritanische Kindheit verdrängt und der eigentliche Schlüssel zu seinem Leben.

Douglas erinnert in *Looking Back* daran, daß ihm in der *English Review* die verhaßte Aufgabe zugefallen war, die Arbeiten Lawrences zu beschneiden, und während er behauptet, Lawrence wäre ein Masochist mit allen Merkmalen einer Christuserscheinung, fragt er sich, wie man es ihm beibringen könne, sich etwas kürzer zu fassen. Hie und da spricht er zwischen den Zeilen, die „friend Lawrence" gewidmet sind, Urteile von unnachsichtiger Strenge aus. Es tut wohl, daß dieses Kapitel mit der Beschreibung des Diners schließt, zu dem Lawrence Douglas in Florenz eingeladen hatte, und das ebenso endete wie das der beiden Juden bei Heine: „— zahlte keiner von den beiden".

Fünfzig Jahre der Erinnerung ziehen in *Looking Back* an uns vorüber, eine Autobiographie, in der Douglas von allen und über alles spricht und von sich selbst eben genug, um uns begreiflich zu machen, warum dieser Faun schottischer Herkunft, in Italien abenteuernd, ein Heide wurde und nicht das von Lawrence geliebte Land der Etrusker fand, sondern das der Phöniker, der Griechen und der Sarazenen. Mit achtzig Jahren ist Douglas nach Capri zurückgekehrt, wie er sagte, um hier zu sterben, — tatsächlich aber, um zu leben, denn für die Menschen hier wird er immer leben.

XIII.

DIE ENTGLEISTEN

Das malerische Motiv des Plein-air-Begräbnisses, wie es dem häretischen Fremden vorbehalten war, ist in der capresischen Literatur weidlich ausgenützt worden. Durch die Gründung des akatholischen Friedhofes wurde jedoch mit der schönen Tradition gebrochen, und die Ausländerkolonie fühlte sich in *articulo mortis* vor den Verfolgungen intoleranter Priester sicher.

Einige Zeit nach dieser Gründung gingen dann die Fremden zur Offensive über, und nach der Einigung Italiens wurden an manchen Orten der Halbinsel Herdfeuer evangelischer Propaganda entzündet. Besonders das liberale, Gladstonesche England, das mit dem Italien des Risorgimento sympathisierte, war der Meinung, die Wurzeln aller Leiden wären in der religiösen Unterschicht unseres Volkes zu suchen. Der regierende und allem Neuen unzugängliche Katholizismus wurde für die zahlreichen Analphabeten, für die elenden sozialen Bedingungen und, als Hauptverbrechen, für die Mißhandlung der Tiere verantwortlich gemacht. Denn die Kirche dulde diese Scheußlichkeiten nicht nur, sie ermuntere sie sogar mit ihren Glaubensartikeln, die den Evangelien widersprächen, und stärke den Geist des Heidentums durch ihre Predigten und Lehren.

So zog Capri, dem Gotte Pan verschrieben und zum Heidentum neigend, die Aufmerksamkeit einiger eifriger Apostel auf sich und am Ende auch der *Propaganda fide*. Soweit die Insel protestantisch war, wurde sie unter die Obhut des anglikanischen Bischofs gestellt. Dann eröffnete gegen 1880 ein italienischer Pastor, ein gewisser Natale Sisca, der mit Unterstützung der Gesellschaft für Ausbreitung des Evangeliums eine kleine Kirche erbaut hatte, den Kampf gegen die Katholiken, womit er sich jedoch den Haß eines streitbaren Pfarrers zuzog. Mit Exkommunikation drohend, lichtete dieser die Reihen der Protestanten-Freunde.

Ein oft wiederkehrendes Motiv der sich auf Capri beziehenden Literatur ist das des protestantischen Pastors, der sich in die konventionelle Lasterhöhle wagt, deren Bekehrung allen Reformatoren den Aufenthalt auf der Insel so reizvoll macht. Übrigens beschäftigt sich auch der häßliche Schlüsselroman Louis Goldings *Three*

Jolly Gentlemen mit diesem Thema. Der Prototyp dieser Art war ein gewisser William Wilders, ein guter Geschäftsmann. Er tauchte in der bestimmten Absicht, Capri von religiösen und moralischen Übeln zu retten und sie gleichzeitig für sich auszunützen, hier auf, und seine Gattin, nicht minder fromm und kampfbereit, eröffnete einen Salon zur Hebung der englischen Kolonie, während Wilder selbst sich die geistige Führung vorbehielt.

Binnen kurzem beherrschte er die Kolonie. Wie Gibraltar zum Fels der materiellen Verteidigung Englands im Mittelmeer geworden war, beschloß er Capri zu dessen geistigem zu machen und dort einen Tempel zu errichten. Er veranstaltete eine Kollekte und konnte seinen und Mrs. Wilders Traum bald verwirklichen: eine große Villa auf der Via Tragara wurde erbaut und ihr eine kleine Kirche angeschlossen. Allerdings verschlang das Haus bald die Kirche, und aus dem ganzen Komplex wurde eine blühende Gaststätte.

Doch die in der Geschichte der Religionen hervorragendste Erscheinung war und blieb Graf Pappenheim, Emissär der baptistischen Missionare, die nach der ersten, 1866 in La Spezia gegründeten Mission aus Capri das Zentrum der Modernisten dieses Kultes zu machen versuchten, eines Glaubens, zu dessen Artikeln es gehörte, die Taufe nur jenen zu verabfolgen, die in der Lage sind, ein Glaubensbekenntnis abzulegen, also nur Erwachsenen.

Da die Gattin des Grafen eine ziemlich beträchtliche Erbschaft gemacht hatte, wurde ein Teil hiervon verwendet, das alte Kloster der Suor Serafina di Dio zu erstehen; der Rest wurde als Betriebskapital dem kühnen Unternehmen zur Verfügung gestellt.

Der Ritus der modernen Baptisten bestand in erster Linie darin, der päpstlichen Taufe abzuschwören, mit der die Kinder ahnungslos befleckt werden, und sich einer neuen Taufe zu unterwerfen, einem vollständigen Untertauchen in das Taufwasser, weshalb für beide Vorgänge eine lange geistige Vorbereitung nötig war, während der die Proselyten großmütig von ihren Gastgebern aufgenommen wurden.

Da der religiösen Übungen wegen sich der Aufenthalt ziemlich lange hinauszog und die geistige Nahrung hinlänglich von leiblicher unterstützt wurde, hatte das Kloster, das in ein bequemes Gasthaus umgewandelt worden war, großen Zulauf. Aber nach Beendigung der Lehrzeit und dem Vollzug der neuen Taufe wurden die meisten Gläubigen unweigerlich von Reue zerfressen und die Sehnsucht nach dem Glauben ihrer Ahnen plagte sie so, daß sie, vom Pfarrer ins Gebet genommen, de- und wehmütig in den Schoß der alleinseligmachenden Kirche zurückkehrten. Graf und Gräfin Pappenheim übten jedoch unentwegt ihre Pflichten weiter und suchten nach neuen Jüngern, die im Doppelspiel des Gewissens alles zu gewinnen hatten, Leben

21. August Weber, der lächelnde Philosoph.

22. Typische Gasse des alten Stadtteils (um 1900).

und Wohnung im Kloster, ungestraftes Übertreten von einem Glauben zum andern und Prämien fürs Nichtstun.

Das heitere Spiel der Taufe und Wiedertaufe begann jedoch kostspielig zu werden, mit der Zeit gerieten die Finanzen der Gräfin in Unordnung und die Wirkung der elastischen Gewissen der Capresen machte sich fühlbar. Der Fall eines betrunkenen Vetturino gab den Ausschlag: überzeugt, den evangelischen Glauben zu empfangen, wenn er in einem antiken, zu einem Taufbecken umgewandelten Sarkophag im Wasser untertauchte, glitt er aus und brach das Genick. Die Folge war eine Klage auf Schadenersatz und Familienerhaltung, die Graf und Gräfin ins Elend stürzten. Nach ihrem Tod war nur noch ein kleines Häuschen als Erbe ihres Sohnes, des Contino, vorhanden, der das klassische Beispiel des Apostaten wurde und auf den Anacapri dreißig Jahre lang stolz war.

Pappenheim junior war ein Rebell: er glaubte nicht an die religiösen Eingebungen der Baptisten, er glaubte nur an die Seele und hielt alle Menschen für seelenkrank. So hatte er sich selbst zum Arzt gemacht, selbstredend zum Seelenarzt. Er träumte von einem Seelensanatorium, in das er sein kleines Haus gerne verwandelt hätte. So durchwanderte er die Gegend mit einer Instrumententasche in der Hand, am Arm einen Korb für die Medikamente, die er verteilte.

Er machte seine Runde, untersuchte, hörte zu, ließ sich die Leiden der Bauern erklären, die gutmütig auch dieses Spiel mitspielten, wie sie das der Eltern mitgespielt hatten. Sie ersetzten ihm seine Besuche mit Eßwaren, und so kehrte er mit Eiern, Käse, Obst und Speck beladen zurück, als Belohnung für die Heilung von Krankheiten, an denen niemand litt.

Viele Jahre wußte niemand, was mit den Sachen geschah, die er auf diese Weise sammelte, bis jemand entdeckte, daß er die Ratten und Mäuse der Gegend damit fütterte, Lieblinge, die er den Menschen vorzog und denen er klassische Namen gab. Nun ließen aber der Eifer und die Hilfsbereitschaft der Bevölkerung nach, und eines Tages fand die alte Straßenkehrerin, die ihm manchmal eine Suppe brachte, den Contino tot auf dem Boden liegen, während eine seiner Lieblingsratten seine Taschen nach Krumen durchsuchte. So endete einer der letzten Nachkommen Gottfried Heinrichs, Reichsfreiherrn von Pappenheim, Marschall des Heiligen Römischen Reiches.

Die Piccola Marina, die sich jetzt das Ansehen eines mondänen Badestrandes gibt, war vor einem halben Jahrhundert noch ein verlassener Felsen, fast unversehrt ... als wäre er eben aus dem Chaos entstanden. Die Menschen, die sich hier kaum sehen ließen, achteten die göttliche Herkunft dieses Gestades. Im Hintergrund des Strandes, zwischen zwei Felsen eingekeilt, lag ein obskures nautisches Arsenal, das der Höhle gleichen mochte, in die Odysseus, als er die Heimat wiederfand, sein Schifflein zog, um die Reparaturen vorzunehmen, die durch die Strapazen der Odyssee entstanden waren.

Über einem Felsblock erhob sich das alte Schilderhaus der Zollwache und unweit davon stand die Kasematte eines verfallenen Forts, gerade soweit beschädigt, um malerisch und unbewohnbar zu wirken. Der sogenannte Sirenenfelsen, den man mit dem *Anthemoessa* der Odyssee identifizierte, teilte die Piccola Marina in zwei kleine Strandpartien, dicht mit Kieseln und scharfen Felsbrocken besät, die jedem die Lust zum Baden verleideten. In der Ferne schimmerte das Meer, zeigten sich links die Faraglioni, schon damals von wenig gewissenhaften Malern kompromittiert, und hoch über dem Strand öffnete sich die Grotte des Castiglione, die seit einer Ewigkeit wartete, daß an der Piccola Marina sich etwas ereigne, zu einem versteinerten Gähnen über dem Meer des Odysseus.

Das verfallene Zollhäuschen fand jedoch bald Verwendung und diente, da es ihm an gewissen Bequemlichkeiten nicht fehlte, verdächtigen Zugereisten als Unterschlupf, wo sie auch auf Herz und Nieren beobachtet werden konnten. Der Hauptvorteil des Zollhäuschens bestand darin, daß die Wohnung nichts kostete, was für viele der hier Notgelandeten eine große Erleichterung war. Auch trachtete die Fremdenkolonie danach, ihr Niveau dem Ruf der Insel anzupassen und den Zustrom normaler Elemente zu verhindern, weshalb die verdächtigen Typen eine Zeitlang im Blockhaus der kleinen Marina festgehalten wurden, um bei den ersten Anzeichen von Narrheit freigelassen zu werden.

Es kam jedoch zu einem Mißgriff, als der australische Naturforscher Scrimmage, ein geschworener Feind Darwins, dort einquartiert wurde. Äußerlich schien alles zu stimmen, — wildes Haar, verworrener Blick, bekleidet wie ein Urmensch, blieb er alles, was er verzehrte, schuldig. Plötzlich jedoch änderte sich sein Gehaben: er bezahlte, ließ sich das Haar schneiden und sah aus wie irgendwer. Nur daß er, als man versuchte, ihn auszulogieren, das Blockhaus völlig übernahm, ausbaute, sich ein Dutzend Affen aus Afrika kommen ließ und ein Institut für experimentelle Anthropomorphie aus dem Häuschen machte, das er jetzt allein bewohnte. Die Affen wurden jedoch melancholisch und starben, einer nach dem andern, und da Scrimmage seine gegen Darwin gerichteten Theorien nicht beweisen konnte, verließ er Capri nach einiger Zeit und kehrte auf die eigene Insel zurück.

Der nächste Bewohner war ein gewisser Wedekind, den alle seines Aufzuges wegen für den berühmten Dichter hielten. Als er aber in Schulden geriet, gab er zu verstehen, daß er zwar nicht mit dem Dichter aus Hannover, aber mit dem Bankier gleichen Namens aus Frankfurt verwandt sei. Worauf alle seine Freunde und Gläubiger ihm zuredeten, ein Bankhaus zu gründen, eine Anregung, die er freudig aufgriff, da er sich ja selbst davon überzeugt hatte, daß der Kredit in Capri grenzenlos war. Noch im Zollhäuschen lebend, gelang es ihm, sich in den Besitz einer Domäne zu setzen, die zwar, wie alle Domänen, im Prinzip unveräußerlich, auf dieselbe Weise in seine Hände gelangte, wie schließlich alle Domänen Privatbesitz werden. So begann sein Glück. Er hatte jetzt zu verlieren, und die Leute, von den Zinsen angelockt, vertrauten ihm ihre Ersparnisse an. Er brachte das einströmende Geld ins Rollen und räumte den Besitzern von Haus und Hof Kredite ein. Auf diese Weise wurde er in wenigen Jahren reich und endete schließlich als Mäzen. Denn als er erkannte, daß die malerischen Motive der Insel erschöpft waren, entdeckte er die kleine Marina, nahm ein Heer unbedeutender Maler unter seine Fittiche, versah sie mit Material und brachte eine nie geahnte Produktion in Betrieb, eine Standardisierung der für den Fremdenhandel vorgesehenen Bilder, die dem Sirenenfelsen Weltruf verschafften.

August Weber, den die Capresen bei seinem Erscheinen für einen der vielen Narren hielten, wenn auch für einen lieben und unterhaltenden Narren, gab sich anfangs als Maler aus, was er ja im Grunde genommen auch war, da er in München an der Kunstakademie studiert hatte. Aber nachdem das erste Bild beendet war, betrachtete er es voll Erbitterung, entfloh dem Isarathen und irrte vierzig Jahre auf Capri umher.

Er erzählte von sich, daß er an der Universität, von Ideen überwältigt, den Entschluß gefaßt hatte, Maler zu werden, um diese Ideen zu malen. Doch der Drang nach dem Süden beherrschte ihn. Obwohl reich genug, den Spuren Goethes mit dem Zug zu folgen, entschloß er sich, alle heiligen Orte zu Fuß zu besuchen. So entdeckte er, daß Goethe in einem Palazzo neben der Fontana Trevi gewohnt hatte, und mietete dort ein Zimmer, nicht weil es das Zimmer Goethes gewesen, sondern weil es billig war. So kam er schließlich nach Neapel und sah Capri. Da Capri zu Fuß nicht zu erreichen war und er nicht daran dachte, einen Vaporetto zu benützen, kaufte er um vierzig Lire ein Boot, versorgte sich mit Proviant und ruderte los. Er ruderte acht Tage. Einen Kilometer vor Capri erwischte ihn die Zollwache, und nachdem sie sich überzeugt hatte, einen Narren gefangen zu haben, ließ sie ihn wieder laufen. So kam Weber in das Zollhäuschen der Piccola Marina. Er kaufte sich einen riesigen Topf, an den sich heute noch alle Bewohner der kleinen Marina erinnern, das einzige Kochgeschirr, das er benützte und in das er alles hineinschnitt, was die Jahreszeit bot: Rüben, Kartoffeln, Pastinaken usw., und kochte aus dem Ganzen einmal wöchentlich einen amorphen Brei, dem er täglich eine Portion entnahm. Auf den Topf hatte er mit großen Buchstaben geschrieben: Mihi et musis. Mit dieser einfachen, fast geistigen Nahrung löste er die Probleme von Kunst und Dichtung. Er führte die Dichtung auf den Reim zurück, gab dem Reim selbst eine sichtbare Aufgabe — und dieser Dichtung paßte er sein

Leben an. Er schrieb seine Biographie auf seine Leinenschuhe, auf die Mauern, in kleinen Bildern, die er im Café *Zum Kater Hiddigeigei* abgab, ein Leben, nicht wie das der Philister und Bürger, sondern eine Karikatur des Lebens. Denn es ist immer der Mühe wert, sich über das Leben lustig zu machen. So stürzte er Politik, Kunst und Moral um, zerriß mit Aphorismen die Stacheldrahtverhaue der Konvention und gewann mit Epigrammen die Schlacht gegen den gesunden Menschenverstand. Die Begegnung mit einem einnehmenden jungen Weib bewog ihn zur Heirat. Zuerst richtete er sich zur Gründung seines Heimes eine Grotte mit allen prähistorischen Unbequemlichkeiten ein, entschloß sich aber dann doch, da die Gelder, die er von Zuhause erhielt, dazu ausreichten, einen Grund zu kaufen, ein Haus zu bauen und eine Familie zu gründen. Von allen häuslichen Sorgen befreit, widmete er sich jetzt ganz der Philosophie und Literatur.

Dann aber kam es zu einer schicksalhaften Begegnung: Weber, der Entgleiste, traf auf Miss Lucy Flannigan, eine selig auf der Insel Gestrandete.

Irländerin von Geburt, Amerikanerin aus Gegebenheit, hatte sie mit soviel Erfolg auf der Malerakademie in Boston studiert, daß sie mit einem kleinen Glorienschein und etlichen Dollars in Rom ankam, um sich zu vervollkommnen. Jedoch von Neapel nach Capri abgezweigt, erreichte sie wirklich Vollkommenheit, denn sie beschloß, nie mehr abzureisen, noch je nach Boston Nachricht über sich zu geben. In kurzer Zeit war ihr Vorrat an Geld erschöpft, und so strandete sie in einem Zimmerchen an der Piccola Marina.

Hier nun fand ihre Begegnung mit August Weber statt, der, immer weiter in schöner Literatur fortschreitend, beim Wortspiel gelandet war und die am Strand aufgelesene Malerin als wirklich gestrandet betrachtete, ein Wort, das ein ganzes Programm enthielt. Wieviel Künstler waren in Capri nicht schon gestrandet wie diese? Was konnte man für sie tun? Nichts einfacher als das! Man schuf ihr eine Pension — eine Strandpension, an dem einsamen Strand, aus dem Homer den ungastlichen Felsen der Seefahrer gemacht hatte.

So entstand aus dem Bestreben des mißglückten Malers, der verunglückten Malerin aus Boston Gastfreundschaft zu bieten, ein leidenschaftliches finanzielles Idyll. Denn Weber hatte sich geschworen, Miss Flannigan niemals soweit in Versuchung zu führen, daß sie auf den Gedanken kommen konnte, ihre Pension zu bezahlen. Aller materiellen Sorgen enthoben, begann die Künstlerin nun mit Eifer zu malen. Sie war die erste Impressionistin auf Capri und folgte den Spuren der großen nichtakademischen Franzosen des vorigen Jahrhunderts. Ihre Abhängigkeit von Manet und Pissarro, besonders von Renoir ist nicht zu leugnen. In Capri konnte sie ihrer Phantasie freien Lauf lassen: eine wilde, impressionistische Malerei, aus der das Meer in knalligen Farben sprühte.

Ihre verblüffende Kunst liquidierte mit einemmal alle die Bilderchen der Touristenläden. Sie gefiel und zog Käufer an, und Miß Flannigan hätte viel Geld machen können, wäre sie nicht selbst so in ihre Bilder verliebt gewesen, daß sie sich zu keinem Verkauf entschließen konnte, obwohl sie nun die Chance hatte, nicht mehr gestrandet zu sein, womit das schöne Wortspiel sein Ende gefunden hätte.

Hier nun beginnt die Geschichte der Pension Weber, soweit sie die amerikanische Künstlerin betrifft, — ein Roman für sich. Schöpfung und Glück eines Hotelbetriebes, gegründet auf die Schulden und die Zahlungsunfähigkeit eines Gastes. Wegen der Originalität dieses Gastes und der Exzentrizität des Gastgebers gewann die Pension bald einen besonderen Ruf und konnte aus den von Deutschland stammenden Geldzuwendungen Webers und den Zahlungen der übrigen Gäste erweitert werden und zu einem blühenden Unternehmen anwachsen, das heute noch besteht. Um die zahlenden Gäste mußte sich allerdings Webers Frau kümmern, ihm war die geistige Leitung und die Versorgung Miss Flannigans übertragen. Weber erkannte plötzlich, daß die Pension mit dem einen, der Malerin kostenlos überlassenen Zimmer und ihrer unentgeltlichen Versorgung nicht genügend Einbuße erlitt, und veranlaßte seine Familie, ihr ein kleines Lokal am Strand als Atelier zu überlassen. Aber der Dichter des Gastgewerbes hatte sich, wie schon gesagt, die oberste Leitung des Betriebes vorbehalten, und er hatte Kastengeist aus Deutschland mitgebracht. Also wurden die Gäste nach ihrer Zahlungsfähigkeit in drei Klassen eingeteilt: 1. Klasse Herren und Damen, Kostenpunkt 6 Lire; 2. Klasse Männer und Frauen, Kostenpunkt 5 Lire; 3. Klasse Männchen und Weibchen, Kostenpunkt 4 Lire. An der Table d'hôte erhoben sich die Gäste 3. Klasse nach Suppe und Fleischgericht, die 2. Klasse, nachdem ihnen noch Obst serviert worden war, während die der 1. Klasse bei Kaffee und Süßigkeit sitzenbleiben konnten, solange sie Lust hatten. Gästen, denen besondere Achtung erwiesen werden sollte, wurde das Frühstücksei mit einem Gedicht serviert, so der Russin Rebekka Ladigenskaja, die jedes Frühjahr aus Perm in Sibirien nach Capri reiste und auf der Terrasse der Pension Weber ihr Ei verzehrend, folgendes Poem vorfand:

> Der Pilger zieht nach Mekka,
> Nach Capri kommt Rebekka.

Aber Webers größte Sorge blieb doch Miss Flannigan, so, wenn sie manchmal daran dachte, doch ein Bild zu verkaufen, und er zwischen die Zeilen des Kontobuches schrieb:

> Wer weiß, ob dann und wann
> bezahlt Miss Flannigan?

Im Laufe der Jahre sammelte er ihre Schulden, Rechnungen und — um das Gesicht zu wahren — auch die Trinkgelder zu mehreren Bänden, versah sie mit graphischen Zeichnungen — ein unvollendetes Werk, weil die Miss auch nach Webers Tod fortfuhr, nicht zu bezahlen und das Konto enorme Ausmaße annahm, so daß es als würdiges Gegenstück zu Meyers Konversationslexikon das Büro schmückte.

Weber starb nämlich eines Tages, obwohl er eine sagenhafte Gestalt geworden war und noch heute alle, die ihn liebten, ihn über den Platz gehen sehen, seine kurzen Gedichte auf den Leinenschuhen, lachend, trunken vor Sonne, ein Philosoph, der das Glück aus der reinsten Quelle trank, gütig, fröhlich, humorvoll und sorglos.

Nach Webers Tod wurde Miss Flannigan mit ihrem offenen Konto von der Familie als Erbe übernommen. Eingeschlossen in ihren elfenbeinernen Turm, mehr denn je mit der Heimat überworfen, malte sie verzweifelt weiter. Aber sie hatte den Kontakt mit der Außenwelt verloren. Sie bemerkte nichts von der kubistischen Revolte Frankreichs, nichts vom Futurismus Italiens, nicht der kleinste Dadaismus gelangte bis zu ihr; sie kannte nur die Kunst Miss Flannigans. Aber der Ausdruck der eigenen Impressionen begann sich zu wiederholen und zu altern.

Da erkrankte sie glücklicherweise und ersparte sich die Erkenntnis, daß sie als Künstlerin doch mißraten war. Sie mußte operiert werden, und nun komplizierte sich die Rechnung des Hauses Weber um Reise, Wäsche und Operationskosten. Die Rückreise kostete nichts. Sie machte sie in einer Urne, eine fast heitere Geschichte, die der Verfasser dieses Buches als kleinen Roman *Il caso della signorina Springfield* 1936 herausgab, und die als Komödie im Theatro Eliseo in Rom 1941 aufgeführt wurde. Die Hauptperson ist eine Mrs. Carter, eine geniale Begabung in der Vereitelung der Begräbnisse anderer Leute. Durch Zufall begegnet sie Lucy an dem Morgen ihrer Operation, und diese, von Todesahnungen gequält, bittet sie, im Fall ihres Todes ihre sterblichen Reste nach Capri überführen zu lassen. Mrs. Carter ist eine Priesterin der *efficiency* und nach Lucys Tod stürzt sie sich in die Arbeit. Um ihren Auftrag nicht nur gründlich, sondern auch hygienisch zu erledigen, läßt sie die Leiche der Freundin verbrennen und bringt die Asche nach Capri. Jetzt beginnt das große Abenteuer Miss Lucy Flannigans. Denn Mrs. Carter, die, als sie Lucy verbrennen ließ, nicht wußte, daß die Irin katholisch war, bringt die Urne nun dem katholischen Pfarrer, damit er sie beisetze. Er schreit Zeter über das Sakrileg und weigert sich, die Asche in geweihter Erde zu begraben. Der protestantische Pastor verweigert die Beisetzung im akatholischen Friedhof aus Gründen des Glaubens. So bleibt der Amerikanerin, wenn sie ihr Wort einlösen will, nur der eigene Garten. Hier aber widersetzt sich die Gemeinde einer Bestattung außerhalb des Friedhofes: eine Farce von Dogma, Prinzip und Gesetz, in der der Verfasser dieses Buches sich bemüht hat, Miss Flannigan das bißchen Unsterblichkeit zu erhalten, das wir alle erwarten, wenn wir ein kurzes Leben und einen langen Tod auf Capri verbringen.

XIV.

SÜDWEH

Die politische Einheit des neuen Kaiserreiches spiegelte den Genius Bismarcks wider. Seine Militärmacht festigte sich, geformt von den Ideen Moltkes und eingegliedert in Treitschkes eiserne Lehre. Der Kaiser hatte mit dem Schlagwort, daß Deutschlands Zukunft auf dem Wasser liege, die Seele des Volkes begeistert und den Reichstag gezwungen, die Mittel zur Verwirklichung des riesigen Flottenprogramms zu bewilligen.

Handel und Wandel blühten. Der Kapitän eines Überseedampfers des Norddeutschen Lloyd hatte, in Southampton vor Anker gehend, ein Plakat mit der Inschrift *made in Germany* an der Bordwand seines stolzen Schiffes anbringen lassen. So verwandelte sich die Herabsetzung deutscher Ware, die vom englischen Parlament als *cheap and bad* in Mißkredit gebracht worden war, in einen Schlachtruf gegen die Vorherrschaft britischen Handels.

Das zweite Reich genoß seinen materiellen und sozialen Wohlstand, und mit der Dynastie, die Deutschland drei Kaiser geschenkt, kam eine andere zur Herrschaft, die des Kanonenkönigs Krupp.

Daß allerdings ihr dritter Schößling, Friedrich Alfred Krupp, ein Mann unbestechlichen Herzens, mit der finanziellen und industriellen Macht seines Hauses dazu beitragen würde, den Übermachtstraum Wilhelm II. zu verwirklichen, war eine Ironie des Schicksals.

Damals waren es nicht nur der materielle Reichtum und das soziale Wohlergehen, auf die stolz zu sein Deutschland das Recht hatte, sondern eine geistige Wiedergeburt schien das erleuchtete Zeitalter Goethes wieder heraufzuführen, wenn es auch nicht die Literatur war, die voranschritt, sondern Technik und Wissenschaft sich an die Spitze stellten.

So nahm ein Heer von Ärzten, mit Mikroskopen bewaffnet, den Kampf auf gegen die vier Reiter der Apokalypse: Cholera, Tuberkulose, Syphilis und Diphtherie, die nach jahrtausendelanger Herrschaft immer noch zwischen den Völkern wüteten. Der „Vater der Bakteriologie", Robert Koch, hatte die Welt mit der Entdeckung des Stäbchenbazillus überrascht. Klebs konnte 1883 auf dem zweiten Kongreß interner Medizin einen noch nicht mit Genauigkeit nachgewiesenen *Mikroskopon diphthericum* nachweisen, und Loeffler gelang die Entdeckung des spezifischen Diphtheriebazillus, womit die Suche nach den entsprechenden Gegengiften begann. Endlich, 1897, gelang es einem damals noch ganz unbekannten Militärarzt und Assistenten Kochs, in einer Monographie, die er bescheiden *Die praktischen Zwecke der Serumtherapie* nannte, die erstaunliche Wirkung des durch Impfung gewonnenen Tierserums bei Diphtherie und Wundstarrkrampf nachzuweisen.

Die Kämpfe zwischen Behring, der rasch berühmt wurde, und seinem großen Lehrer Koch sind bekannt, eine erbitterte Polemik, die den Entdecker des Diphtherieserums zwang, sich vom Institut für Infektionskrankheiten zu entfernen und nach Frankreich zu emigrieren. Und gerade dort, wo immer noch der Geist der Revanche brütete und jede deutsche Kulturäußerung geringgeschätzt wurde, fand Behring Verständnis, wurde er freundlichst empfangen und mit staatlichen und akademischen Ehren überhäuft. Ins berühmte Institut Pasteur aufgenommen, teilte er sich mit Roux in einen Preis, der von der Akademie der Wissenschaften vergeben worden war, und wurde als Metschnikoffs Freund einer der Begründer der Immunisierung.

Daß „der Retter der Kinder" später einer der beliebtesten Gäste Capris wurde, verdankt die Insel einem Glückszufall, der Behring während einer Rivierareise zustieß: Er spielte nämlich in Monte Carlo und gewann. Da entschloß er sich, Italien zu besuchen. Er kam erst nach Rom, dann nach Capri, wo er sich für das gewonnene Geld eine Villa in der Via Tiberio kaufte. Am 12. 3. 1895, dem Tag, an dem Crispi in Rom die Laboratorien der Serumtherapie eröffnete, um die von Behring entdeckten Methoden zur Bekämpfung der Diphtherie anwenden zu können, kehrte er nach Rom zurück. Ein Jahr danach heiratete er in Berlin die achtzehnjährige Elena Spinola, und nun erscheint er immer wieder auf der Insel, ersteht ein größeres Haus fast mitten im Ort, auf einem Ausläufer des Felsens von San Michele, im Angesicht des Golfes, und eröffnet damit die Reihe jener Besuche, die ihn durch zwanzig Jahre zu einer der beliebtesten Erscheinungen Capris machten. Nachträglich offenbart sich in Capri ein unbekannter Behring, der Philosoph, der im Naturwissenschaftler schlummerte und der durch seine wissenschaftlichen Schriften kaum durchschimmert. Denn die Entdeckung zwingt ihn zum Laboratorium, zu einem System, das sich in den Grenzen der klinischen Untersuchungen hält. Die Arbeit nimmt seine ganze Energie in Anspruch. So schafft er sich, von Marburg kommend, auf der Insel eine Zuflucht des Geistes, die Möglichkeit einer neuen, wenn auch nur heimlichen Tätigkeit.

In seinem neuen Haus versammelt er die Gäste um sich, deren Gesellschaft er

23. *Friedrich Alfred Krupp (1854—1902).*

24. Die Krupp-Straße.

25. *Blick auf die Marina Piccola.*

26. Santa Maria a Cetrella.

genießen will, und legt sich eine philosophische Bibliothek zu, die sich bis auf Nietzsche erstreckt. Seine bevorzugten Autoren sind Ostwald, Fechner, Lotze und von Hartmann, der damals auf der Höhe seines Ruhmes stand. Um mit ihm in Beziehung zu kommen, schickt Behring ihm seine Werke und erhält einen Dankesbrief, in dem Hartmann Bedenken gegen Behrings Forscherarbeit äußert, und zwar frägt er, was aus der Menschheit werden und zu welchen neuen Waffen die Natur zu greifen gezwungen sein werde, um das Alter abzukürzen, wenn ihr auf diese Weise die natürlichen Waffen aus der Hand geschlagen würden. Behring war stark von den Ansichten Schopenhauers und Hartmanns beeinflußt, und eine der letzten Notizen in seinem Tagebuch stammt vom 1. August 1912 in Capri und lautet: Metaphysik ist Bedürfnisfrage.

Vom Schicksal mit Reichtum und Ehren überhäuft, für die er allerdings sehr empfänglich war, erhielt er den erblichen Adel, stolz darauf, das *von* vor einem Namen führen zu dürfen, der längst ein Adelstitel war. Es befriedigte seinen Ehrgeiz, als erster Arzt des Reiches Nobelpreisträger zu sein, und nach der Entdeckung des Tetanusbazillus Retter der Soldaten genannt zu werden und das Eiserne Kreuz zu erhalten.

Capri ehrte ihn seinerseits, indem es einen kleinen Platz nach ihm benannte. Aber während des ersten Weltkrieges wurde dem Platz sein berühmter Name genommen, und bald verschwand auch die Tafel vom Hause Behrings — dumme Äußerung nationalen Hasses, der glaubt, die Erinnerung an einen weltberühmten Namen tilgen zu können, indem sie ihn von den Mauern löscht.

Als 1941 der fünfzigste Jahrestag der Entdeckung des Diphtherieserums in Deutschland feierlich begangen und mit der Eröffnung des Wissenschaftlichen Institutes gefeiert wurde, das den Namen Behrings erhielt, nahm der Verfasser, in Anbetracht der Tatsache, daß sich in Italien niemand mehr des Wohltäters der Menschheit erinnerte, die Gelegenheit wahr, sein Gedenken in Capri zu ehren. Nachdem er die Persönlichkeit und das Werk Behrings in einigen Blättern wiedererweckt hatte, lud Rom ihn ein, den Plan einer Gedenktafel für Behring vorzulegen. Es war das zweite Kriegsjahr und die Gelegenheit, die Solidarität Italiens mit dem alliierten Deutschland nachzuweisen, günstig. Die Botschaft des Reiches nahm denn auch die Initiative zur Feier freundlich auf, und Cerio wurden vom Marburger Institut entsprechende Mittel zur Verfügung gestellt. Auch die italienischen Minister waren dem Vorschlag geneigt und zu Spenden bereit, die jedoch mit der Begründung abgewiesen wurden, daß der *Centro di Studi Capresi* für alle Unkosten aufkomme. Die Frage, warum Cerio die so großmütig zur Verfügung gestellten Mittel zurückwies, erregte das erste Mißtrauen gegen ihn, und der Bürgermeister von Capri wurde beauftragt, ihn schonend darauf aufmerksam zu machen, daß er die Festrede nicht werde halten können, weil es dazu unerläßlich wäre, in Faschistenuniform zu erscheinen und nur ein Parteifunktionär Behring zu feiern in der Lage wäre. Also kam dieser Parteifunktionär nach Capri und erbat den Text der Rede, um, wie er sagte, sich das Gedächtnis aufzufrischen. Zwar kenne er einige der Entdeckungen dieses Deutschen, zum Beispiel eine Meerenge und ein Behring-Meer, aber wie sie mit der Immunisierung und der Serumtherapie zusammenhängen sollten, war ihm unverständlich. Doch gelang es mit einigem guten Willen von beiden Seiten zu einem Einvernehmen zu gelangen, die Rede zu halten und Behring auch in Capri würdig zu feiern.

Der Gedenkstein, den der Verfasser errichten wollte und der im ersten Augenblick auch angenommen, später jedoch nicht aufgestellt, das Schicksal vieler verunglückter Epigraphe teilte, verkündete stolz:

Memore dei soggiorni sull'isola di Emil von Behring —
salvatore dell'infanzia — Capri — ne consacra il nome e l'opera.

Den Deutschen war Capri immer eine Werkstatt philosophischer Systeme, Gedankenherd des Mittelmeeres. So erschien zu Beginn des Jahrhunderts Diefenbach, ein Vorkämpfer pangermanischer Ideen, deren Motto *Du sollst nicht töten!* die beiden letzten Weltkriege nicht verhindert hat.

An der Piccola Marina hatte Weber durch ein Vierteljahrhundert seine Aphorismen in Zement an den Wänden verewigt.

Nach dem ersten Weltkrieg kam Miradois mit seiner kleinen Apostelschar und predigte in der Schlucht von Matromania einige Jahre hindurch das arische Evangelium und die pangermanischen Ideen.

Dann erschien von Kluck, Bildhauer von großer Begabung, dem das Glück in der Heimat schon gelächelt hatte. Seine Kleinplastiken, entzückende Statuetten, die Grazie der Bewegung beschwörend, hatten seinen Ruf als einen der bedeutendsten Künstler Deutschlands befestigt.

Unseligerweise verbreitete sich sein Ruhm, und es begann, Staatsaufträge zu regnen, Denkmäler, die bald natürliche Größe erreichten. Mit der Dimension seiner Statuen nahm zwar auch sein Ruhm zu, aber die Produktion verlor an Zauber.

Der erschreckende Auftrag, die Siegesallee — die überlebensgroßen Bildnisse der Hohenzollern, Askanier und Wittelsbacher — in herrlichen carrarischen Marmor zu hauen, veranlaßte ihn, die Flucht zu ergreifen. So kam Kluck nach Capri. Er kam während eines Fieberanfalles, der die Insel immer schüttelt, wenn sie von einer Idee ergriffen wird.

Vor kurzem nämlich hatte der „Kongreß des Landschaftsbildes" stattgefunden und der Regierungsbeauftragte für Naturschutz die extremistischen Neigungen, die bei diesem Kongreß zu Tage traten, dadurch auszugleichen versucht, daß er die alten traditionellen Stile und den Futurismus auf eine Formel brachte: er nannte sie Aeternismus, ein geglücktes Wort, das irgendwie den Gedanken weckt, als höre man die Stimme der Welt. Kluck mußte erfaßt haben, daß es nichts bedeutete, denn er bemächtigte sich des Wortes, tränkte es mit deutschem Gedankengut und wartete. Die Geburt fand in einem kleinen Haus über dem Abgrund der Migliara statt; eine neue Weltanschauung, das philosophische System der Migliara, eine Vision der Welt von diesem Felsen aus. Über dieser Lehre errichtete Kluck ein Gedankengebäude, das nichts besagt. Sein Werk war lange und schwer: von Plato bis Weber sammelte er die Systeme seiner Vorgänger in vierzig mit der Hand geschriebenen Bänden, die er später mit schmerzhaftem Entschluß in den Abgrund warf, eine Tat, die ihn wirklich auf die Höhe des eigenen Gedankens brachte, auf die Ausmerzung alles Zufälligen und Überflüssigen, dieser Grundidee des Aeternismus. — So war seine Weltanschauung im Lauf weniger Jahre bis auf die Kapitelfolge zusammengeschmolzen, trug dann nur noch den Titel des Werkes und endlich nicht einmal diesen. Es genügte, um zu erkennen, daß die Mühe des Denkers damit belohnt wird, daß er es nicht mehr nötig hat zu denken. Kann man einem Denker Besseres wünschen?

Man könnte sich fragen, wie sich Nietzsches Los gewendet hätte, wäre er 1877 in Capri geblieben, dem er den Einfall zur *Umwertung aller Werte* verdankt; *Jenseits von Gut und Böse* hätte er *Die fröhliche Wissenschaft* gelebt, statt sie zu schreiben, wäre der Argonaute der Ideen ein Gläubiger San Costanzos geworden, an den dionysischen Riten der frommen Capresen, mit denen sie ihren Thaumaturgen ehren, glücklich teilnehmend und ohne Zweifel in den Tag hinein lebend. In einem Land, wo die Werte so selig flüssig, so reizvoll unbeständig sind, hätte er sich nicht von der Unbeweglichkeit der moralischen Gesetze erdrückt gefühlt. Er war allzu flüchtig auf der Insel, muß ihren Einfluß aber doch empfunden und voll Sehnsucht an sie zurückgedacht haben, als er seinem Freund Bungert von der Riviera aus schrieb, er nehme sich vor, eine unbekannte Grotte zu bewohnen, und ausrief:

Nun wird mir alles noch zuteil,
der Adler meiner Hoffnung fand
ein neues, reines Griechenland;
der Ohren und der Sinne Heil.

Die Legende behauptet, Krupp, an dessen Tod die vielen Menschen, denen er in Capri Gutes erwiesen hat, nicht glauben wollen, werde wiederkehren. Die Autopsie seines schwankenden Schattens ist längst gemacht worden, über den Mann hingegen, das Opfer einer großen Gemeinheit, wurde ein Dunkel gebreitet, das alles andere als mitleidig ist, und das Geheimnis, das sein Ende verschleierte, verdichtete sich immer mehr. Stimmen, die seine Unschuld vor dem furchtbaren Gericht der öffentlichen Meinung verteidigen wollten, wurden zum Schweigen verurteilt, weil man im Schmutz nicht rühren soll und die Zeit am Ende immer Gerechtigkeit übt. Aber weil Zeit galant ist, tut sie nichts gegen die Kanaille.

Der Skandal Krupp wurde nicht vergessen; man mußte ihn in den Abzugsgraben leiten, durch den schon so viele Gemeinheiten durchgezogen worden sind. Und der Mann, der das Opfer war, sollte nicht vergessen werden. Die Welt, die so gut über die nichtbestehende Perversion seiner Person unterrichtet war, würde manches erfahren, was sie nicht weiß. Denn außer der tragischen capresischen Geschichte bleibt von ihm nichts als das verblaßte Profil des großen Industriellen, um den seit Beginn des Jahrhunderts sich die schöpferische Kraft des Reiches sammelte.

Aber diese Entwicklung war mehr dem Beharrungsvermögen der gewaltigen Organisation, als der Initiative Krupps zu verdanken, dem Impuls, den die Schwerindustrie durch die wachsende Macht des zweiten Reiches empfing, dem zunehmenden Imperialismus des volkreichen und arbeitsamen Staates, der in seinen Grenzen erstickte. Der dritte Monarch der Dynastie Krupp, der seine Werke gerne in eine Aktiengesellschaft verwandelt hätte, um sie dem persönlichen Regiment der Familie zu entziehen, hatte einen sicheren Instinkt und eine glückliche Hand in der Wahl der Männer, denen er die Leitung dieser Werke anvertraute. Er war ein genialer Wohltäter, übte Nächstenliebe in freigebiger Weise, richtete für seine Arbeiter und Angestellten Invaliden- und Altersversicherungen ein und erbaute ihnen eine ganze kleine Stadt, Altenhof, mit Häuschen und Garten.

Die große, wirkliche Tragödie Krupps war es, daß er kein Industrieller war, sondern etwas viel Besseres, nämlich einfach ein Mensch, zu schwach, um die Last der ererbten Millionen zu tragen und das Zepter der Dynastie zu führen. Hingegen hatte er den sehnsüchtigen Wunsch, sich ein Feld der Tätigkeit zu schaffen, das seinem Geist besser zusagte als die Beschäftigung mit Stahl und Eisen. Er floh vor dem Rauch, der über seinem Reiche lastete, unter einen andern Himmel, auch er auf die Straße nach Süden, und kam zu seinem Unglück nach Capri.

In den 1800 Jahren, die dem Tod des Tiberius folgten, hatten sich die Geschichtsforscher darüber den Kopf zerbrochen, warum er, dem die ganze Welt zur Verfügung stand, ausgerechnet Capri zum Aufenthalt wählte; zu Krupps Zeiten fragten sich die Leute, was dieser Millionär eigentlich auf der Insel zu suchen habe. Die Antwort ist dieselbe, — weil man in Capri so angenehm lebt! Man kann kommen und bleiben und darauf verzichten, ein großes Reich zu regieren oder großen Reichtum, und hat die Möglichkeit, ein Leben nach dem eigenen Geschmack zu leben.

Der Kanonenkönig hätte sich wie andere seinesgleichen an der Riviera vergnügen können, während er vorzog, nach Schätzen auf dem Grunde des Meeres zu suchen. Ignazio Cerio hatte ungefähr dreißig Jahre früher mit einem primitiven Grundnetz, einem Dredge für die Tiefseefischerei den um die Insel erreichbaren Grund durchgepflügt und die merkwürdigsten Arten der Mittelmeerfauna aufgefischt. Die von Anton Dohrn errichtete zoologische Station in Neapel wurde von den hervorragendsten Forschern auf dem Gebiet der Naturwissenschaften besucht, um an lebendem Material das Geheimnis des Tierlebens zu studieren, Studien, die Krupp begeisterten, so daß er sich vornahm, das Leben des in den Tiefen der Abgründe vagabundierenden Planktons zu erforschen. Er vervollständigte die vorhandenen Mittel, und nun setzte eine rege Forscherarbeit an Bord der kleinen Jacht Maja ein, die mit einer starken Winde, einem 2000 Kilo schweren Kabel und Tiefseenetzen aller Arten ausgestattet war. Über das Resultat dieser Forschungen verfaßte Lo Blanco einen Bericht, der 1904 in einer herrlichen deutschen Ausgabe erschien.

Krupp leitete die Operationen, die bis in 1000 Meter Tiefe reichten, persönlich und brachte damals 27 Arten der Mittelmeerfauna in der Bocca Grande zu Tage. Von großer Wichtigkeit war die Entdeckung des *Leptocephalus breviorostris*, der sich als die Larve des *Anguilla vulgaris*, des gemeinen Aales, entpuppte, des Fisches, der am Heiligen Abend rituell gegessen wird und den die Neapolitaner *Capitone* nennen. Zur Laichzeit verläßt der Aal das Süßwasser und begibt sich zur Paarung aufs hohe Meer. Aus seinen Eiern entstehen Tiere, die keinerlei Ähnlichkeit mit den Eltern haben, Leptozephalen, die wie Weidenblätter aussehen. Sie wandern nun in umgekehrter Richtung und suchen, wenn sie Aale werden, die Flußmündungen auf, um ihr neues Leben im Süßwasser zu beginnen.

Die Ausrüstung der Maja hatte unter anderem den Zweck, das Schiff selbst und seine Leute für derartige Forschungen zu erproben und die Meisterschaft in dem schwierigen und heiklen Fang dieser oft zartesten Tiere zu erringen. Die außerordentlichen Erfolge spornten den Mäzen dazu an, im nächsten Jahr ein größeres Schiff, den Puritan mit ausgesuchtem Material und Personal zur Verfügung zu stellen. An den Expeditionen auf dem Puritan im Jahre 1902 nahmen auch Lo Blanco von der Zoologischen Station Neapel und Ignazio Cerio aus Capri teil; und nun wurden 68 neue Tiergattungen entdeckt, unter denen sich neun Arten befanden, die im Mittelmeer noch niemals gefunden worden waren.

So war die Arbeit, von Übelwollenden eine Millionärslaune genannt, leidenschaftliche, wissenschaftliche Forschungsarbeit, Untersuchung über das Leben in verborgenen Tiefen, die bis vor kurzem nicht unter 600 Meter hinabgereicht hatte.

Und doch begriffen die Klatschmäuler nicht, was Krupp in Capri festhielt. Er war krank, das stand fest, und fand hier seine Gesundheit wieder, ... aber sind solche Gründe nicht oft nur ein Vorwand?

Und die Tiefenforschung ...? Begreiflich, wenn ein Gelehrter Capri zum Mittelpunkt der Forschung machte, die Wissenschaft nach und nach um Entdeckungen bereicherte und die Geheimnisse der Abgründe lüftete; ... aber was ging das alles Krupp an? Täte der nicht besser, sich um seinen heimatlichen Stahl und seine Panzerplatten zu kümmern?

Und dann, Kleindeutschland wurde allmählich verdächtig! Die englische Kolonie, bestehend aus lauter Kolonialen, furchtbar *respektablen* Pensionisten, tat alles, um einen Skandal heraufzubeschwören. So schrieb ein Amerikaner ein dickes Buch über Capri. Nachdem er alle hier lebenden Engländer als *distinguished residents* aufgezählt hat, sagt er wörtlich: „Es gab jedoch eine andere Gesellschaft in Capri, die den Ort zu einem unangenehmen Aufenthalt machte: ich spreche von den Deutschen, die die Insel unsicher machen."

Mit einem Wort: etwas war faul!

Krupp hatte Hermelin und Zepter abgegeben und sich in die Hüllen eines Philantropen gekleidet; bemüht, ausschließlich Gutes zu tun, gelang es ihm vor allem, sich selbst zu schaden.

Die klassische Form des Skandals auf Capri, die auch von geschichtlichen Reminiszenzen getragen wird, ist die Orgie. Daß Krupp die Heimkehr von seinen Forschungsexpeditionen im Freundeskreis in kleinen Osterien feierte, eine Tradition, die er in Capri fortsetzte, genügte den bösen Mäulern, die Zusammenkünfte zu Orgien zu stempeln, und zwar nicht zu Tiberianischen, sondern zu Kruppschen.

Viele der Deutschen, die Capri damals besuchten, schätzten sich glücklich, bei dem neuen Mäzen eingeladen zu werden, und es war vielleicht eine demokratische Geste, wenn Krupp auch Volk, Fischer und Gewerbetreibende zu seinen Festen zuzog.

Die traurige Geschichte einer Erpressung, von der Krupp keine Ahnung hatte, ist in *Aria di Capri* berichtet und neuerlich in allen Einzelheiten durch Norman Douglas in *Looking Back* wieder aufgefrischt worden.

Ein bekannter italienischer Journalist gedachte aus der Anwesenheit des reichen Industriellen auf der Insel Nutzen zu ziehen, setzte sich mit Krupps Sekretär in Verbindung und verlangte eine jährliche Subvention von dreißigtausend Lire, um die Stahlerzeugnisse der Essener Werke zu preisen, widrigenfalls sich seine Zeitung mit den „Launen des Millionärs", dieses improvisierten Tiefseeforschers, befassen würde.

Der Vorschlag wurde grob zurückgewiesen, und schon zwei Tage später erschien ein ironischer Artikel mit der Überschrift: *Il Capitone*, der Aal, wobei unter

Anspielung auf den vulgären Doppelsinn, den dieses Wort im Neapolitanischen hat, auf die Saufgelage hingewiesen wurde, die sich angeblich immer an die Forscherfahrten anschlossen. Die Anspielung dieser sehr bürgerlichen Zeitung wurde von dem Kampfblatt *Propaganda* aufgegriffen, das offen und in gutem Glauben Krupp der Perversion anklagte und ihm vorwarf, die Capreser zur Sittenlosigkeit zu verführen. Das gab wiederum dem Organ der Sozialdemokratischen Partei in Deutschland, dem *Vorwärts*, den Vorwand zu einem wütenden Angriff gegen das Haupt der deutschen Schwerindustrie. Der Krupp-Skandal brach in dem Augenblick aus, als der hemmungslose antimilitaristische Kampf gegen die Flottenaufrüstung des Großadmirals von Tirpitz auf seinem Höhepunkt angelangt war.

Die Nachricht von diesem Skandal erreichte Krupp aus heiterem Himmel. Man feierte im Kaiserlichen Jachtklub in Kiel in Gegenwart des Kaisers eben den Sieg der Kruppschen Jacht „Germania" über den berühmten „Meteor", die Jacht des Kaisers. Der Schlag schmetterte Krupp nieder und verschlimmerte das Herzübel, dem er kurz danach erlag.

Übrigens ist die Erinnerung an Krupp eng mit der an seinen Freund und Lehrer Lo Blanco verbunden, der wirklich legendären Erscheinung eines Wissenschaftlers, der 1920 vorzeitig aus einem Leben voller Wunder gerissen wurde. Als vierzehnjähriger Junge von der Zoologischen Station als Lehrling angestellt, offenbarte er bald solche Fähigkeiten, daß Anton Dohrn ihm Unterricht gab und einen wertvollen Mitarbeiter aus ihm machte.

An der von Dohrn und Lo Blanco geleiteten Station arbeiteten zahlreiche Naturwissenschaftler, und ihre Monographien geben Zeugnis von der Art ihrer Beobachtung und Methode. So zum Beispiel die Studien über die jährliche sexuelle Reife der Tiere im Golf von Neapel und über die Entwicklung des Laichs der Peneiden.

Lo Blanco war der Lehrer einer neuen Studentengeneration. Er unterrichtete Biologen und Marineoffiziere, und seine Art der Konservierung von Tierpräparaten wurde von der Zoologischen Station in Neapel und anderen Instituten dieser Gattung übernommen.

Seine literarische Tätigkeit brachte ihm den Lorbeer eines Doctor honoris causa der Universität Neapel ein. Es folgten Ehrungen aus dem Ausland, und der bekannte Biologe Federico Raffaele schrieb über ihn, daß alle jene, die durch dreißig Jahre die Zoologische Station Neapel besucht hätten, ebenso seine Schuldner wären wie jeder, der mit ihm zu tun hatte, ob berühmter Gelehrter oder bescheidener Forscher, ihm ein Leben lang Dankbarkeit und Ehrfurcht bewahren würde.

27. Fünf-Minuten-Porträt Bismarcks von C. W. Allers auf einer capresischen Schenkenwand.

28. Deutsche Stammtischrunde im Gambrinus, Zeichnung von C. W. Allers.

29. *Deutscher Künstler bei der „Bezahlung seiner Rechnung“, Zeichnung von C.W. Allers.*

XV.

SONATE PATHETIQUE

Nach einem Jahrhundert wachsenden Wohlstandes war das alte Albergo Pagano erweitert und modernen Bedürfnissen angepaßt worden. Don Michele Pagano, den Lehren seines Vaters treu, verfügte, als er 1877 zum Sterben kam, daß aus Dankbarkeit für die Künstler, die das Glück seines Hauses und der Insel begründet hatten, auf ewige Zeiten nichts an der Bewirtung der Gäste geändert werden dürfe. So wurde der Preis der Pension einmal für immer mit fünf Lire festgesetzt, und der Gast erhielt außer Unterkunft und einem Liter Wein täglich zusätzlich Blumen, Orangen, Feigen und Oliven. Waren die Künstler arm, ging Don Paganos Großherzigkeit sogar noch weiter, und seine Erben waren gezwungen, den Zahlungsunfähigen Kredite einzuräumen.
Fischer von Rößlerstamm schreibt in einem kleinen Gedicht, das der Legende Don Michele Paganos gewidmet ist:

Wenn einer fleißig malet,
landschaftert, porträtiert,
dem, was er nicht bezahlet,
Kost, Wohnung kreditiert.

Die Führung des Gasthauses war allerdings so einfach wie möglich. Jeder in Capri landende Fremdling wurde damals auf einen Esel gesetzt, schöne Mädchen beluden sich mit seinem Gepäck und lieferten Gast und Koffer im Albergo ab. Es gab weder Empfangsraum noch Büros und Formalitäten, sondern viele fromme Wünsche für einen langen und glückseligen Aufenthalt.
Die Rechnung, die man dann am Tage der Abreise vorlegte, wurde ausgeschrieben, indem man die Anzahl der Tage mit den testamentarischen fünf Lire multiplizierte außer gelegentlichen Zuschlägen für den Wein, den besonders ausschweifende Jünger der Kunst tranken. Unter diese außerordentliche Zuschläge konnte auch ein Bad fallen, das zu jenen Zeiten wirklich außergewöhnlich war. Auf einer Tabelle waren die besonderen Genüsse des Hotels Pagano aufgezählt, und zwar als höchste

Errungenschaft „Bad in jedem Zimmer". Wünschte nun ein Gast eine Gesamtreinigung, so wurde eine monumentale Messingwanne in sein Zimmer gerollt ... in jedes Zimmer natürlich!
Wie der sterbende Don Michele vorausgesehen, hatten die Künstlergäste des Hauses sehr oft das Geld zur Bezahlung ihrer Rechnung nicht bei der Hand. Dann begnügte sich die künstlerisch-finanzielle Verwaltung des Hauses mit einem Fresko, rasch auf irgendeine Wand des Speisezimmers gemalt, oder mit einem Ölbild für eines der Schlafzimmer. So wurde der Grund zu einer kleinen Galerie gelegt, die, bereichert durch freiwillige Spenden, für die Geschichte Capris interessant wurde und Türen und Mauern der Räume schmückte, in denen Henner, Ramon, Sargent, Lord Leighton, Benner, Sain und viele andere gehaust hatten, ein wertvolles Bilderrepertoire, um die Wende des Jahrhunderts verloren, als eine Welle schlechten Geschmackes Capri mit großen Hotels überschwemmte. So wurde ein schönes Porträt Tristan Corbières, von Benner gemalt, das den Dichter, die Hände in den Taschen, den Schlapphut auf dem Kopf, im Gespräch mit Emiliella, dem schönen capresischen Mädchen, das später Prinzessin wurde, darstellte, ebenso zerstört wie die Allegorie *Espérance frappant à ma porte* von Henner und eine bewegte *Tarantella* von Ruben, die ein kleines Wunderwerk an Grazie war.
Diese fröhliche und vielfältige Gesellschaft schloß sich, um den Anschein größerer Liederlichkeit zu erwecken, zu einem Verein zusammen, nannte sich „homerisch", nahm den Thyrsosstab zum Wappen und ernannte Polyphem zum Schutzpatron, dessen Grabmal sie im Riff des Pizzolungo entdeckt zu haben glaubte. Die erste Feier zu Ehren des trunkenen Zyklopen kostete dem lokalen Klerus einige Sorge, weil die Feier voll dionysischer Fröhlichkeit sich kaum von der Prozession zu Ehren San Costanzos unterschied, des Patrons der Insel, an dessen Silberbüste eine Traube hängt. Doch als Klerus und Autoritäten sich überzeugt hatten, daß die Heiterkeit der Frömmigkeit keinen Abbruch tat, nahmen sie selbst teil an dem Spaß.
Viele Jahre hindurch besuchte der Schweizer Maler de Pury, ein begeisterter Musikliebhaber, die Insel. Er hatte das Glück, Wagner im Golf von Capri auf einem Vaporetto zu begegnen, und der Meister, gequält von den riesigen Schwierigkeiten seines Werkes, fasziniert von der Persönlichkeit des Malers, saß ihm zu einem Porträt, das in der Villa d'Angri am Posillipo begonnen wurde. Eines Tages jedoch unterbrach das unruhige Modell die Sitzung und lief kurzerhand und ohne Abschied zu nehmen davon. De Pury erfuhr erst am nächsten Tag, daß Wagner nach Palermo gereist war, wo er 1882 den *Parsifal* beendete.
Dieses unfertige Werk Purys ist das einzig authentische Bildnis Wagners. Der Maler hat es einem Fräulein Giulia Orlandi aus Anacapri, in das er verliebt war und das er heiraten wollte, geschenkt. Er ist vor wenigen Jahren vergessen in Venedig gestor-

ben. Aber in Capri geistert sein Schatten noch zwischen jenen andern, die langsam im Dunkel der Erinnerung versinken, verdämmernde Bilder, deren Erscheinen für Capri von größerer oder geringerer Bedeutung war. So steigt um diese Zeit leuchtend wie ein Meteor C. W. Allers am Himmel Capris auf, um ebenso unerwartet zu verschwinden.

C. W. Allers, rund und bauchig, wie es sich damals für einen Maler gehörte, war der Sohn bescheidener Hamburger Bürger. Ein abenteuerlicher Weltenwandler, lernte er an der Akademie in Karlsruhe Zeichnen, wurde Matrose der kaiserlichen Kriegsmarine und schließlich, nachdem er zahlreiche Meere durchfahren, als Zeichner von teuflischer Geschicklichkeit an Bismarck empfohlen, der, verbittert und übellaunig im Exil in Friedrichsruhe, nicht einmal mehr Lenbach Modell sitzen wollte und nun so viel Gefallen an Allers' Gesellschaft fand, daß er ihn monatelang bei sich behielt und sich in allen möglichen Posen von ihm malen ließ: mit den beiden Doggen, mit der langen Pfeife, mit der Pickelhaube. Damit war Allers' Glück gemacht, und wir finden ihn bald auf der Fahrt nach Italien, wo er sich der Prozession deutscher Maler anschloß, die sich dort die Beine vertraten. Er baute sich in Capri ein großes, schwerfälliges Haus, Villa Tragara, sehr hamburgisch, ein Meisterwerk der Wohnlichkeit, wie sie den Deutschen jener Zeit am Herzen lag, mit grausam geschnitzten Möbeln, die vorgaben, aus der Renaissance zu stammen, mit gerafften Damastvorhängen, Waffen und mittelalterlichen Rüstungen, ganzen Batterien von „Biermaßen", mit Reihen langer Pfeifen, einer „Gartenlaube", beim Kaffeeklatsch der Damen die Krone der Gemütlichkeit, und einer Trinkecke nebst einer Kegelbahn für die Herren.

Daß Villa Allers eine Summe Bismarckscher Erinnerungen auszustellen hatte, machte Allers zum unbestrittenen Mittelpunkt „Klein-Deutschlands", dem Gelobten Land des deutschen *far niente*. Er gewann sich jedoch auch die Gunst des Volkes, wurde zum Illustrator der *Campania Felice*, zum Erwecker Pompejis, Neapels und Ischias und ließ, wo er auch hinkam, Spuren seines Wandels zurück: auf den Wänden und Türen der Osterien, auf den Spiegeln der Barbiere, und es gab damals wenig Menschen in Capri, die sich nicht brüsteten, ein Bildnis Bismarcks von seiner Hand zu besitzen.

Bei ihm verkehrten Literaten und Wissenschaftler, Generale und Maler, unter andern auch Sudermann, Fulda, Ehlers, Meyerheim, Schönleber, Preller und mancherlei lustige Brüder.

Es gab natürlich auch andere intellektuelle Herde, wie den *Zum Kater Hiddigeigei*, einem Café, das seinen Namen zur Erinnerung an Scheffels Aufenthalt trug, von dem Capri noch voll war. Hier unterhielt sich Gerhart Hauptmann mit Israel und Schweninger, den großen Klinikern, die er in der eigenen Kunst, Katzenjammer mit

Hilfe balsamischer Kräuter auszutreiben, belehrte, während Donna Lucia, die gemütliche Hausfrau, Hindenburg und Ludendorff in die Geheimnisse ihres Ragouts mit Tomatensoße einweihte.
Auf der kleinen Marina besaß Wedekind ein Blockhaus, wo sich auch zahlreiche Künstler einfanden.
Diese ganze vergnügungssüchtige Welt hat Allers' Stift festgehalten. Man findet sie im dicken Band *Capri* wieder und in einem, das er *Bella Napoli* nennt. Eine gewisse Mechanik und Härte der Wiedergabe schadet seiner Kunst, steigert sie jedoch zu wertvollen Urkunden in der unvergleichlichen Lebhaftigkeit, mit der das italienische Volk wiedergegeben ist, und der fast karikierenden Genauigkeit, die er an das deutsche Publikum wendet: gelehrte Touristen, Intellektuelle und vor allem Künstler und Wissenschaftler, vom Südweh ergriffen.
Selbst von plebejischem Geschmack, ein unübertreff licher Maler des Volkes, war er der Verewiger der Vetturini, Camorristen und Capresen. Sein eigentliches Atelier war die Straße, sein wirkliches Modell die Menge. Er war in seinem Element, wenn er, von Gassenjungen umdrängt, von Droschkenkutschern überfallen, streitenden Weibern zusehen konnte, die nur durch die Kinder, die sie im Arm trugen, verhindert waren, sich gegenseitig in die Haare zu fahren, so daß er sich erbot, die Bambini so lange zu halten, bis die Frauen ihren Kampf ausgetragen, eine Szene, die er in dem kleinen Kunstwerk, das er *Appiccico* nennt, verewigt hat. Seinem rauschenden Aufstieg folgte ebenso jäh der Fall.
Die Fama sprach ihn gewisser Vorlieben in der Wahl seiner Modelle schuldig, deren er sich anscheinend nicht in aller Form Rechtens bedient haben soll. Von Donna Lucia rechtzeitig gewarnt, verschwand er am Morgen vor der beabsichtigten Inhaftierung, unter Zurücklassung seiner gesamten Habe.
Er kehrte in die Heimat zurück und starb 1915 in Karlsruhe.
Die verfehlte Festnahme eines wichtigen Fremden, vor allem eines Künstlers, war recht häufig, wenn auch die von der öffentlichen Gewalt angewendeten Mittel wechselten. Freunde, oft die ganze Bevölkerung, beteiligten sich leidenschaftlich an den Versuchen, ihn entschlüpfen zu lassen.
Im allgemeinen genügte es, eine Warnung an den *Kater Hiddigeigei* durchsickern zu lassen, wo Donna Lucia, wenn der Fremde beachtenswert war, die Warnung selbst übernahm.
Aber die Dinge gingen nicht immer so glatt vonstatten. Als ein Haftbefehl gegen einen Schriftsteller erlassen wurde, der kurz zuvor durch einen Roman Berühmtheit erlangt und zugleich zum Wohlstand Capris beigetragen hatte, waren die Teilnahme und die Zahl der Freunde und Bewunderer, die seine Flucht von der Insel unterstützten, so groß, daß die Geschichte beinahe ein tragisches Ende genommen

hätte: mit der Gefangennahme des bekannten Literaten nämlich. Dieser jedoch, kein heuriger Hase, war seiner Sache sicher, obwohl die Behörden den Entschluß gefaßt hatten, einmal ein Exempel zu statuieren.

Die überraschende Festnahme in der eigenen Wohnung mißlang ebenso wie die in der Wohnung der Freunde. Also wurde daran gedacht, er habe in irgendeiner Grotte, einem Wäldchen Zuflucht gefunden, und man erhöhte die Wachsamkeit. Aber der Beklagte änderte seine Taktik und stellte die Autorität vor eine Lage, mit der sie nicht gerechnet hatte.

Die Vereinigten Staaten von Amerika hatten Thomas Spencer Jerome, in Anerkennung seiner Mühewaltung um die Rehabilitierung des Imperators Tiberius, wenige Tage vor dem hier geschilderten Ereignis zu ihrem Konsularagenten ernannt. Man kann sich die Freude und den Stolz der Capresen vorstellen, die jetzt das Sternenbanner über Villa Castello wehen sahen und auf innige Beziehungen zwischen Capri und Amerika hofften. Aber auch die Verblüffung, als Stimmen laut wurden, der Verfolgte habe sich unter die Exterritorialität von Villa Castello geflüchtet.

Der genarrte Bürgermeister streckte jedoch die Waffen nicht! Er rechnete mit der Tatsache, daß der Verfolgte sein Asyl einmal werde verlassen müssen, und, ohne die Agentur angreifen zu wollen, machte er aus der Festnahme eine persönliche Angelegenheit zwischen dem Munizipium und dem Weißen Hause.

Zu seinem Unglück erlitt gerade damals die öffentliche Gewalt erhebliche Einbuße infolge von Urlauben und Krankheit und war auf einen Brigadier und einen Carabiniere zusammengeschmolzen; überdies hatten die hohen Mauern von Villa Castello sieben Ausgänge. Doch der Bürgermeister und seine Getreuen waren bewundernswert: sie belagerten die Festung zwei Tage und zwei Nächte, bewachten jede Türe, behorchten jeden Schritt und jedes fallende Laub im Park. Dann erlitt das Unternehmen jedoch ein unerwartetes Ende, denn eine Ansichtskarte von der französischen Riviera erreichte den Bürgermeister: Grüße des bekannten Schriftstellers, der, als er von seiner bevorstehenden Verhaftung vernommen, Capri schon vor einer Woche mit dem Luxusdampfer verlassen hatte und es jetzt bedauerte, daß er sich von den Behörden nicht habe verabschieden können.

Nach der Flucht Allers' und dem Skandal Krupp begann die Kolonie „Klein-Deutschland" sich aufzulösen. Nach dem Weltkrieg Nummer 1 verblieben nur wenige Einsiedler in Capri. Der große Stammtisch *Zum Kater* hatte sich in viele kleine Tische verwandelt, an denen die Ästheten der Villa Lysis und die Mitglieder der Capreser Fremdenlegion nicht mehr Bier vom Faß tranken, sondern Absinth und Cockteils schlürften.

Noch fanden sich zwar Deutsche alten Stiles ein, wie Voss, der hier seine *Villa*

Falconieri, *Die Borgias* und die *Tarantella der Carmelina* schrieb; oder Hans Barth, der Korrespondent des *Berliner Tageblattes* und große Freund Italiens, von dem der ausgezeichnete Führer *Italia bibula* stammt, eine reizende Sammlung weinseliger und klassischer Geschichten unter dem Titel *Osterie*, deren Übersetzung ins Italienische Gabriele d'Annunzio mit einem Vorwort versah.

Es erschien Waldemar Bonsels, aller Welt bekannt durch seine *Biene Maja*, ein Buch, das Kinder und Erwachsene entzückt. Aus seinem Werk ragt *Mario und die Tiere* hervor. Von der *Indienfahrt* behaupten die bösen Zungen, sie wäre die Zusammenfassung von allem, was je über Indien geschrieben worden ist. Bonsels, dem vorgeworfen wurde, nie in Indien gewesen zu sein, erwiderte, auch Dante habe die Hölle nie gesehen. In Capri brachte er die Hauptzeit damit zu, sich mit dem Maler Hans Paule über Kunst herumzustreiten, was damit endete, daß sie einige Monate überhaupt nicht mehr miteinander sprachen, Bonsels abreiste, während Paule allein mit seinem Kummer zurückblieb, der darin bestand, sich nicht betrinken zu können.

Zu Beginn des Jahrhunderts war Capri so internationalisiert, daß es ganz den Charakter Klein-Deutschlands verlor. Nur noch in Abständen erschienen die großen Firmennamen des Wilhelminischen Deutschlands: Gerhart Hauptmann, Hermann Sudermann ...

1919 ließ sich Emil Ludwig einige Zeit im Sarazenenturm nieder. Er war mit wenig Erfolg Rechtsanwalt und Kaufmann gewesen, bis er sein Talent für Literatur entdeckte. Während des Krieges vom Deutschen Reich als Kriegsberichterstatter beschäftigt, entschloß er sich, Geschichte in Romanform zu schreiben. Noch recht unbekannt, entstand als Frucht seiner Studien im Sarazenischen Turm eines seiner besten Werke, *Die Borgias*. Von seinem Aufenthalt in Capri gibt er Rechenschaft in *Geschenke des Lebens*. Schließlich gelang es ihm, das Publikum mit den Biographien bekannter Persönlichkeiten zu fesseln, eine in Frankreich von Maurois in Mode gebrachte Literaturgattung, die bald zu einer Spezialität wurde, nämlich die, wenig wahre Geschichten mit viel falscher Psychologie zu versetzen.

Dann brach der erste Weltkrieg aus.

Der vielen Fremden wegen, von deren Besuch es lebte, ein wenig auch aus eigener Überzeugung, erklärte Capri sich für neutral. Italien, wohl wissend, daß Neutralität die einzige richtige Haltung ist, solange es noch nicht entschieden ist, welcher Partei der Sieg sich zuneigt, folgte dem Beispiel. Dann aber, als es sah, wie sich die Dinge entwickelten, entschloß es sich, seinerseits zu handeln, und Capri blieb in seiner *splendid isolation*. In vollster Glückseligkeit nahm es gar nicht wahr, daß das Ende des Krieges Europa in den ersten Weltfrieden gestürzt hatte: es lebte unangefochten weiter *au dessus de la purée*.

An der Spitze der Prozession der Schatten schreitet die gebückte und tragische Figur des Geigers Giovanni Vannicola, der 1913 einen von den Franzosen und d'Annunzio inspirierten Roman *Sonata Patetica* und 1905 einen Band schrieb *De profundis clamava a te*, der um seine Götter, Mozart, Beethoven und Wagner, kreist. Geboren in Monte S. Giorgio am 18. November 1877, studierte er erst in Neapel am Konservatorium in San Pietro a Maiella, spielte an der Scala und erregte Aufsehen mit seinen Konzerten in ganz Europa. Seine größten Erfolge errang er in Rußland, Schweden und Finnland. In Paris war er das Modell des Geigers zu Lionello Balestrieris berühmtem Bild Beethoven, auf welchem die heimwehkranke Erscheinung des letzten Bohèmiens Italiens verewigt ist. Einer jener Menschen, die das Virtuosentum nicht ausfüllt, kehrte er von seinen Triumphzügen müde und angeekelt in die Heimat zurück und trat in das Kloster Monte Cassino ein, um Mönch zu werden, gab aber seine Absicht nach kurzem Noviziat wieder auf, heiratete eine Russin und schloß sich dem Kreis Papinis und Sofficas, Marinettis und Emilio Cecchis in Florenz an.

Als er gegen Ende des Weltkrieges in Capri auftauchte, erinnerte nichts mehr an dieser durch Krankheit und Leiden verkrümmten Gestalt an das Vorbild des Balestrieri; ja, nicht einmal das, was Gauthier über Baudelaire, den Mann der Cafés und der Spitäler, sagt — daß ihn die Magerkeit vergeistige und er durch Ausschweifung an Größe und Gewicht gewonnen habe —, konnte auf ihn angewendet werden.

Marinetti hat die Tragödie Vannicolas in wenigen Zeilen festgehalten: „Aller Durst der Erde, Himmel und Hölle in seinen Adern brennend, haben ihn schicksalhaft zum Alkohol verdammt. Meistens lag er zu Bett, nur selten schleppte er sich mit seinem Hund, auf einen Stock gestützt, in die Sonne, ein zahnloses Lächeln in dem fleischlosen Gesicht."

Die Freunde jener Zeit erinnern sich an den Armen, der seinen Ruf dem hinfälligen *De profundis* und der *Sonata patetica* anvertraut hatte.

Die letzten Zeilen hat er dem Verfasser dieses Buches gewidmet, denn eines Abends, in einem Restaurant an einem Tisch in dessen Nähe speisend, schrieb er auf die Kehrseite seiner Rechnung: „Lieber Freund, ich bin erschöpft an Kraft und Finanzen. Habe die bittere Zitrone bis zum letzten Tropfen ausgedrückt. Aber zur Zeit finde ich mich ohne jedes Geld und mit dieser Schuld. Würden Sie meine Rechnung begleichen? Ich werde sie Ihnen morgen ersetzen. Ihr Vannicola."

Der Verfasser zahlte die riesige Summe von Lire 2,65, doch Vannicola hielt die übernommene Verpflichtung nicht ein, denn wenige Tage danach fand man ihn zur letzten Trunkenheit ausgestreckt im Sonnenschein an der kleinen Marina liegend. Das Mitleid der wenigen Freunde, die er in Capri gewonnen, brachte kaum die

Summe für sein Begräbnis. Auswärtige Freunde schickten Geld und bewegteWorte. André Gides Beitrag beginnt folgendermaßen: „La promenade s'est terminé dans les larmes", und endet mit den bewegten Worten: „Que du moins avec quelques fidèles, j'apporte sur la tombe comme un hommage à ton grand coeur, ce temoinage de mon amical pitiè." So endete dieser Spaziergang auf dem Friedhof von Capri, in einem jener Gräber, die Künstlern, Selbstmördern und Exkommunizierten vorbehalten sind.

Als die sterbliche Hülle des Dichters und Musikers wenige Jahre später gesucht wurde, um ihr eine würdigere Ruhestätte zu bereiten, konnte sie nicht mehr identifiziert werden. So wurde die Summe seiner Heimat überwiesen, damit ihm dort einmal ein Grabmal gesetzt werde.

Die beiden klassischen Jahreszeiten, die winterliche, beendet mit Kaisers Geburtstag, und die frühjährliche, mit der von San Costanzo, waren nur noch Erinnerungen an die Zeit, in der die Deutschen in zwei Wellen über den Brenner gezogen waren, — erst Oberste, Geheimräte, Generale und ihr Gefolge; dann Professoren, Literaten und Künstler.

Ach, es hatte sich alles verändert, und den Menschen war die harmlose Sicherheit des Kunstbetriebes verlorengegangen. Wenn Däubler als letzte Worte seiner Epopöe *Nordlicht* sagt:

Die Welt versöhnt und übertönt den Geist,

so waren die Worte in die Luft gesprochen und der Dichter wußte, daß er eine verzweifelte Stimme war, die sich im All verlor.

Er jedenfalls hat Capri zu einem heiligen Ort gemacht, wenn auch sein Schatten einer der flüchtigsten war, die die von ihm so verherrlichte Sonne auf Capri warf.

Es heißt, Däublers Geist sei tausendjährig wie die chinesische Lyrik und könne nach weiteren tausend Jahren wieder auf einem fernen Stern erstehen. Sein Leib war alt, mit langem Bart und Haar, wie Otto Dix ihn gemalt hat, der Leib eines Flußgottes, der auf jedem Brunnenrand liegen könnte.

In Triest 1876 geboren, gehört er der neueren Generation der deutschen Dichter an, wenn es ihm auch nicht gelang, sich im Leben seßhaft zu machen und den Weg zur Berühmtheit zu finden, wie George, Hofmannsthal und Rilke. Die Quelle seiner Lyrik versandete in verworrener Philosophie. Hellenist, Archäologe, Musiker und Kunstkritiker, war er weitläufig gebildet, und zahlreich sind die Werke seiner Lyrik, Prosa und Polemik, Erzählungen und Schriften über verschiedenste Themen.

Nicht jedes seiner Werke, doch sein ganzes Leben war von der Sonnenidee getragen.

31. Der englische Schriftsteller Norman Douglas.

32. Gerhart Hauptmann (1862—1946) im Garten des Hotels Quisisana bei seinem letzten Aufenthalt auf der Insel (1938).

Wäre er länger in Capri geblieben, hätte er sie vielleicht besser in sich aufgenommen und darauf verzichtet, ihr philosophisch nachzugrübeln.
Ihm war die Sonne eine Verwandte, er besang sie in seinen Hauptwerken und betrachtete sich als ihren natürlichen Sohn. So wurde die „Rückkehr zur Sonne“ sein Ziel und seine Mission. Er fand kein Echo, obwohl er, seine Idee zu erläutern, 3300 wohlausgefeilte Verse verwendete. Aber die Epopöe *Nordlicht* ist von vollendeter Kunst und besitzt den Vorteil, daß sie von vorn nach hinten und von hinten nach vorn lesbar ist. An Stelle der Sonne erscheint der Geist, oder Gott, oder die ewige Liebe Christi. Man sieht den Mann, der seine erdhafte Herkunft vergißt, erkennt den Auftrag, dem er sich verschrieben, den Geist mit Gott und der ewigen Liebe zu vereinen. Seine ganze Dichtung war dem Sonnenmythos gewidmet.
Der Norden ist seine Zwangsvorstellung, sein Irrtum, vielleicht die Tragödie Däublers, eines Mannes, der aus innerstem Drang, aus Geschmack und Leidenschaft das Leben des Südens lebte, ohne es genießen zu können; vielleicht ist dieser Zwiespalt die Ursache des Schmerzes, der ihn verzehrte.
Seine Stimme ist ein verzweifelter Schrei, der kein Echo fand. Er selbst wurde im Dritten Reich mit einer gewissen Absicht vergessen. In Capri wird sein Andenken als Dichter und Prophet der Sonne hochgehalten.
In den dreißiger Jahren war Gerhart Hauptmann eine Berühmtheit geworden. Er war 1885 zum erstenmal in Capri, nachdem er sich vorher in Rom als Bildhauer niedergelassen hatte.
Schon bekannt wegen seiner sozialistischen Neigungen, wurde er von der deutschen Kolonie jener Zeit, die aus braven, ehrsamen, vor allem furchtsamen und vorsichtigen Bürgern des 19. Jahrhunderts bestand, gemieden. Keiner von ihnen ahnte, daß Hauptmann bald der Führer der naturalistischen Schule werden würde.
Nach Deutschland zurückgekehrt, das noch unter der Vorherrschaft der skandinavischen, französischen und russischen Literatur stand, widmete sich Hauptmann, fortgerissen vom revolutionären Elan seiner Muse, dem Theater, und nach dem Erfolg einiger seiner Dramen mit sozialem Hintergrund errang er mit seinem Stück *Die Weber* Weltruhm.
Ein Jahr nach diesem Erfolg erschien er mit seiner ersten Frau, Marie Thienemann, seinem Bruder Karl und einem Freund in Capri. Aber erst 1923 reifte der Eindruck dieses verzauberten Aufenthaltes so weit, daß er ihm in der *Blauen Blume* ergreifenden Ausdruck zu geben vermochte.
Als internationale Größe, wurde er nach der Verleihung des Nobelpreises auch in Deutschland gebührend anerkannt.

Die blaue Blume, eine Dichtung von höchster Harmonie der Sprache, gehört zu den zartesten und feinsten Werken des Dichters. Hier spricht nicht er ... es sprechen seine teuren Toten, die Gattin, der Bruder, der Freund. Die Schatten seiner Jugend erwachen und wecken längst vergessene Seligkeiten. Tage einer Jugend, die sie gemeinsam auf einer Insel im Meer genossen.

Doch um die Seele des Dichters war eine Leere entstanden, von der *Die blaue Blume* ergreifend Ausdruck gibt.

Fast achtzigjährig, vor dem zweiten Weltkrieg, hat er 1939 Capri zum letzten Male besucht.

XVI.

SLAWISCHE SEELEN

Die russische Kolonie revolutionärer Intellektueller scharte sich zu Beginn unseres Jahrhunderts um einen großen Geist, der sich als den Hauptvertreter der modernen russischen Literatur betrachten kann, um Maxim Gorski; er hatte einen Vorgänger in Turgenjew, dem ersten großen russischen Romanschriftsteller, der in Europa gelesen und bewundert wurde. Wenn auch ein undankbares Schicksal wollte, daß das eigene Land Turgenjew nicht entsprechend würdigte, und er von Tolstoi, Dostojewski und Nekrassow gehaßt wurde, so fand er doch in Frankreich in Flaubert und Maupassant warme Fürsprecher.

Er ließ sich daher in Frankreich nieder, flüchtete aber vor den Greueln des Deutsch-Französischen Krieges nach Berlin und schrieb von hier aus an Danilewski, den Autor historischer Romane, daß er nicht begreife, wie dieser sich habe einen Monat in Neapel aufhalten können, ohne Capri zu besuchen: — die Insel müsse ein Wunder sein, ein wahrer Tempel der Natur, die Verkörperung der Schönheit, und er hoffe, die neue Generation russischer Intellektueller werde sie bald zum Ziel ihrer Pilgerzüge machen. Vielleicht dachte er selbst an diese Zuflucht. Es muß hier daran erinnert werden, daß viele gebildete Russen die Insel vor Turgenjew besuchten, unter anderen Murawiew, der einen phantastischen Brief über die Blaue Grotte an den Erzbischof von Tarent, Capecelatro, schrieb, 1832 veröffentlicht in Neapel, worin er die Farbe der Grotte mit der Legende des Glaukos zu erklären sucht, ein Motiv, das sich immer wieder durch die Jahrhunderte wiederholt. Murawiew schreibt: „. . . je ne veux pas que cette grotte soit d'azur, mais de Glaucus, et j'affirme que c'est là que l'infortuné pêcheur est venu se réfugier après sa métamorphose . . ."

In den Briefen Haeckels, geschrieben im Albergo Pagano, finden sich einige Hinweise auf russische Maler. So auf den Marinemaler Ajwasowski, der von 1840 bis 1844 in Italien lebte. Er arbeitete begeistert in Capri, wo seine Kunst zum Verismus neigte und er Marinebilder malte, die ihm den Weg zur Berühmtheit ebneten. In der von ihm gegründeten großen Galerie in Feodosia finden sich viele Bilder aus Capri und Sorrent, wohin er gegen 1870 zog.

Er galt als vollendeter Naturalist, als getreuer Interpret und Illustrator seiner Heimat, der Krim. Aber auch er hatte das Geheimnis seines Faches, und wenn er ein Motiv malte, verließ er sich ausschließlich auf sein Gedächtnis; wenige Bleistiftstriche und Notizen genügten ihm. Er arbeitete sodann in seinem Atelier an den Bildern, die Publikum und Kritik als getreue Wiedergabe der Natur empfanden. In Capri jedoch, überwältigt von der Farbigkeit des Meeres und der Felsen, leuchtend in der Glut des Mittags, sah er sich Problemen des Lichtes gegenüber, die er aus der Vorstellung nicht bewältigen konnte, und entschloß sich, im Freien, vor der Natur zu malen. Diesmal warf ihm die Kritik unmögliche Lebhaftigkeit und Phantasiefarben vor und bedauerte, daß er vom gewohnten Naturalismus abgegangen sei.

Er und der Bildhauer Antokolski, bekannt geworden durch eine Kolossalstatue Iwans des Schrecklichen, wurden, nach Rußland heimgekehrt, begeisterte Schilderer der Schönheiten Capris. Sie regten den Gedanken an, dort ein „*Russki Dom*", ein Haus zu errichten, ausschließlich dazu bestimmt, russischen Intellektuellen Heimat und Unterkunft zu bieten, eine Art Akademie, aus öffentlichen Mitteln errichtet, für die sie eine staatliche Subvention zu erlangen hofften. Prinz Paul Trubetzkoi, einer der Hauptförderer dieser Idee, bemühte sich um die Zustimmung Zar Alexanders III., erntete aber eine glatte Abfuhr, da der Zar, durch Bismarcks Politik isoliert und Frankreich in die Arme getrieben, die Länder des Dreibundes nicht liebte und es als Zumutung empfand, eine Intellektuellenkolonie gründen zu sollen, wo „diese hassenswerten Nichtstuer" auf Staatskosten ein paradiesisches Leben führen würden.

Tatsächlich gab es schon einige russische Künstlerkolonien in Florenz und Rom, deren Haupt der russische Prinz Paul Petrowitsch Trubetzkoi, ein Bildhauer, der in Italien geboren, mit den Büsten Tolstois und d'Annunzios Unsterblichkeit erlangt hatte, wenn er auch der Bildner der häßlichen Reiterstatue Alexanders III. war — vielleicht eine Rache für die vom Zaren abgelehnte Gründung des *Russki Dom*.

Aus Rom, Florenz und Venedig kamen um 1900 einige der volkstümlichsten russischen Künstler nach Capri: die Brüder Swiedomski, Bakalowitsch, Bronnokow und Rizzoni, alles Maler; der Historiker Wolynski und die bekannten Schriftsteller Mordowtzow, Boborykin und Mereschkowski.

Hatten bis zum Russisch-Japanischen Krieg 1905 die durch die Revolution kompromittierten russischen Intellektuellen ihre Zuflucht in London, Paris, Lausanne und Genf gesucht, so wählten sie jetzt, vielleicht angeregt durch die begeisterten Schilderungen der Dichter und die leuchtenden Visionen der Maler, Capri zum Ziel. Zwischen den belasteten Häuptern der Insurrektion befand sich auch Maxim Gorki, dessen Ruhm die Grenzen seiner Heimat längst überschritten hatte. In seiner Begleitung befand sich die berühmte Schauspielerin Maria Feodorowna Gelabuschskaja — die Andrejewa, seine Gefährtin und seine Muse.

Als Maxim Gorki gezwungen wurde, zu emigrieren, dachte sie zuerst daran, den schriftstellerischen Ruhm ihres Freundes für eine Tournee durch Amerika auszuwerten, stieß sich aber an der Moral der amerikanischen Gastwirte und der Polizei New Yorks, die dem Paar, das im Standesamt nicht regelrecht eingetragen war, das Wohnrecht verweigerten. Als sie um die Gastfreundschaft Englands nachsuchte, war die Antwort so kühl, daß die beiden sich entschlossen, nach Italien zu gehen und das neue Refugium der russischen Enterbten auszusuchen.

Von der Aureole der Legende umwittert, kam Gorki nach Capri.

Er stammte aus einer wohlhabenden Kleinbürgerfamilie und begann, als er Waise wurde, zu vagabundieren. Nomade aus Instinkt, verdankte er der Manie des Herumstreifens, die ihn zwang, viele Berufe verschiedenster Art zu ergreifen, sie immer wieder aufzugeben und sich neuen Abenteuern zuzuwenden, das meiste Material für sein Werk, und sein Pseudonym — *der Bittere* — ist bezeichnend für seine Erfahrungen. Übrigens erzählte man sich in Capri, er und eine andere künftige Größe, Schaljapin, wären auf Suche nach Arbeit, im Kaukasus von einer Operettengesellschaft engagiert, gezwungen worden, aufzutreten und zwar: Gorki als Baß und der später so berühmte Baß als Tenor.

Auf Betreiben der bedeutendsten Männer der italienischen Sozialdemokratischen Partei wurde Gorki mit allen Ehren und aller Sympathie empfangen, die Italien immer großen Geistern zollt. Man wollte jedoch eine Märtyrerlegende um den großen Dichter schaffen, der, in der Literatur schon so bedeutend, ihrer gar nicht bedurfte. Es hieß, daß er, ein politisch Verfolgter, in Rußland seinem Schicksal nur durch ein Wunder entgangen sei, ein Wunder, vollbracht durch den Zauber, die Kunst und die Leidenschaft einer reizvollen Frau — der Andrejewa. Die große Künstlerin sollte, um ihn zu retten, die Tage bei ihm in der Peter-Pauls-Festung zugebracht, ihre Nächte jedoch dem Großherzog Wladimir geopfert haben, um die Freiheit ihres Freundes zu erlangen. Eine sentimentale Erfindung, zum Teil Maria Feodorowna zuzuschreiben und später vom Dichter abgeleugnet.

Jedenfalls aber fand Gorki hier das geistige Klima, dessen er bedurfte, und eine Landschaft, die seiner durch ein Lungenleiden gefährdeten Gesundheit rasche Besserung brachte. Die Gesellschaft war außerordentlich kosmopolitisch und umschloß nicht nur den Großherzog von Hessen, den Prinzen von Schaumburg-Lippe und irgendeinen Reuß, von dem niemand wußte, der wievielte er war, sondern Menschen von hohem künstlerischem und wissenschaftlichem Niveau, Generale und Obersten, die im ersten Weltkrieg berühmt wurden.

Auch Rilke zeigte sich manchmal im Café, aber nur, um verächtlich auf das ganze Treiben zu blicken.

Um die deutsche Vorherrschaft etwas zu mildern, erschien irgendein überlebender Künstler oder Schriftsteller der englischen und französischen Kolonie oder sonst ein berühmter Fremder, der hier nach Eingebungen suchte. Aus Neapel meldeten sich Roberto Bracco, Scarfoglio, Donaudy und Casciaro. Wie ein Vorspiel zur revolutionären Predigt, die von den Russen im *Kater Hiddigeigei* losgelassen wurde, wütete der indianische Rebell Kundan Lall.

In diesen Kreis geriet Gorki mit der Gruppe seiner Jünger, unter ihnen auch Schaljapin; doch schlossen sich die Russen bald zu einem kleinen Hof um die Andrejewa zusammen. Entflammte der große Schriftsteller, der revolutionäre Idealist Tolstoischer Prägung alle der Revolte geneigten Seelen, so zog ein anderer Gorki, der alte Mitarbeiter der *Znanie* (was so viel bedeutet wie Kenntnisse), der vor dem Krieg eine wichtige und einflußreiche Stellung im Verlagswesen bekleidet hatte, Literaten, Philosophen, Historiker und Künstler nach Capri. Fern von Rußland, in einem Klima absoluter geistiger Freiheit, begannen sie, dem marxistischen Sozialismus, dessen Verwirklichung Lenin und Trotzki in der Schweiz vorbereiteten, zu erliegen.

Gorki hatte, kurz bevor er nach Capri kam, mit der alten, überlebten *Intelligenzija* gebrochen und verfolgte nun mit dem mächtigen Roman *Die Mutter* proletarische Tendenzen, die ihn zum Idol aller Werktätigen machten. Alle die von der neuen Lehre Erlösung erhofften, richteten ihre Blicke nach dem Zufluchtsort des Dichters, und bald begannen sie, einzeln und in kleinen Gruppen von Rußland nach der Insel zu strömen, um die neue Verkündigung aus dem Mund des Propheten zu empfangen. Die italienische Regierung, anfangs besorgt wegen des Zustroms so vieler revolutionärer Elemente, überzeugte sich bald, daß sie kein politisches Faktum darstellten, sondern nur ein wirtschaftliches, das zu lösen Gorki sich mühte, denn er bezahlte ihre Schulden in den kleinen Osterien und beherbergte sie, wenn sie keinen Kredit mehr hatten.

Gorkis große Gastfreundschaft wurde ermöglicht durch die grenzenlose Großmut des braven Constantin Piatnitzki, der seine ganze Kraft und die Einnahmen seines gutgehenden Verlagshauses dem bewunderten Freund Gorki zur Verfügung stellte. Gorki schrieb ihm dankbar: „Du bemerkst die Last gar nicht, so gütig bist Du!" Selbst litt er schwer unter der Last der Launen seiner Freundin. So war es auch möglich, daß sich eine zweite Legende um ihn bildete, und zwar die einer luxuriösen Lebensführung, pantagruelischer Gastereien und der prachtvollen Wohnung, die Gorki nie besaß. Denn er hauste anfangs in einer kleinen bescheidenen Villa auf der Höhe des Castiglione, mietete dann die wohl geräumigere, aber weit weni-

ger schöne Villa Behring, als „das rote Haus“ bekannt, weil sie zum Sitz der berühmten „Schule“ wurde, die recht konkret revolutionär war, und weil dort so etwas wie das erste Revolutionstribunal tagte, dessen Historie Piatnitzki in Umlauf gesetzt hat, ein allerdings fast scherzhaftes Gericht, bei dem es folgendermaßen zuging:
Schaljapin, im Licht seiner ersten Triumphe, von den Revolutionären angeklagt, vor dem Zaren im kaiserlichen Theater in Petersburg, wo er den Boris Godunow gesungen hatte, das Knie gebeugt zu haben, sollte sich nun dieses „Verrates“ wegen, begangen an der gemeinsamen Sache, vor einem improvisierten Volksgericht verteidigen. Gorki hatte über den Freund abzuurteilen. Überflüssig anzuführen, daß der Prozeß, nach einer bewegten Verteidigungsrede Gorkis, in einer verzauberten Vollmondnacht mit vollstem Freispruch endete und daß in dieser Nacht die Klippen vom Gesang des berühmten Basses zitterten.
Gorki blieb, ein unbestechlicher Revolutionär fern vom zahmen Umstürzlertum der liberalisierenden Volksmänner, so russisch er war, doch aus Instinkt und Temperament ein Universalgenie, der Dichter der Enterbten aller Welt. Der Verleger Piatnitzki verdaute in Rußland fast seine ganze Produktion — Romane, Novellen, kritische Essays, Biographien, Theaterstücke, alle zwischen 1907 und 1913 in Capri entstanden, und was in Rußland nicht publiziert werden konnte, wurde von Berlin aus auf den Weltmarkt gebracht. Seine Menschlichkeit erklärt den großen Allgemeinerfolg. Sie entfremdete ihn auch den werktätigen Sozialisten, die mitleidslos so viele ethische, ästhetische und kulturelle Werte, die Gorki ans Herz gewachsen waren, zerstörten. Doch es scheint das Schicksal aller Welterneuerer zu sein, daß die Taten, die sie erzeugen, ihre verkündeten Ideen weit überschreiten. Revolutionen lassen sich nicht mit Seidenhandschuhen machen, noch viel weniger mit humanen Idealen, und es ist wohl das Schicksal der Menschheit, daß sie vor der Erlösung massakriert wird.
Es war der Andrejewa gelungen, nicht nur die Überlegenheit und das Ansehen ihres Freundes über die anderen Emigranten zu befestigen, sondern auch ihre eigene Herrschaft über ihn. Sie wollte ihren Teil an seiner Glorie, war ihm aber andrerseits durch ihre Ergebenheit, ihre Schönheit und ihren Humor unentbehrlich geworden. Sie erleichterte ihm, der das Italienische nie erlernte, den Verkehr mit Land und Leuten, erfüllte ihre Hofhaltung mit Sang und Klang und munteren Scherzen und unterhielt den Hausherrn und seine Gäste.
Als nun die Insel zum Zentrum der Partei werden sollte, fanden sich viele einflußreiche Mitglieder hier ein. Unter anderen wurde auch ein politisch Verfolgter erwartet, ein gefährlicher Emigrant, hinter dem nicht nur die russische Polizei her war. Er hatte in Österreich, Deutschland, Dänemark und Schweden an sozialisti-

schen Kongressen teilgenommen und kam nach Capri, um sich den Nachstellungen der internationalen Überwachung zu entziehen.
Nun gehörte zu Maria Feodorownas Hof ein Guitarrenspieler, Adolfo Schiano, ein Meister auf der Mandoline und unentbehrlich als Musikant bei ihren Festen, dessen Variationen Schubertscher Lieder den Hausherrn stets zu Tränen rührten. Schiano war plötzlich zu den Waffen einberufen worden, und Maria Feodorowna mußte trachten, sich bei dem Fest, das sie dem neuen Gast zu Ehren gab, ohne ihn zu behelfen. — Man wollte sich eben zu Tisch setzen, als es an der Haustür klingelte und Maria Feodorowna, herausgerufen, sich einem wilden Krieger gegenübersah — Adolfo Schiano in der Uniform eines Grenadiers, der sie während eines kurzen Urlaubs besuchen wollte. Die Andrejewa hatte einen teuflischen Einfall. Sie nahm ein Blatt und schrieb deutlich den Namen des russischen Emigranten hin:
„Adolfo, Sie müssen mir helfen! Sie werden meinen Gast verhaften, zum Scherz, versteht sich! Tun Sie, als wollten Sie ihn gefangen nehmen! Falten Sie das Blatt auseinander und lesen Sie einen Haftbefehl vor — er versteht kein Wort italienisch —, nur seinen Namen sprechen Sie klar und deutlich aus!" — und sie ließ ihn den Namen zwei-, dreimal aussprechen. In den Speisesaal zurückgekehrt, flüsterte sie dem Gast ins Ohr: „Sie werden gesucht! — Polizei!"
Adolfo zeigte sich der Lage gewachsen. Er begann ruhig und gefaßt: „Im Namen des Gesetzes —"
Schluchzend übersetzte Maria Feodorowna. Endlich legte der falsche Polizist dem Emigranten die Hand auf die Schulter, um ihn festzunehmen, und als der verschreckte Revolutionär fragte: „Ist wirklich kein Irrtum möglich?" nahm er das Papier auseinander und begann langsam und umständlich den schwierigen Namen des Fremden zu buchstabieren — Wladimir Iljitsch Uljanow — stotterte und brach in Gelächter aus. Und die Andrejewa, die über Lenins Verhaftung eben noch geweint hatte, lachte zwischen ihren Tränen. Lenin aber, der den Scherz verstand, ließ jenes schallende Lachen hören, dessen sich die Inselbewohner noch lange erinnerten.
An Lenins Gelächter erinnert auch Gorki in einem 1924 französisch erschienenen Büchlein, *Lenin et le paysan russe.*
Lenin verfügte über eine Anziehungskraft, die ihm sofort die Sympathien des Volkes schenkte. Obwohl er kein Italienisch konnte, unterhielt er sich doch oft mit Fischern, Bauern und Kutschern, die es verstanden, ihm mit ihrer plastischen Mimik ihre Scherze begreiflich zu machen und sein Gelächter hervorzurufen.
Eines der Orakel Maxim Gorkis war der alte Fischer Spadaro, dessen Urteil über Lenin in die Geschichte eingehen sollte: „Nur ein braver Mann kann auf diese Weise lachen!"

33. Maxim Gorki. Zeichnung von Ottmar Begas.

34. Die Villa San Michele, Wohnsitz Axel Munthes.

Er hielt ihn jedoch für etwas schwer von Begriff, denn es gelang ihm nicht, Lenin klarzumachen, daß der Fisch, ehe er zubeißt, gleichsam vorkostend, zwei-, dreimal nach der Angel schnappt, als wolle er sich klingelnd anmelden: so — Drin, Drin! Aber die Fische, gewohnt, von Italienern geangelt zu werden, wollten einem Russen nicht auf den Leim gehen, bis Lenin eines Tages das Zupfen fühlte, zwei-, dreimal; er riß an der Angel und zog den schönsten Fisch heraus. Als er ihn aus dem Wasser gleiten sah, rief er begeistert: „Drin, Drin!" und brach in sein gewohntes Gelächter aus. Die Fischer nannten ihn jetzt nur noch *signor Drin Drin!*

Wie Gorki liebte er Volk und Fischer, obwohl er sich nicht mit ihnen verständigen konnte. Doch stößt man in den Erinnerungen Gorkis immer wieder auf patriotische Ausbrüche des großen Internationalisten; so, als beide einigen Fischern zusahen, die vorsichtig ein von einem Haifisch zerrissenes und verfilztes Netz wendeten und entwirrten: „Bei uns arbeitet man rascher!" sagte Lenin. Und als Gorki an der Tatsache zweifelte: „Sie scheinen Rußland zu vergessen, weil Sie in diesem alten Stiefel leben!" — Oder, als Lenin und Desnitzky durch Deutschland fuhren, um nach Rußland zurückzukehren, zeigten sie, in einer Biographie Dürers blätternd, diese ihrer deutschen Begleitung, die den Namen des Künstlers nie gehört hatte. Lenin bemerkte verächtlich: „Sie kennen die ihren nicht, wir aber kennen sie."

Zwischen den Erinnerungen Gorkis, die sich auf die Insel beziehen, gibt es Hinweise auf die Vielseitigkeit Lenins, der mit derselben Begeisterung Schach spielte, stundenlang diskutierte oder mit der Angel fischte und ebenso gerne laut lachte, wie Gorki sich zu Tränen rühren ließ.

Um 1907 entwickelte Gorki neben seiner literarischen eine große politische Tätigkeit, und es zeigten sich die ersten Zeichen des Abweichens in den Methoden, wenn nicht in den Prinzipien, die für die weiteren Beziehungen zwischen den revolutionären Führern ausschlaggebend waren: Lenin, nach den Worten Gorkis die vollkommenste Verkörperung des auf ein Ziel gerichteten Willens, das vor ihm praktisch niemand anzupacken gewagt hätte, fühlte sich berufen, Bakunins Gedanken in die Tat umzusetzen; Gorki, von geistiger Glut entzündet, Autor der hochstehenden proletarischen Literatur, glaubte als Direktor der *Znanie*, es müsse das erste Ziel einer Revolution sein, Möglichkeiten zu schaffen, die geeignet sind, die kulturelle Kraft der Masse zu heben.

Noch war es allerdings weder zu Zwist noch zu Entfremdung gekommen, und da Capri als Zentrum der zu schaffenden Propaganda immer mehr an Einfluß gewann, wurde 1908 beschlossen, die Leitung der sozialistischen Partei hierher zu verlegen.

Als Meinungsverschiedenheiten in der Partei auftraten, wurde der Gedanke, Capri zu ihrem Zentrum zu machen, aufgegeben. Nun dachte Gorki daran, eine Schule für Arbeiter zu gründen, die geistig darauf vorbereitet werden sollten, den ehrlichen intellektuellen Revolutionären beizustehen. Es wird behauptet, ein exzentrischer russischer Millionär, vielleicht Morosow, habe die Mittel zu dieser Schule beigestellt: *Schule der revolutionären Technik für die wissenschaftliche Vorbereitung der Propagandisten des russischen Sozialismus*, errichtet im *Roten Haus* und Vorbild für die *Freie Vereinigung für Entwicklung und Propaganda der positiven Wissenschaften*, welche nach der Revolution von 1917 in Moskau gegründet wurde.

Die Fakultät für Literatur und Revolution in Capri besaß einen außergewöhnlichen Lehrkörper: Direktoren — Gorki und Lenin, später Lunatscharski; als Lehrer die hervorragendsten Persönlichkeiten der Partei, zwischen ihnen den Philosophen Bogdanow, Plekanow, Alexinsky, Vera Zadulitsch, Surgiow, Ladiznikow . . .

Nicht weniger erstaunlich die Studenten: Handwerker, Lehrer und selbst Agenten der Okhrana, der Geheimpolizei des Zaren!

Anfangs mit großem Eifer betrieben, erregte sie das Mißfallen eines Schulinspektors, der den Ideen Gorkis nicht beipflichtete, eines gewissen Josip Dschugaschwili, den sie Zozo, den Georgier, nannten und der fürchtete, es würde zu viel Literatur in Capri getrieben und die Schule nicht ganz mit den orthodoxen Lehren des atheistischen Materialismus im Einklang gehalten.

Das Klima der Insel verweichliche die Menschen, behauptete Zozo, der ein harter Mann war und sich später „der Stählerne" nannte — Stalin.

So wurde die Schule in Capri aufgelöst und versucht, sie in San Remo neu zu errichten; doch war ein Same gelegt worden, der Jahre später Früchte tragen sollte.

Gorki jedoch, der die schönen Mondnächte liebte, führte, nachdem die Schule im Roten Haus geschlossen worden war, im Freien Lehrgänge über revolutionäre Technik weiter und versammelte Freunde und Schüler um sich. Versammlungsort war der Platz vor dem Kirchlein von San Andrea an der Piccola Marina, unter der *Pensione delle Sirene*, und man beschwor dort die Sonne der Zukunft, während der Aufgang der Sonne erwartet wurde, die allen Zeiten angehört und das Glück aller Menschen ist.

Nach den Erklärungen der marxistischen Doktrin folgten musikalische Unterhaltungen, russische Chöre, und manchmal sang Schaljapin. Dann erschienen die Gäste der benachbarten Herbergen, rasch die steilen Stiegen hinabsteigend, gegen morgen kamen Fischer und Matrosen von den nächtlichen Fischzügen. Nun wurde es eine richtige Internationale, und zum Wolgalied mischte sich das Funiculì-

Funiculà, erklang die pathetische Loreley, zerrissen von den Rhythmen des Yankee-Doodle.

Die Amnestie von 1913, gewährt zum dreihundertjährigen Bestand der Dynastie Romanow, gab den meisten russischen Exilierten Gelegenheit, in die Heimat zurückzukehren, und so löste sich die russische Kolonie in Capri auf.

An den Anteil, den Maxim Gorki an der Revolution von 1917 hatte, erinnert die Elegie, die er 1924 seinem großen Freunde Lenin widmete, von dem ihn nur Fragen des Gefühls getrennt hatten.

Das Mitleid mit der leidenden Kreatur, das Gorkis ganzes Werk erfüllt, widersprach dem absoluten Gleichmut des Revolutionsführers, der nichts war als ein kühl abwägender Politiker. Gorki, ein Künstler von Weltformat, hatte andere Ansichten in allen Fragen des Lebens als Lenin, der Mann der Tat, ein Allrusse von beschränkter Bildung.

Gorki warf dem Freund Grausamkeit in der Handhabung der revolutionären Mittel vor, und Lenin antwortete gereizt: „Kann man menschlich sein in einem so erbitterten Handgemenge?"

Ununterbrochen vermittelte Gorki, um Greuel zu hintertreiben, Menschenleben zu retten. Doch er beichtet: „Mein Einschreiten erreichte nur ein Gefühl von Mitleid und von Verachtung für meine Person. Lenin fragte mich: Haben Sie nicht den Eindruck, sich um lächerliche Kleinigkeiten zu kümmern? —"

Ein trauriges Schicksal zwang Gorki, der die Welt von allen Leiden befreien wollte, den größten Leiden der Menschheit hilflos zusehen zu müssen. Apostel der Kultur, Führer der Intelligenz, Sammler der Kräfte, die er für nötig hielt, den noch wilden Muschik und den vom Wodka vertierten Arbeiter zu befreien, mußte er dem Untergang so vieler Gebildeter zusehen, die er gerne für die Sache der Revolution gewonnen hätte.

In Capri organisierte und leitete er mit Lunatscharski Gruppen von Arbeitern und Lehrern, von kulturhungriger Jugend, zeigte ihnen Ausgrabungen und Kunstgalerien ... heimgekehrt, als sich sein Traum der Befreiung durch die Revolution erfüllt und in der Sowjet-Republik verwirklicht hatte, war er gezwungen, der Zerstörung vieler Kunstwerke beizuwohnen, nur weil sie bürgerlicher Herkunft waren. Seine Erinnerungen aus dieser Zeit sind voller Trauer. Als 1919 in Petersburg die Veteranen der Revolution tagten, wurden einige Hundert im Palast des Zaren untergebracht. Nach ihrer Abreise fanden sich die Sêvres-Vasen, Dresdner und orientalisches Porzellan zerschlagen und beschmutzt. Gorki bemerkt: „Dieses grausame Bedürfnis, Gegenstände von außergewöhnlicher Schönheit zu zerstören, stammt aus dem gemeinen Bedürfnis, den Menschen, der sich über das Gewöhnliche erhebt, herabzusetzen."

Zur Enttäuschung in der Heimat gesellte sich der Kummer, in Italien mißverstanden, ja beschuldigt zu werden, die Gastfreundschaft mit schnödem Undank vergolten zu haben. Er aber, mit dem bolschewistischen Regime noch nicht versöhnt, sehnte sich mehr denn je nach Italien. Die Bitterkeit der Meinungsverschiedenheiten mit Lenin abschwächend, schrieb er: „Von 1917–1921 waren meine Beziehungen weit davon entfernt, so zu sein, wie ich es gewünscht hätte, aber es konnte leider nicht anders sein."

Als sein Gesundheitszustand sich verschlechterte, riet ihm Lenin, abzureisen. Am 9. August 1921 schrieb Lenin an Gorki:

„... ich bin müde, so müde, daß ich überhaupt nichts mehr tun kann. Und Sie, der Sie Blut spucken und noch bleiben! Ich versichere, Ihr Bleiben ist weder gewissenhaft noch vernünftig. Bei uns gibt es keine Möglichkeit zu Genesung und nützlicher Tätigkeit, ... nichts als Aufregung, leere Agitation. Reisen Sie. Heilen Sie sich. Seien Sie nicht eigensinnig, ich bitte Sie. Ihr Lenin."

Nun reiste Gorki wirklich und ließ sich 1922 in der Nähe von Sorrent nieder.

Seine Beziehungen zu Maria Feodorowna waren abgebrochen. Der großen Künstlerin war, als sie nach Rußland heimkehrte, die Aufsicht über die Kronjuwelen anvertraut worden!

Erst 1928, mit der Partei versöhnt, kehrte Gorki nach Rußland zurück, und die Heimat ehrte ihn und verlieh seiner Geburtsstadt, Nischnij-Nowgorod, den Namen ihres größten Sohnes: Gorki.

XVII.

MUNTHIANA

Die Vorsehung oder was für sie genommen wird, bewirkt, daß in einem gewissen Augenblick der Geschichte der Mann des Schicksals für jedes Land erscheint: Napoleon oder Lenin, Churchill oder Mussolini.

Als in Capri die Fremdenindustrie am Absterben war, tauchte Axel Munthe auf, sozusagen die Vorsehung für die Gastwirte, das fleischgewordene Wort des Tourismus. Daß der Mensch in Munthe vom Schriftsteller erschlagen wurde, ist eine Tragödie für sich — persönliche Größe, verdunkelt von schriftstellerischem Ruhm. Es gibt einen Arzt Munthe, den die Menge der Leser von *San Michele* nicht kennt. Der Leser, besonders die Leserinnen und vor allem solche mit empfindsamer Seele, denken bei seinem Namen sofort an Tierschutzvereine, und in Capri angekommen und auf die Eselin Rosina gesetzt, steigen sie ab und gehen zu Fuß, um das Tier nicht zu ermüden, von dem sie gehört haben, daß es alt ist. Gedankenlose Nachahmer, geben sie ihrem Mitgefühl in einer Weise Ausdruck, die geeignet ist, blutige Instinkte zu wecken.

Nun gibt es glücklicherweise außer dem Autor von *San Michele* noch den Mann der Tat und die dunkle romantische Heimat des Doktors. *San Michele* ist eine ganze Geschichte, Material eines selbsterlebten Romans, fesselnder als ein solcher, weil er echter ist als jedes erdachte Erlebnis, unterhaltend besonders, wenn der Autor berichtet. Um Munthe zum Sprechen zu bringen, mußte man seine Technik kennen und selbst eine Technik entwickeln, die zu der seinen paßte, mit einem Wort: eine Art Spiel erlernen und sich an die Spielregeln halten.

Während der langen Aufenthalte des Doktor Munthe in Anacapri war es schwer, Zugang zum Turm der Materita zu erlangen, besonders wenn man zeigte, daß einem viel daran lag. Wer es verlangte, wurde abgewiesen; wer eingeladen war, mußte sofort entschieden ablehnen. Dann erfolgte eine genaue Abmachung für die und die Stunde, die er im letzten Augenblick in eine Einladung zum Tee umwandelte.

Wehe dem, der pünktlich war: er fand das Eingangsgitter verschlossen und von zwei riesigen Doggen bewacht. Zu schellen wäre überflüssig gewesen, niemand hätte geöffnet.

Wer so vorsichtig war zu spät zu kommen, dem öffnete sich das Tor wie durch Zauberei, die Doggen wedelten freundlichst, und irgendwo erschien der Doktor, im Begriff, einen Spaziergang zu machen, der, sehr erstaunt einen Besuch vorzufinden, mehrmals versicherte, von einer Abmachung nichts zu wissen, jedoch sofort bereitwillig umkehrte, um seine Gäste zu empfangen. Sein erstes Wort war: „Sprechen Sie mir nicht von diesem Buch!"

Er meinte die Geschichte von San Michele. Es wäre jedoch sehr falsch gewesen, nicht darüber zu sprechen. Er begann selbst sofort davon: gerade an diesem Morgen habe er die letzte Übersetzung, sagen wir in das Grönländische, erhalten. Die Verbreitung des Buches in der Arktis erreiche hyperbolische Ziffern.

War das Gespräch auf diese Weise eingeleitet, schlug Munthe einen Rundgang um den Besitz vor.

Der Gang begann im Eichenwäldchen. Munthe hatte die Bäumchen alle selbst aus der Eichel gezogen ohne Aussicht, sie einmal als ausgewachsene Bäume zu sehen, denn Eichen brauchen zu ihrer Entwicklung fünfzig Jahre und mehr! Doch, was tuts? „Il faut avoir foi dans la vie!" hatte Elisabeth von Österreich gesagt, als sie ihm die Baumschule der Platanen in Schönbrunn zeigte, die sie hatte anlegen lassen. — Was für Erinnerungen — hélas! — Elisabeth, Rudolf, die Vetsera — er hatte sie gewarnt!

Nach dieser kleinen Abschweifung schwieg er in Gedanken versunken. Es war rührend, ihn in dieses Wäldchen zarter Eichen eindringen zu sehen, auf einen Pfad, den er in Voraussicht der Blindheit, die ihn erwartete, mit Ziegeln hatte auslegen lassen. Schon begann seine Sehkraft nachzulassen, und doch erkannte er jede einzelne seiner geliebten Pflanzen: „Man muß an das Leben glauben, solange es Pflanzen gibt, die wir lieben!"

Unnötig, Menschen zu lieben! Unnütz, Hunde zu lieben! Sie sterben! Und die Frauen? — Pfui Teufel! — Besser, man sprach von Hunden. Er wiederholte: „Hunde sterben! Sehen Sie!" Und er führte uns auf das Privatfriedhöfchen der Materita und zeigte auf die Warnung auf der Schwelle: *Cave hominem!*

Am Eingang liegt das Grab Mopsies, der von Behring irrtümlich mit Diphtherieserum geimpften kleinen Hündin, die im Institut Pasteur in Metschnikovs Armen an Tollwut gestorben war. Unter einem andern Grabstein in der Nähe ruhen die Knochen Gauls, des Mastiffs, der den ganzen ersten Weltkrieg beim Roten Kreuz mitgemacht hatte. Munthe fragte nebenher: „Haben Sie *Red Cross and Iron Cross* gelesen? — Unterlassen Sie es, es ist kein Buch für Sie."

Wie intelligent dieser Gaul war! Das Wort „Boche" genügte, damit er sich die

Lefzen leckte. Wieviel Hunde und vor allem Hündinnen auf dem kleinen Friedhof! Doch Munthe wollte auf keine weiteren Erinnerungen eingehen und drängte den Gast dem Turm zu. Hier fand er sich im Vestibül vor dem Tisch der Tabatièren. Der Besucher, gewarnt, hielt sich an die Etikette, die für diese Gelegenheit vorgeschrieben war: er nahm eine Tabatière, sagen wir die goldene mit dem N, über dem die Krone der Romanows prangte, in die Hand. Der Doktor bemerkte stirnrunzelnd: „blutig!" und es genügte, um begreiflich zu machen, daß die Tabatière nach der Ermordung in Jekaterinenburg bei Nikolaus II. gefunden worden war. Jedenfalls wäre ein Adelskalender nötig gewesen, um alle die Reliquien zu identifizieren. Der Doktor aber liebte es nicht, über das Leben der gekrönten Häupter zu sprechen. Ihm lag das Wohlbefinden der Tiere am Herzen.
Das rote Kärtchen, in die erste Auflage des berühmten Buches geklebt, gab bekannt, der Autor habe auf seine Rechte zugunsten der Pferde von Neapel verzichtet — nicht zugunsten der Pferde der neapolitanischen Aristokraten, versteht sich, auch nicht der majestätischen Rappen der *Pompes funèbres,* die kein Toter der Welt für sich in Anspruch nehmen kann, außer er ist ein reicher Neapolitaner.

Der Besucher also, der wußte, daß Munthes Wohltätigkeit den Rosinanten der Vetturini galt, konnte das Gespräch sofort in folgender Weise beginnen:
„Ja, — die Pferde von Neapel!"
Diese Anregung genügte.
„Von Neapel? — Alle Pferde! Alle Pferde wissen und verstehen: — fragen Sie Pasquariello! Er war mein Kutscher und der Hauptkamorrist des Stadtviertels der ‚Vicaria'. Er ist tot. Aber als ich das erstemal nach Neapel kam, bat ich mir, kaum in seinen Wagen gestiegen, die Peitsche aus und fragte nach ihrem Preis. ‚Fünf Lire', antwortete er. Ich gab ihm zehn und zerbrach den Stiel. Das Pferd blieb sofort stehen, und es gab kein Mittel mehr, es in Trab zu bringen.
‚Sehen Sie?', sagte Pasquariello, ‚so gescheit ist der Galloppino! Er versteht nur die Peitsche. Aber jetzt bring ich ihn in Trab! — Weiter, Galoppino!' — und er wollte ihm einen Fußtritt geben.
Ich faßte Pasqueriello am Kragen und hielt ihm den Revolver vor die Nase.
‚Bestie! Behandle dein Tier freundlich, oder ich schieße!'
Pasquariello begann die ersten Takte des Santa Lucia zu singen: ‚Sul mare lucica', und das Pferd fiel in Galopp und blieb erst vor dem Hotel Santa Lucia stehen — so gut hatte es verstanden.
Ich verpflichtete den Kutscher monatlich. Doch am Ende der Epidemie, die mich nach Neapel gerufen hatte, meldete ich ihm eines Tages: ‚Pasquariello, die Cholera ist aus!'

‚Schade!' sagte er, als wüßte er, daß er mich damit verlor. Doch ich tröstete ihn: ‚In einer Stadt, die ein Kanalisationssystem hat wie Neapel, eine Anhäufung von Menschen in den *Bassi*, wenig Nahrung und viel Elend, erlischt die Hoffnung auf Cholera oder Beulenpest nie. Wir sehen uns wieder!' "

Das Hinterland von San Michele, das sogenannte *Santuario* ist der anziehendste Teil des Besitzes.

Man muß sich an die amerikanische Bezeichnung halten und nicht an Tempel denken, sondern an *Sanctuary*, im Sinn der anglikanischen Asylaktion — Zuflucht, Ort des Schutzes, wenn man den Namen auf den Tafeln liest, die rund um den mit Stacheldraht eingezäunten Hügel angebracht sind. Man muß das *Buch von San Michele* durchblättern, um zu wissen, daß es sich um ein Heiligtum der Vögel handelt, ein Konzentrationslager der Wachteln, nach denen die Italiener immer so gierig sind, die im Quirinal gefüllt gegessen wurden und unter denen der Papst, wie Munthe berichtet, ein Gemetzel in den Vatikanischen Gärten anrichten ließ. Doch wer Munthe zum Sprechen bringen wollte, mußte weite Umwege unternehmen, zum Beispiel die letzte Ausgabe seines Buches erwähnen, die chinesische. Er hörte aufmerksam zu, um plötzlich zu unterbrechen:

„Man muß unbedingt etwas unternehmen, um sie zu beschränken!"

„Was? — Die chinesische Ausgabe?"

„Aber nein, — die Wachteljagd!"

Da muß man ihm erklären, daß für die Wachteln in Capri seit unvordenklichen Zeiten alles getan würde, selbst die Römer unter Tiberius ein Gesetz *Lex transitus coturnicum* erlassen hatten, wonach die Wachteln gezwungen wurden, zweimal jährlich über die Insel zu fliegen; daß es einen Bischof der Wachteln gegeben habe; daß die Insulaner außer den Wachteln auch Finken, Kohlmeisen und Lerchen nicht verachten.

„Und die Schwäne?" fragte Munthe plötzlich.

„Sie kommen möglicherweise nicht nach Capri, weil die Italiener keine Schwäne essen. Vielleicht wissen die Vögel ebenso wie die Pferde . . ."

„Gewiß wissen sie. Sie kennen mich sogar, und wenn ich in arktische Regionen komme, bin ich sofort von Schwänen umgeben. Sie fressen mir aus der Hand. Der arme Vogel weiß, daß er zu einer Gattung gehört, die im Aussterben ist, beschleunigt durch die Grausamkeit und Gefräßigkeit der Menschen, denn die Eskimos sind von diesem Gesichtspunkt aus noch ärger als die Italiener — sie essen Schwäne!"

Jetzt konnte man Munthe endlich lebhaft von all den Unternehmen sprechen hören, die er ins Leben rufen wollte, um den verfolgten Kreaturen der Schöpfung zu helfen. Wie er an eine Insel gedacht hatte, um daraus ein Schutzgebiet für Schwäne

zu machen. Wie er — doch während des Redens gerieten seine Erinnerungen durcheinander. Er erzählte: in der Arktis waren die Preise der Inseln bis an die Sterne gestiegen. So hatte er an die Doggerbank gedacht.
„Würden die Schwäne dort nicht ertrinken?" fragte der Besucher.
„Wer spricht denn von Schwänen?" antwortete der Doktor. „Ich mußte sie sich selbst überlassen und an Heringe denken. Unter ihnen waren entsetzliche Verheerungen angerichtet worden, und die Doggerbank wäre für sie so geeignet gewesen. Aber würden Sie es glauben? Die fortgeschrittensten Nationen — England, Schweden und Holland — die sich über die Greuel der Vogeljagd in Italien entsetzten, fanden den Heringsfang auf der Doggerbank selbstverständlich! Unmöglich, sie zu erwerben! Aber die Rechte meines Buches mußten doch ausgenutzt werden! — Ich interessierte mich also für das Los des Lachses und hatte den Golf von Alaska im Auge. Nun, auch die Vereinigten Staaten wollten nichts von einem Verkauf wissen, und als ich aus den Bänken vor Neufundland ein Refugium des Kabeljau schaffen wollte, weigerte sich England. — So fiel mir das Mittelmeer ein. Ein wunderbares Asyl! — Hat sich schon jemand gefragt, was aus den Walen werden soll, wenn sich niemand beizeiten ihrer annimmt? Sie werden in allen Meeren schonungslos gejagt. Wie lange werden sie den modernen Mitteln widerstehen, den Harpunen mit den hochexplosiven Patronen? Das Aussterben des Wales wird eines der ärgsten Verbrechen der Menschheit sein, die schon so viele auf dem Gewissen hat!"
So waren alle seine Rettungspläne zusammengebrochen, bis es dem Doktor endlich gelang, den Zufluchtsort der Zugvögel in Capri zu schaffen. Im Prinzip wurde diese Schöpfung — ein von Stacheldraht umzäunter Berghang — ein Anziehungspunkt mehr für die Besucher von San Michele, bald aber eine Hilfsquelle für die ganze Insel. Daß Vögel verstehen — sie kamen von allen Seiten —, ist selbstverständlich. Aber auch die Insulaner, diese Liebhaber der Jagd, verstanden, denn man findet hier nicht nur Wachteln und Schnepfen auf der Durchreise; Tauben girren in den Berghängen, im niederen Gestrüpp beim Castello Barbarossa nisten Amseln und Drosseln, gierig nach Wachholderbeeren, Feigenfresser und Turteltauben feiern Hochzeit — es ist ein wahres Paradies für Jäger.
Doch Munthe erschöpfte sich nicht nur in Zoophilie.
War auf der Bühne von San Michele die erste Programmnummer abgespielt, entpuppte sich, mochte die erste noch so spannend gewesen sein, in der zweiten, noch anziehender, der kultivierte Sammler und kenntnisreiche, raffinierte Antiquar. In Villa San Michele ist die ganze minderwertige Ware ausgestellt, doch im Turm Materita genießt er ganz allein, ein Sybarit, Meisterwerke, die fast alle echt sind. Das kostbarste Stück der Sammlung ist ohne Zweifel die berühmte Marmormaske,

die für eine Orakelmaske gehalten wird. Munthe hat sie nie für ein Werk des Phidias ausgegeben. Sie wäre dann auch das einzige Werk des großen Bildhauers, das auf uns gekommen ist. Er zeigte die Maske nicht gern, das heißt, theoretisch zeigte er sie nie. Diesmal, „nur diesmal“, machte er eine Ausnahme. Nachdem er den Besucher die Hauptmeisterwerke seines Kunstkabinetts hatte bewundern lassen, fiel ihm plötzlich ein, daß er den *Principe* noch nicht gezeigt hatte, und führte den Gast in das Speisezimmer, — früher die kleine antike Kapelle, in welcher die Mönche der Certosa die Messe lasen, wenn sie, die fette Erde von Anacapri gegen die Einfälle der Barbaresken zu schützen, auf den Turm mußten.

Der „Prinz“ steht unter einer Glaskuppel in der Mitte der Kredenz und ist eines der zauberhaftesten Geheimnisse von Materita — ein kleines kindliches Skelett, vollkommen erhalten, auf eine Ebenholzplatte montiert und durch einen silbernen Stiel in seiner Lage gehalten, mit nachdenklich geneigtem Köpfchen.

Munthe stellte vor: „der Prinz“ und ging vorüber, ohne eine Erklärung abzugeben. Wessen mochten diese schmächtigen Knöchelchen gewesen sein? Vielleicht stammten sie von königlichem Blut — vielleicht waren sie das Skelett Hamlets, den die Zweifel des Daseins schon in der Kindheit furchtbar geplagt haben sollen? Munthe indessen fuhr auf ein mit karmesinrotem Samt bedecktes Tischchen los, zog den Überwurf ab und enthüllte mit kurzem Ruck das Wunder — das Orakel: eine kristallinisch schimmernde, leicht vergoldete Marmormaske, leer die Augenhöhlen — und die Lippen, um die Öffnung des Mundes gewölbt, wie in einem Schmerzanfall oder in zitternder Freude. Es war als habe das Orakel gesprochen, und man vernähme die tonlose Stimme aus der Leere des geöffneten Mundes. Vielleicht hatte Munthe die Verzauberung herbeigeführt, denn während er das Tuch schwenkte, um die Maske wieder zuzudecken, flüsterte er: „Haben Sie gehört?“ Ohne die Antwort abzuwarten, als fürchte er die kaum angedeutete Offenbarung, sagte er beiläufig: „Ein Phidias.“ — Er sagte nie: eine Skulptur des Phidias, weil er seiner Sache nicht sicher war oder doch so tat, als wäre er es nicht. Und doch muß er sie für ein Original gehalten haben, er hätte sie sonst zweifellos für echt ausgegeben und hätte die Maske nicht mit einer festen Eisenkette an die Mauer des Ganges befestigt. Überzeugend sind die Umstände, unter denen die Maske gefunden wurde. Als Munthe vor vielen Jahren den Boden um den Turm umackern ließ und die Zypressen, die er aus der Villa Falconieri hatte entwenden lassen, dorthin pflanzte, kam der Stein zum Vorschein. Gereinigt, erkannte Munthe die Merkmale der perikleischen Zeit. Da es sich um eine der zahlreichen Skulpturen handeln konnte, die zur Zeit der Römer in Capri eingeführt wurden, um die Sammlungen des Augustus zu bereichern, befragte er Salomon Reinach, den berühmten Archäologen, der den Stein untersuchte und eine durchaus glaubwürdige Hypothese aufstellte. Die Phoiniker, so sagte er, die Semiten des Meeres, hatten zwar die Insel nicht kolonisiert, aber eine Handelsstation dort errichtet, deren sie sich teils als Marinestation bedienten, teils um die Beute ihrer Raubzüge zu horten. Die Schiffe der Kreter, die Handelsfahrer aus Athen und Korinth mußten, wenn sie Kyme erreichen wollten, am Westkap von Capri vorüber. Ein Südwind genügte, um sie gegen die Riffe der Materita zu werfen, und es ist nicht nur möglich, sondern sogar wahrscheinlich, daß der berühmte Marmor, dessen Verschwinden schon Pausanias beklagt, von Griechenland entwendet und, für einen reichen Karthager bestimmt, in Capri endete.

Reinach erinnerte sich dieser Hypothese, als er mit Pierpont Morgan, dem berühmten amerikanischen Bankier, der für New York um jeden Preis einen Phidias erwerben wollte, durch die Säle des Louvre schritt. Morgan hatte in allen europäischen Museen nur Enttäuschungen erlebt. Angesichts des berühmten Parthenonfrieses mußte Reinach erklären, daß der Fries allerdings aus der Zeit des Phidias stamme, vielleicht von ihm angeregt und von seinen Schülern ausgeführt, daß aber das ganze Schaffen des berühmten Bildhauers, ohne eine andere Spur zu hinterlassen als den uns überlieferten Ruhm, zerstreut und vernichtet worden sei und sich weder in Rom noch in Athen ein Original finden lasse. Plötzlich jedoch fiel Reinach Munthes Fund ein und er berichtete von dem Orakel auf der Materita.

Morgan wollte sofort nach Capri. Verschiedene Umstände riefen ihn jedoch nach Amerika zurück und erst Monate später reiste er wieder nach Europa, um dort ein Bankhaus, Morgan & Co., zu gründen.

Er traf an einem Sonntagmorgen in Neapel ein, und da die Zusammenkunft mit seinen Partnern erst am Montag in Rom stattfinden sollte, wollte er den freien Tag benützen, um den längst geplanten Ausflug nach Capri durchzuführen.

Damals, man schrieb das Jahr 1908, gab es in Capri noch keinen Hafen, und da die ganze Nacht hindurch ein frischer Wind geweht hatte, der sich gegen Morgen zu einem heftigen Nordwind, der berüchtigten Tramontana, auswuchs, wurde die Ausschiffung auf den Klippen sehr bewegt.

Morgan, steif geworden von der zehntägigen Fahrt über den Atlantik, beschloß, zu Fuß ins Land zu steigen, entzückt von den Ausblicken, die jede Wendung der antiken Treppe bot: vom Himmel, an dem verwehte Wolken flogen, vom Meer, in der Sonne geschmolzenes Lapislazuli, das den Becher des Golfes bis an die Saphirränder seiner Küsten füllte, vom Vesuv, den der Nordwind mit einer Schneekuppe überzuckert hatte.

In das nächste Gasthaus eingetreten, wurde er vom Portier mit scheelem Seitenblick gemustert, als Passant geschätzt und nachlässig behandelt. Unbeeindruckt von der unfreundlichen Behandlung, fragte Morgan nach Munthe.

„Axel?“ fragte der Portier über die Schulter.
„Ja, Axel Munthe.“
„In Ägypten“, war die lakonische Antwort.
„Nicht auf der Materita?“
„Im Tal der Könige.“
Jetzt, nachdem er sich die Überlegenheit gesichert, wurde der Portier herablassend und erklärte, der Professor habe sich seit Jahren ausschließlich königliche Klientel vorbehalten; er werde hin und wieder an das Bett eines Königs oder einer Königin gerufen, und die berühmten Archäologen, auf der Spur einer ungewissen Dynastie, hätten ihn zum Konsult gebeten, an den Katafalk irgendeines noch nicht identifizierten Königs.
Morgan, verärgert, wollte nicht auf den Besuch verzichten: ob man wenigstens den Turm betreten und das berühmte Orakel sehen könne?
„Wo denken Sie hin! Der Turm ist geschlossen, der Besitz von dicken Mauern umgeben. Unmöglich hineinzukommen!“ schwor der Portier und setzte, fast freundlich geworden, hinzu: „Übrigens ist der Anblick gar nicht der Mühe wert.“
„Ist es das Orakel des Phidias?“
„Eine Kopie.“
„Römisch, vielleicht Augusteisch?“
„Ja, römisch ... aus der Via del Babuino.“ — In diesem Augenblick erscholl der Gong und der Portier rief zum Essen.
Obwohl Mehlspeisen und Wein von seinem Speisezettel gestrichen waren und er die Kohletabletten vergessen hatte, die er vor und nach jeder Mahlzeit nahm, aß Morgan eine zusätzliche Portion Spaghetti und trank eine Flasche Lachryma Tiberii, ohne das obligate Sodbrennen und die Schwere im Magen zu spüren, die der Genuß gewisser Gerichte regelmäßig mit sich brachte. Er fühlte sich wohl genug, weitere Diätfehler zu begehen, Kaffee zu trinken und sich einen Kognak zu leisten, und nachdem er von beidem noch eine doppelte Portion bestellt, fühlte er sich so wohl, daß es ihm fast leid tat, fortfahren zu müssen — ohne das Orakel gesehen zu haben. Doch der Portier hatte seine Echtheit bezweifelt. Waren nicht alle Museen ohnehin schon vollgestopft und war es nicht vernünftiger, eine gute Verdauung zu haben, Spaghetti zu essen und Wein zu trinken?
Der Kellner schlug noch einen Kognak vor, und er konnte nicht ablehnen. Er müsse den Dampfer um vier Uhr erreichen, sagte er.
„Warum denn um vier? Es gibt noch andere — um sechs, um acht, jede zweite Stunde.“
Es reichte tatsächlich hin, wenn er erst um acht fuhr. Doch der bloße Gedanke, die morgige Zusammenkunft zu versäumen, ließ ihn erzittern. So riß er sich aus der

Euphorie des guten Weines und fragte den Portier nach der Abfahrtszeit des nächsten Dampfers.

„Wer kann das sagen?" antwortete der Portier achselzuckend. „Eine Tramontana kann zwei, drei, auch vier Tage dauern."

„Und der Dampfer um vier?"

„Ist längst vorbei. Haben Sie den Pfiff nicht gehört? Er konnte nicht landen."

„Und der nächste?"

„Bei diesem Sturm gibt es keinen nächsten."

„Ich muß heute noch nach Rom, verstehen Sie? Ich bin Morgan, Pierpont Morgan!" sagte der Bankier mit Nachdruck.

„Und? – Was kann ich dabei tun?" erwiderte der Portier, dem der Name nichts sagte.

„In Amerika . . ."

„Wir sind hier in Capri und nicht in Amerika. Nützen Sie die Gelegenheit aus", unterbrach der Portier.

Morgan war wütend auf die Straße geeilt, wo ein Windstoß ihn darüber belehrte, was Tramontana ist. Doch dem Gasthaus gegenüber erblickte er das Büro der Reisegesellschaft Pro Capri. Hoffnungsfroh trat er ein.

„Ich muß reisen!"

„Ausgeschlossen."

„Ich weiß. Das hat mir schon der Portier gesagt. Ich bitte, mir nicht dieselben Dinge zu wiederholen — die Tramontana, der Pfiff des Dampfers, — ich weiß. Sie müssen mir eine Reisemöglichkeit verschaffen, koste es, was es wolle."

„Wenn es so ist," gab einer der Beamten zu, „finden wir vielleicht ein Mittel: es gibt noch die Barke Coccolillos, berühmt im ganzen Golf. Nur er kann das Wunder vollbringen. Aber wird er wollen? Es kostet zweifellos viel! Versuchen wir es!"

Er hängte sich ans Telefon und läutete und rief so lange, bis er Coccolillo selbst an den Apparat brachte: „Unmöglich?! — Und nach Sorrent?" Er unterbrach sich, um mit dem Amerikaner zu parlamentieren, bemächtigte sich wieder des Telefons und rief hinein: „Ob Sorrent oder ein anderer Punkt am Festland ist gleich. — Um jeden Preis! — Achthundert? — Ist das nicht zuviel?"

Dann war die Abfahrtszeit dem Coccolillo nicht recht: der Sturm nahm zu, er konnte in Westwind umschlagen, und der Schiffer wollte seiner Sache sicher sein; er mußte die Küste vor Einbruch der Dunkelheit erreichen. Also wurde die Abfahrt auf halb vier festgesetzt.

Nun blieb Morgan eine Stunde. Wie sie zubringen?

„Nehmen Sie ein Wägelchen und fahren Sie auf der Fahrstraße zur Marina. Sie werden ein unvergleichliches Panorama genießen."

„Ausgezeichnet!" stimmte Morgan zu und ging.
Der Zufall wollte, daß an diesem Tag Hans Paule, der Maler, nach Positano wollte, um dort ein Bild zu malen.
Nicht ahnend, daß der Dampfer, der sonst fahrplanmäßig um vier Uhr von Capri abfuhr, an diesem Tag, der Tramontana wegen, gar nicht angelegt hatte, war der deutsche Maler mit der Drahtseilbahn um drei Uhr dreißig abgefahren und sehr überrascht, als er auf der Marina von zwei Matrosen mit Nachdruck angerufen wurde:
„Herr, das Boot ist bereit! Rasch, steigen Sie ein. Wir fahren nach Sorrent! Wir müssen uns eilen!"
Paule erreichte das Boot laufend, warf seinen Koffer dem Matrosen zu und sprang ihm nach, während die Matrosen schrieen: „Rasch! Rasch! Die Tramontana nimmt zu! Los!" und eine mächtige Woge das Boot auf den Rücken nahm und ins weite Meer hinaustrug.
Pierpont Morgan hatte, um die schöne Fahrt zu genießen, dem Vetturino eingeschärft, recht langsam zu fahren. So kam er gerade zurecht, um zuzusehen, wie das berühmte Boot des Coccolillo um die Spitze der Mole bog, und konnte ihm nachblicken, als es gegen Sorrent verschwand.

XVIII.

LITERATUR

Über ein halbes Jahrhundert haben die verschiedenen Literaturrepubliken der Alten und Neuen Welt ihre geistigen Vertreter auf Capri akkreditiert, wenn sie auch zum Teil aus den Reihen der Irregulären stammten.

Der erste Schriftsteller englischer Zunge, der eine Spur in Capri zurückließ, war der Amerikaner Booth Tarkington. — „Tark", wie er heute noch von alten Freunden auf der anderen Seite des Ozeans genannt wird, hat seine künstlerische Karriere als Illustrator und „Cartoonist" begonnen. Als er sich überzeugen mußte, daß seine Zeichnungen ihm von allen Magazinen mit eiserner Regelmäßigkeit zurückgeschickt wurden, begann er die Verleger mit kleinen Novellen zu bombardieren. Es gelang ihm endlich 1899, eine Geschichte, *Monsieur Beaucaire*, drucken zu lassen. Sie hatte augenblicklich Erfolg und mit dem Roman *The Gentleman from Indiana* errang er Weltruf. Von nun an richtete er sein Leben danach ein, zu literarischem Ruhm zu gelangen. Und gerade in Capri startete er diese Laufbahn. Er hatte in Zusammenarbeit mit Harry Leon Wilson, dem Dramaturgen, eine Komödie begonnen, und nun kamen die beiden 1903 nach Capri, sie zu beenden. Bald bildete sich um sie in Villa Quattro Venti ein Verein, der alles anzog, was literarisch und trinkfest war, so Julien Street und Norman Douglas.

Einige lokale Skandale, wie die Affäre Krupp, die Flucht Allers', die Ankunft Fersens retour d'Orient nach den Pariser schwarzen Messen, hatten Capris Ruf als Ort privilegierter Freuden befestigt. Es war aber nicht nur diese Lockung, es war vor allem das Klima, das Joseph Conrad anzog, diesen englisch gewordenen Polen, der, selbst leidend, eine erholungsbedürftige Frau und ein Söhnchen besaß. Von seinem viermonatigen Aufenthalt finden sich Spuren in den Briefen an die hervorragenden Männer seiner Zeit, herausgegeben in *J. Conrads Life and Letters* von G. Jean Aubrey (Heinemann, 1927).

In dieser Zeit tiefster Entmutigung, am Erfolg und an der Möglichkeit zweifelnd, sich und die Seinen von literarischer Arbeit ernähren zu können, entschloß sich Conrad, der in der englischen und französischen Handelsmarine sein Kapitänspatent

erworben hatte, diese Beschäftigung wieder aufzunehmen, und erbat sich das Kommando eines Schiffes, was ihm jedoch nicht gewährt wurde.
Jetzt dachte er daran, seine Kenntnisse über die russischen Belange, besonders jene im Konflikt zwischen Slawen und Preußen, für ein politisches Journal zu verwerten. So arbeitete er, immer leidend, in Capri an einem Essay *The Concord of Europe*, das er später in *Autocracy and War* umbenannte. Er mußte jedoch erkennen, daß seine literarische Produktion dem Publikumsgeschmack nicht entsprach, und beschloß, einen anderen Weg einzuschlagen, und gerade in Capri schien es ihm möglich, ein Sujet zu finden, mit dem er zu Geld kommen konnte. Dr. Cerio machte ihm nämlich das Angebot, zwischen den Dokumenten und Büchersammlungen, die sich auf den Kampf zwischen Engländern und Franzosen zur Zeit der *Prise de Capré* bezogen, zu stöbern, und er entdeckte die Geschichte jenes Mönches vom Monte Tiberio, der die Bewegungen der Truppen Hudson Lowes an Joachim Murat signalisierte und so großen Anteil an den militärischen Operationen hatte. Sein Hauptwerk *The Nigger of the Narcissus* war jedoch damals schon geschrieben, diese herrliche Beschreibung des Meeres, die ihm so viele Bewunderer sicherte. Conrad war erst als erwachsener Mensch zur wirklichen Beherrschung der englischen Sprache gelangt und zog sie der französischen als Ausdrucksmittel vor, machte aus ihr ein ganz persönliches Instrument, das er kraftvoll und bilderreich, in plastischen Rhythmen in einer Weise zu gebrauchen verstand, wie die englische Prosa sie bisher nicht gekannt hatte, eine Gabe, die ihm unter anderen die Freundschaft von Edmund Gosse und A. J. Balfour eintrug.
Gosse, ein begeisterter Dichter und guter Kritiker, Bibliothekar im Hause der Lords und eine Zeitlang Lektor für englische Literatur in Cambridge, lenkte die Aufmerksamkeit des ersten Ministers, Balfour, auf die dürftigen Lebensbedingungen Conrads, und es gelang ihm, dem in Capri festgefahrenen Schriftsteller eine Pension aus der Zivilliste des Königs zu verschaffen.
So, von Geldsorgen befreit, dachte Conrad an einen neuen Roman, den er jedoch erst nach England zurückgekehrt zu schreiben begann. Dieses Buch, *The Mirror of the Sea*, schloß den Zyklus der großen Seeromane.
Unter den Briefen aus Capri, von Januar bis Mai 1905, an Pinter, Gosse, Wells, Colvin und Galsworthy, finden sich einige wichtige literarische Zeugnisse; leider keine sehr fröhlichen. Er hatte alle Eigenschaften, um sich in Capri nicht wohl zu fühlen: üble Laune, schwankende Gesundheit, familiäre Belastung und den enttäuschten Glauben an den ewigen Frühling im Mittelmeer, dieser Jahreszeit, die hier gänzlich fehlt.
In den wenigen Monaten seines Aufenthaltes litt er an tiefster Bedrücktheit, und es gelang ihm nicht, sich die Lehre Capris, daß Leiden überflüssig sind, zu eigen zu machen.

35. *Ansicht der Ostseite der Insel Capri, Luftbild.*

36. Fischernetze an der Marina Grande.

37. *Hafenszene an der Marina Grande.*

38. Aussicht vom Monte Solaro auf die Halbinsel Sorrent.

Seine Jeremiaden hatten das Jahr danach ein wunderbares Gegenstück in den betrüblichen Briefen Rainer Maria Rilkes, dem jedoch Conrads Humor gänzlich fehlte. Kurz vor seinem Tode in England, 1920, schrieb Conrad an dem Roman, zu dem sich die Lektüre über die Spannungen unter Hudson Lowe in Capri verdichtet hatten, eine Arbeit, die der Tod unterbrach. Der Roman, in dem Napoleon die Hauptrolle zugedacht ist, kam 1924 als 28. Band des Gesamtwerkes heraus.

Der Monte Solaro erhebt oder vielmehr senkt sich auf eine Szenerie, die dem legendären Parnaß ähnelt, einem Tal zwischen Migliara und der Windmühle, wo dem Geist die heiligen Orte des antiken Griechenlands erscheinen, — nur tragen sie melodischere Namen: Rosaio, Fraita, Materita, Monticello . . .
Der Rosaio — „a l'hombre du minaret blanc et du cyprès noir" — ist eine Gruppe winziger Häuschen zwischen Myrten und Rosenbüschen, verschattet von Oliven und Wein, und war viele Jahre hindurch die Zuflucht zartbesaiteter Seelen. Hier erinnern sich noch alle an den alten Gründer der Tschechoslowakei, den Präsidenten Masaryk, und an den Kardinal O'Connel, der den Ort einen Aufenthalt in Schönheit und Ruhe nannte. Weil soviel Geist ihn aufsuchte, begann der Rosaio eine Werkstatt für Meisterwerke zu werden. Compton Mackenzie schrieb hier *Sinister Street*, Francis Brett Young dichtete seinen ersten Roman, *The black Diamond*; Ottorino Respighi komponierte *La Boutique fantasque*, ein russisches Ballett, mit dem in London sein Glück begann.
Brett Young kaufte sich, nachdem er ungefähr ein Jahr im Rosaio gelebt hatte, ein Häuschen in Fraita, baute es aus, und so wurde es zum Ausgangspunkt seiner Werke, der täglichen Anzahl ziselierter Worte, die ihn zum englischen Stilisten stempelten. Er sollte den Engländern, die das Bedürfnis haben, in jeder Generation ein lebendes Idol in ihren Ruhmestempel zu stellen, Galsworthy ersetzen. Hier muß übrigens daran erinnert werden, daß Galsworthy 1913 *The dark flower* in Capri schrieb.
Gehörte der offizielle Titel eines Autors des Mittelmeeres in Capri Norman Douglas, muß Brett Young die Würde eines immer in Capri lebenden Schriftstellers zuerkannt werden. Er kam gegen Ende des ersten Weltkrieges, nachdem er den Arztberuf aufgegeben hatte, alle seine Hoffnungen an den bescheidenen Erfolg geklammert, den sein erstes Buch *Marching on Tanga* ihm gebracht hatte. Zwanzig Jahre hindurch, bis zum Beginn des zweiten Weltkrieges, kam er jeden Winter nach Fraita, wo er den Hauptteil seiner dreißig mächtigen Romane schrieb, von welchen *Black Roses* in der Umgebung Capris spielt.
Zu Beginn des zweiten Weltkrieges verließ er Capri, und sein Abschied bezeichnete das Ende der Intellektuellenkolonie, deren letzter englischer Vertreter er war.

Wenn Francis in seinem Studio Bücher gebar, so zog Jessica Brett Young in ihrem Musiksalon Schriftsteller groß, man nannte ihn nur: *Tauchnitz Edition Anacapris a collection of British Authors*. Denn ein vorüberziehender Engländer konnte in Capri leichter dem Tod entgehen als einer Einladung zum Tee bei Jessica in Fraita. Hier erlebte man es, daß Lawrence und Douglas einer des andern literarische Produktion in der Luft zerrissen, um gleich darnach, aufeinander stoßend, freundlichst lächelnd beisammen zu stehen. Oder man begegnete Lloyd Osbourne, der in Gemeinschaft mit Stevenson zwei bis drei Bücher über Samoa geschrieben hatte, und erfuhr, daß Stevenson bei jeder Liebesszene, die er schrieb, sein Studio schamhaft verschloß, um nicht gestört zu werden, es aber nicht möglich war, hübsche Samoanerinnen zur Bedienung im Haus zu halten, weil er sie verführte.

Auf dem anacapresischen Parnaß wurde, wie es sich gebührte, die Berühmtheit William Butler Yeats' gefeiert, eines feinsinnigen Lyrikers, der das nationale irische Theater begründete und philologische und literarische Essays schrieb. In Fraita konnte man sich mit Julien Street und Richard Aldington unterhalten, hier tauchte auch Louis Golding auf, von dem schon die Rede war und der einige seiner besten Romane in Capri schuf. Der Bürgermeister von Capri, der damals beschlossen hatte, aus der Insel den Tempel der Musen zu machen, ernannte ihn zum Poeta laureatus der Insel. Von seiner ersten Reise nach Capri brachte er das Buch *Sunward* mit; gelehrt und humoristisch, gemahnt es an Douglas, ohne an diesen heranzureichen. Mit *Magnolia Street*, 1923, wurde er zum intellektuellen Exponenten der Juden Englands, und dieser zwar jüdische, aber darum für unsere Zeit nicht minder gültige Roman erreichte eine Millionenauflage.

Unweit Fraita lebten in Monticello die Familie Reynold, deren literarisches Ansehen auf der Insel das höchste war. Sie bestand aus R. W. Reynold, einem Abtrünnigen der Londoner literarischen Welt, der mit Wells und Shaw ein Mitgründer der Fabian Society wurde, ein Freund Oskar Wildes und anderer Ästheten seiner Zeit; und aus seinen drei Töchtern, den sogenannten „Sorelle Brontë", deren Jüngste, Pamela frühreif und eine überraschende Dichterin, durch einen Sturz vom Felsen Anacapris ein vorzeitiges Ende fand. In Reynolds Haus und in Villa Quattro Venti, der Behausung von Earl Achsah Brewster, fand sich gewöhnlich D. H. Lawrence, der *hag-ridden Titan* ein, auch in Capri von einer seiner vielen Anbeterinnen, Dorothy Brett, beherrscht. Sie war die Tochter des Viscount of Esher, eigentlich Malerin, aus dem Kreise stammend, der sich mit Katherine Manfield, Murry und wenigen erlesenen Schriftstellern um Lawrence gebildet hatte. In ihren Memoiren erinnert sie an diesen Aufenthalt und preist Lawrences häusliche Tugenden.

Als Sinclair Lewis nach Italien kam, wurde die faschistische Parole ausgegeben, ihn beifällig aufzunehmen. Er hatte die Weihe des Nobelpreises eben empfangen, zum großen Verdruß vieler Amerikaner, die sich in *Babbitt* wiedererkannten. Dos Passos, O'Neil, Thornton Wilder und Wolfe waren damals in Italien noch nicht so bekannt, wie die Romanfiguren, die er mit ätzender Ironie so lächerlich gemacht hat.

Lewis reiste mit seiner Frau, Dorothy Thompson, einer bekannten Korrespondentin und Autorin des ausgezeichneten Buches *The New Russia*; er hat sie durch ganz Europa verfolgt und nach der Scheidung von seiner ersten Frau geheiratet.

Das offiziöse Italien, das in den Augen der Fremden vor dem alten den Vorzug hatte, daß seine Züge fahrplanmäßig ankamen, legte großen Wert darauf, mit Schriftstellern des Auslandes, besonders wenn sie politische Fragen behandelten wie das Paar Lewis-Thompson, gute Beziehungen herzustellen. Wo die beiden also vorüberkamen, gab es Empfänge und Vorstellungen, jedoch mit wenig Erfolg, weil der berühmte Autor allen Kundgebungen der mussolinianischen Kultur aus dem Wege ging.

Die Hierarchen fragten sich, was Lewis in Italien suche. Als man ihn in Moskau, wohin er der Spur seiner Frau gefolgt war, fragte, hatte er bescheiden geantwortet: „Dorothy!" — Aber hier? — Nun, die Antwort fand er in Capri. Denn als die Bürgermeisterin in der Rolle einer Madame de Staël dem hohen Gast zu Ehren den Tennisklub in eine Cocktailparty umgewandelt hatte, gelang es, seiner habhaft zu werden. Er verteidigte sich tapfer gegen die vorgeschlagene Besichtigung der Insel, und als er sich von den unheimlichen Duchessen und Marchesen überfallen sah, die alle mit ihm über Proust und Valéry sprechen wollten, verstummte er und wurde sauer.

Da klammerte sich die Bürgermeisterin verzweifelt an den Autor dieses Buches und schleppte ihn als Opfer vor den Meister, um ihn vorzustellen. Lewis ließ die Vorstellung mit der Grazie eines Flammenwerfers über sich ergehen und betrachtete den Neuankömmling, ohne ihn nur zu sehen. Cerio, ebenfalls ungehalten, weil er von einer Bridgepartie geholt worden war, kehrte ihm den Rücken. Da näherte sich eine Amerikanerin, die vielleicht einen Zusammenstoß der beiden Länder befürchtete, und wiederholte Cerios Namen auf englische Art. Die Wirkung war magisch! Über das verbissene Gesicht des Gastes huschte die Andeutung eines Lächelns — überrascht und erfreut fragte er: Cerio? Konserven? — Und der Verfasser, der ein Buch über Konserven und ähnliches geschrieben hatte, verneigte sich zustimmend und stolz darauf, daß Lewis sein letztes Werk kannte.

Jetzt sprach Lewis eifrig: „Ich wußte, daß Sie eine Villa in Capri besitzen, aber ich wollte Sie in Ihrer Fabrik besuchen und um Auskunft über die Konservierung der Tomaten bitten. Wir, in Amerika, haben Tomatensamen aus dem Ausland eingeführt, aber der Geschmack der Konserve läßt sich mit dem der Ihren nicht vergleichen.

Der Verfasser begriff, daß er es mit einem Fachmann zu tun hatte, und packte seine Kenntnisse aus, was ihm um so leichter fiel, als sein Buch ihn lange und eingehende Vorstudien gekostet hatte. Sinclair Lewis war bald davon zu überzeugen, daß die Überlegenheit der neapolitanischen Produkte gegenüber denen aus Florida dem vulkanischen Boden zu danken sei. Als die Unterhaltung beendet war, sagte Lewis freundlich, er sehe, daß er sich nicht geirrt habe. Er habe gleich angenommen, es mit dem Besitzer der weltberühmten Firma Cirio zu tun zu haben. Er sammle nämlich Material für einen Roman mit industriellem Hintergrund und daher sei ihm diese neue Bekanntschaft besonders wertvoll . . .

Nach dem ersten Weltkrieg tauchten einige der treuen Deutschen aus vergangenen Tagen wieder auf: Waldemar Bonsels erschien, um seine unterbrochenen Gespräche mit Hans Paule wieder aufzunehmen. Ihr Duett komplizierte sich durch das Erscheinen eines außerordentlichen Mädchens, Eva Weidemann, die, kaum auf die Insel gekommen, sich sofort rettungslos in sich selbst verliebte. Sie war es, die in Capri Freiluftübungen einführte, das heißt Turnübungen am Strand, denen jeder beiwohnen konnte. Übrigens pflegte sie auch andere Künste, Bildhauerei und Malerei, und stand sich zu allen selbst Modell; von Lucy Flannigan aber übernahm sie die Kunst, zehn Jahre auf Kredit zu leben.

Regelmäßig erschien auch eine sehr begabte Baltin, Adelheid Dehio, eine Bewunderin Italiens. Sie glaubte, Mussolini ihr größtes Werk *Paläste, Hütten und Ruinen* widmen zu müssen. Der Minister für Kultur und Propaganda ließ sie hierzu beglückwünschen, und bei einem Empfang in der Deutschen Botschaft versicherte er der Autorin, dem Duce habe ihr Buch über . . . Palästina sehr gefallen.

Übrigens ist auch Ilse Heye mit ihrem kleinen Roman *Marikas Fahrt nach Capri* in der capresischen Bibliothek vertreten.

So finden sich in dieser Gesellschaft größerer und kleinerer Geister auch die prominenten. Rainer Maria Rilke ist als der größte deutsche Dichter der Jahrhundertwende in den deutschen Ruhmestempel eingegangen; Theodor Däubler hat es beinahe zum größten des zweiten Reiches gebracht, während Max Reuschle, den der Ruhm nicht einmal gestreift hat, sich in Capri den Preis eines Sängers des Südwehs errang.

Mit Rilke geriete man am liebsten gleich in Streit. Vor allem würde man ihn gerne fragen, was er eigentlich in Capri zu suchen hatte. Er war schon berühmt und von Melancholie beschwert, war also nicht für die Insel zugeschnitten. Seine Anbeterinnen behaupteten, seine außerordentliche Empfindsamkeit habe ihm den innersten Sinn für das Geheimnis der Dinge erschlossen. Wer jedoch seinen Briefwechsel von 1906 bis 1907 liest, erkennt, daß ihm für die wirklich intimen Dinge Capris der Sinn gänzlich fehlte. Gereizt von der Begeisterung der Fremden über die

Naturschönheiten der Insel, schreibt er: „Nun, dieser Ort hat sein Gepräge durch recht übel ausgeübte Begeisterung bekommen!" So beurteilt er Capri von der Zone des Zentrums um die Piazza und von der Oberfläche der großen Hotels aus. Nie während seiner Aufenthalte hatte er Sehnsucht, den Geist des Ortes und die Seele der Menschen zu erforschen; selbst die Topographie der Insel war Anlaß zu Beschwerde: „Zuviel Berge auf zu engem Raum!" Auch über das Meer beklagt er sich: „Überall Meer!" Es ist wahrlich ein schwerer Fehler für eine Insel, nur vom Meer umgeben zu sein! Alles in allem schien er von Capri nicht sehr begeistert. In einem Brief an Pasternak erwähnt er den Aufenthalt Gorkis in Capri nicht sehr wohlwollend: er werde von den Sozialisten gefeiert, werfe Geld nach allen Seiten hinaus. In einem zweiten: nachdem sich die Leute hier an die Prahlereien Diefenbachs gewöhnt hätten, gewöhnten sie sich nun an Gorki, der sich feiern ließe wie ein Anarchist, dann aber mit Geld nur so um sich werfe. Er beklagt sich, daß ihm der Kontakt mit den Russen fehle, obwohl er gerne mit einem von ihnen in Gedankenaustausch käme: „Hier lebt Gorkij. Aber ist er wirklich ein Russe?" Er findet ihn verdorben von westlichem Ruhm und internationalem Sozialismus.

So könnte der Briefwechsel weiter durchsucht werden, nur um zu erfahren, daß Rilke sich in Capri von keiner einnehmenden Seite gezeigt hat und daß seine Muse hier nicht nennenswert beschwingt wurde. In der *Migliera* – das a der zweiten Silbe ist in ein e verdorben –, die der Gräfin Manon Solms-Lauterbach gewidmet ist, dient unsere schöne Schlucht nur als Vorwand für einen melancholischen Ausbruch seines quälenden Mystizismus. Dem Mittelmeer kam er nur im *Feigenbaum* nahe, dem Baum, der stolz neben der Kirche Sant' Andrea wuchs. Rilke traute dem Armen so viel melancholische Gefühle zu, daß er annahm, der Baum, der allmählich verdorrte und jetzt mit seinem knolligen Stamm dort steht, winde sich in Verzweiflung, weil er nicht mehr in der Lage sei, die süßen, saftigen Feigen vergangener Zeiten hervorzubringen. Nichts als dieses Gedicht über den dürren Feigenbaum findet sich über Capri in Rilkes Lyrik. Und wenn Capri ihm auch den Besuch seiner großen Freundin Ellen Key verdankt, die, wie er, in Villa Discopoli abstieg, so hat die Insel auch ihr Werk nicht befruchtet.

Über Rilke gibt es eine Unsumme biographischer Arbeit, während Däubler in deutschen Abhandlungen nur wenig Platz einnimmt. Noch übler ist es Max Reuschle ergangen; von diesem Jünger Hölderlins hat Deutschland kaum Notiz genommen.

Reuschles erste Begegnung mit der Muse geht, wie es üblich ist, in die erste Jugend zurück. Zitternd von Lenauschem Weltschmerz studiert er Philosophie und schreibt Dramen wie mancher andere. Im ersten Weltkrieg kämpft er tapfer an der russischen und französischen Front und wird durch eine Mine schwer verletzt. Zum Krüppel geworden, übernimmt er eine Staatsanstellung in Stuttgart. Aber Musen sind aus Staatsarchiven verbannt und Reuschle hat nun ein heimliches Verhältnis mit der seinen. Häusliche und pekuniäre Sorgen stürzen ihn in religiöse Krisen. Aus dieser Zeit stammt das schöne Gedicht *In Gottes Händen* und ein Versuch, einen neuen musikalischen Ausdruck für seine Lyrik zu finden, *Dom der Seele*, ein Band, der 1924 erschienen ist. Im nächsten Jahr folgt eine Legendensammlung *Theophilus*, und nun zieht es ihn nach dem Süden — verfolgen ihn Visionen einer Palmenküste, von Lichterbäumen, heiligen Bäumen; man fragt sich, warum die Germanen solch eine sonderbare Vorliebe für die Palme haben, die von den Phoinikern stammt, von den Semiten des Meeres.

Reuschle sammelte seine ersten Eindrücke über den Süden in *Begrenzung*, erschienen 1930, worin er sich stark Stephan George nähert. Den höchsten Lohn seiner italienischen Wanderschaft schenkte ihm Capri: hier schrieb er seine besten Verse, dichtete er neue Lyrik und las im Saal der Bibliothek seine Gedichte vor, mit dem Lorbeer gekrönt, den die Insel ihren Hausdichtern vorbehält, ohne erst ihre Bestätigung durch die Welt abzuwarten.

Aus dieser Ehrung entstand der Gedanke der *Capresischen Gesänge*, die, ähnlich den griechischen Gesängen Hölderlins, sich an das Modell der Homerischen halten.

Übrigens flüchtete auch Felix Sternheim auf die Insel, von den Nazis verfolgt weil er ein ihnen nicht zusagendes Drama geschrieben hatte. Er ist bekannt wegen seines Romans *Briefe des jungen Oswald*.

Diese Erinnerungen an deutsche Literaten könnten nicht besser abgeschlossen werden, als mit der Beschwörung zweier Schriftsteller, die Deutschland lange verleugnet hat, obwohl sie das Land um große literarische Werte bereichert haben: Stefan Zweig, ein Dichter, der vor allem ein großer Jude war, und Franz Werfel, auch ein Jude, der aber weit über seinen Ruf als Romanschriftsteller sich den Titel eines Dichters erwarb.

In seinem Buch *Die Welt von Gestern* weist Stefan Zweig seine große Universalität nach. Überzeugter Freudianer, Internationalist nicht marxistischer oder englischer Art, nicht der ersten, zweiten oder dritten Internationale, sondern der einzig wirklichen, der jüdischen. In dieser mutigen, aber trostlosen Ehrlichkeit findet sich der wahre Wert dieses Buches: er beichtet, ein Juden-Bürger zu sein, was für einen Juden nicht sympathisch und für einen Bürger belastend ist. Ob es einmal den Europäer geben wird, wie Zweig ihn sich vorstellt, ohne politische Grenzen?

Neben Hoffmannsthal, Wassermann, Schalom Asch und Stefan Zweig hat Franz Werfel den Ruhm kennengelernt. Als er im Winter 1938 als Flüchtling in Capri auftauchte und hier den Anschluß erlebte, beichtete er, was das Wort für ihn bedeute: Trennung von seinem Verlag, dessen Inhaber sein Schwager war, von Haus und Büchern, von der Heimat, die er in Österreich zu haben glaubte. Heimatlos und ruhelos, das ist er von nun an und spricht es aus:

Völker der Erde, mich rührt
das Bleibende, das ihr vollführt,
ich selbst, ohne Volk, ohne Land,
stütz nun meine Stirn in die Hand.

Er wurde in Capri freundlich aufgenommen, geschätzt und getröstet und fand in Alberto Albertini seinen größten Verehrer. Während ihres Aufenthaltes im Albergo Tiberio schrieben Werfel und seine Gattin im selben Zimmer — sie vor einem majestätischen Schreibtisch sitzend, er vor einem Nichts von Tischchen.

Eines Tages, als Albertini sich Werfels letzte Verse hatte vorlesen lassen, sagte er begeistert zu Frau Werfel: „Ihr Gatte ist ein großer Dichter!" — „Wäre er sonst mein Mann?" antwortete sie.

Tatsächlich ist sie nur mit bedeutenden Männern verheiratet gewesen: der erste war Gustav Mahler, der berühmte Dirigent der Wiener Oper, der zweite Oskar Kokoschka, der große Maler, der dritte ein berühmter Architekt, der vierte Werfel. In Capri schrieb sie an ihren Memoiren: *Ich und Mahler.*

Und nun die Skandinavier.

Das Schicksal Andreas Hauklands, der vor der literarischen Glorie nach Capri flüchtete, war die „Wanderlust"!

Schon als Jüngling verließ er den kleinen Besitz seiner Eltern, um Norwegen zu durchstreifen. Jede Belehrung, die nicht von der Natur kam, geringschätzend, ergriff er, um mit ihr leben zu können, Berufe in freier Luft und wurde Holzfäller, Waldarbeiter, Schiffer und durchwanderte als Hausierer große Teile Skandinaviens. Gedichte, die er, von der Landschaft ergriffen, schrieb und 1892 veröffentlichte, machten ihn sofort bekannt.

Es folgten *Die Erzählungen des Nordens*, und nun wurde Haukland als der neue Dichter Norwegens begrüßt, als der Sänger der Naturschönheiten. Er wurde als „neue Kraft" empfangen, die die literarische Tradition der vier Großen: Jonas Lie, Alexander Kielland, Ibsen und Björnson, ganz übersehen hatte, unbelastet von sozialen und psychologischen Problemen, mit denen sich die Nordländer gerne quälen. Ohne Bindung an die Vergangenheit erschien der junge Schriftsteller am Horizont eines neuen Jahrhunderts, in einem Land, dessen junge Demokratie die Last der Großgrundbesitzer, der reichen Reeder und protestantischen Pastoren abgeschüttelt hatte und nach neuer Literatur dürstete.

Aus dem kleinen Vermögen, das er sich mit seinen Werken erworben, kaufte er sich ein Gut, verkaufte es jedoch wieder und kam 1922 mit seiner Frau und seinem Söhnchen Hauk nach Anacapri. Hier arbeitete er an zwei geschichtlichen Romanen, deren einer eine Trilogie der Wikinger ist, folkloristische Arbeit, Sammlungen von Novellen und Geschichten aus Bergen, Wäldern und Fjorden.

Der Insel, deren Gast er war, widmete er eine in *Nationem*, dem Organ der Bauern Norwegens, erschienene Schrift, *Varfast pas Capri* — Frühlingsfest in Capri.

Inzwischen war der kleine Hauk, dessen Haar so blond war, daß es silbern schimmerte, und den die Capresen den kleinen nordischen Faun „Capajanca" nannten, zum Haupt einer Knabenhorde geworden, die er zu körperlichen Spielen anhielt. Eines Tages wurde der kleine Wiking, heimkehrend, an einer Biegung der Straße von Anacapri von einem Stein erschlagen, der von einer nahen Sprengung herrührte. Der Tod des Knaben Hauk versetzte die ganze Insel in Trauer und war das Ende des Schriftstellers Haukland. Im September 1933 erschien noch einer seiner Abenteurerromane, der Roman seines eigenen Lebens. Einen Monat später entschloß sich Haukland, seinem Sohn zu folgen. Er fuhr mit dem Motorboot von Capri ab, nahm unterwegs Gift und brach in Neapel zusammen. So endete die Wanderung Andreas Hauklands, des Sehers des Nordens.

Er war übrigens das, was wir einen Quartalsäufer nennen: er soff sich viermal des Jahres toll und voll und schrieb unter der Wirkung dieses Rausches drei Monate lang, ohne einen Tropfen zu trinken.

Ganz anders war die Methode Sven Elvestads, des Autors von — was sage ich: hundert? — von tausend makabren, gruseligen Detektivromanen; selbst Elvestad hätte die Zahl nicht mehr angeben können, weil er die Berechnung verloren hatte. Er schrieb sie im Zustand vollster Trunkenheit in Positano, wo er seine Romanfabrik errichtet hatte; arbeitete jedoch unregelmäßig, so daß er manchmal am Abend vergaß, sich zu betrinken und dann am Morgen arbeitsunfähig war. In einem solchen Zustand bemitleidenswerter Nüchternheit kam er nach Capri, um die Weinsorte zu wechseln.

Hier schrieb er den sonderbarsten Polizeiroman, der je geschrieben wurde und der sich vielleicht noch im Amt für öffentliche Sicherheit findet. Die Sittenpolizei nämlich verfolgte hie und da diesen oder jenen Zugereisten, um die eigene Überflüssigkeit unter Beweis zu stellen. Sie entdeckte, daß Elvestad ein großer nordischer Schriftsteller aus Positano war, und als er eines Abends ankam, verweigerte sie ihm die Aufenthaltsbewilligung. Da begab sich der Dichter aufs Telegraphenamt, ließ sich ein Bündel Telegrammformulare geben und setzte ein Telegramm an Mussolini, Staatsoberhaupt und Duce des Faschismus auf und hatte, da er ein rascher Schreiber war, in fast zwei Stunden seine Depesche beendet, — einen Roman im Telegrammstil über die Greuel, welche die italienische Polizei zum Schaden des Fremden-

verkehrs übe, über die Folgen, die es im Ausland haben würde, wenn der Autor von Romanen, die in 27 Fremdsprachen übersetzt seien, auf diese Weise ausgewiesen würde. Da er kein Kleingeld bei sich hatte, bat Elvestad den Postbeamten, das Telegramm am nächsten Morgen auf Kosten seines Gasthauses abzuschicken.
Am nächsten Tag erhielt er statt der Rechnung für die Depesche die Aufenthaltserlaubnis.
Bisher wurde über Engländer, Deutsche und Norweger berichtet. Und die Italiener? Wer in Capri an sie denkt, fühlt einen leichten Schauder. Man fragt sich, warum ein Land von solchem Ruf wie Capri, eine Insel, auf der nicht wenig Altertumshändler ihr Glück gemacht, einen Mann wie Gabriele d'Annunzio nicht angezogen hat? Sie hätte für seinen Exhibitionismus einen guten Boden abgegeben, die klassischen Anklänge nicht zu vergessen.
Es ist allerdings nicht allgemein bekannt, daß er nach dem Abschluß seiner militärischen Karriere in Fiume daran gedacht hat, sich in Capri anzukaufen. Man muß ihm jedoch dankbar sein, daß sein Beitrag zur Literatur Capris sich auf gewisse Abgeschmacktheiten und anspruchsvolle *Ricercari* beschränkt, die in Faksimile, in der Art eines Vorwortes, einer Sammlung häßlicher Zeichnungen beigefügt sind. In diesem Vorwort schreibt er, daß in den durchlöcherten Felsen Capris Tauben nisten und lieben, künstlich gedrechselte Phrasen, die aller Wahrheit entbehren, da jeder Caprese weiß, daß Tauben nur in den Wäldern des Festlandes nisten. So entging dem größten Dichter des letzten Italiens die Gastlichkeit der Insel, die sie um so lieber weniger berühmten, aber ihrem Herzen näher stehenden Dichtern zuteil werden ließ; so Ada Negri, die ein Blumenregen empfing und die der Bürgermeister mit dem Blattwerk krönte, das er so sparsam verteilt.
Übrigens frägt man sich unwillkürlich: hat denn die zauberhafte Insel, die so viele Dichter anzog, selbst keinen hervorgebracht?
Keine Angst! Capri hat der Literatur einen Dichter geschenkt, einen einzigen allerdings: Blaisos!
Wer war das? Er ist nicht so bekannt, wie er es verdient; man kennt einen einzigen Vers, der von ihm stammt, und von seinem Erdenwallen berichtet Stephanos Byzantios in seiner *Ethnika*: „Capri, Insel Italiens . . . von dort stammte der Capreser Blaisos, der Dichter der Possenreißer."
Der Vers, den Athenaios in seinem *Gelehrtengastmahl* wiedergibt, lautet:
„Der Kelche sieben misch mir mit Wein vom allersüßesten."
Der einzige Vers aus grauem Altertum, der den süßen Wein Capris feiert.

XIX.

SCHÖNE KÜNSTE

In Capri spricht man mit großer Zurückhaltung von der heimischen Malerei, an die Ansichtskarten denkend, die zusammen mit den sogenannten Antiquitäten den Fremden zum Kauf angeboten werden.

Es hat jedoch auch italienische Künstler von Wert gegeben, und ehe die Deutschen, Franzosen und Engländer ihre Künstlerkolonie gründeten, wurde die Landschaft der Insel mit dem Pinsel, mehr noch mit dem Stift von großen neapolitanischen Künstlern wiedergegeben. In den privaten Sammlungen des Museums San Martino in Neapel erscheinen die Motive aus Capri oft in den Zeichnungen Pitloos und Duclères, Giacinto Gigantes, Consalvo Carellis, Fergolas und Cammaranos.

Gegen Ende des vorigen Jahrhunderts unterhielt sich eine Horde wirklich leichtlebiger Künstler damit, Ansichten oder Gegenstände zu malen, wie sie jedem von ihnen gelegen waren. So hatte der Römer Augusto Lovatti sich auf die kleine Marina spezialisiert und den Felsen der Sirenen für sich gepachtet. Enrico Castellanetta bevorzugte blühende Mandel- und Pfirsichbäume, mit dem Meer als Hintergrund, oder Notturnos liebender Katzen. Arnaldo Zapulli entdeckte, daß Capri auch ohne Sonne malerisch ist und Carlo di Giuseppe verachtete die gemeine Landschaft und komponierte Bilder mit den Porträts von Kommerzienräten und schönen Damen, — die einen in Öl, die anderen in Pastell. Goffredo Sinibaldi malte viele Jahre hindurch sämtliche Kiesel der kleinen Marina. Sein Hauptwerk ist das Selbstporträt in der grünen Grotte.

Unter all diesen Malern erschien Italo Campagnoli, ein genialer, nicht immer, gleichmäßiger Bildhauer, der es sich in den Kopf gesetzt hatte, die Gegend in eine orientalische umzuwandeln, arabisches Kostüm trug, Nargileh rauchte und die traditionelle Samtmütze Raffaels gegen den Fes vertauschte.

Aus Neapel reisten Künstler zu, um mit Leinwand beladen wieder zu verschwinden, Bilder, die man heute in jedem Kunstgeschäft wiederfinden kann und die oft mit echten Signaturen versehen sind: Altamura, Campriani, Casciaro, Irolli, Pratella, Caprile, Migliaro.

Aus Rom kam der gewissenhafte und betriebsame Cherubini und malte 50 Jahre lang die ganze Insel — Felsen um Felsen, Stein um Stein, das ganze Meer in der Runde, Welle um Welle und jedes Segel, das er sichtete. Er tauchte im Wildbret unter und malte jedes Haar, jede Feder und jede Fischschuppe; bald gab es kein wohlhabendes Haus in Capri, an dessen Wänden um jene Zeit nicht einladend die Eßwaren des guten Cherubini gehangen hätten.

Abseits von dieser fröhlichen und harmlosen Gemeinde lebte und arbeitete in sich versunken Antonio Leto. Er wurde mit einem Bild *Fang des Tunfisches* bekannt und mit großen Kompositionen sofort zum Führer der sizilianischen Schule. Aber seine Abneigung gegen das Geschäft machte ihn einsam. Er arbeitete ununterbrochen, aber langsam, und konnte sich von seinen Werken nicht trennen: beschwert von Farben und Kompositionsproblemen, verachtete er jede Schule, beeinflußte aber die Maler in Capri, so daß sie alle in seiner Art zu malen begannen.

Er starb arm, in einem provisorischen Grab beigesetzt, das verschwunden wäre, hätten die *Pagine dell' Isola* 1923 seine schöne Erscheinung nicht wieder erweckt, worauf in Palermo eine Sammlung veranstaltet wurde, um seinen vergessenen Resten eine würdige Ruhestätte zu bereiten.

Das Lokalkolorit der Insel war geeignet, die auf Capri erscheinenden Künstler zu Eigenart und Exhibitionismus zu verführen, eine Neigung, die sich der deutsche Maler Dieffenbach eifrig zunutze machte.

Karl Wilhelm Dieffenbach tauchte gerade in der Zeit auf, als der Kaiser, selbst mit Kunst kokettierend, die „Gelbe Gefahr“ an die Wand malte. Dieffenbach, sofort angesteckt vom literarischen Bazillus, verfiel dessen ärgster Form, der des Apostolates. Er stürzte sich in Ideenkompositionen, vor allem malte er Menschheitsideen, trug eine Kutte, ließ sich Haar und Bart wachsen, gab sich messianisch und streifte in Österreich und Bayern umher, malend, ausstellend und Jünger sammelnd, die, wie er, unrasiert und in Kutten über das Motto predigten: Du sollst nicht töten! Zum malerischen Motiv gesellte sich das vegetarische, kompliziert durch *Wanderlust*. Dieffenbach wurde bald die Genugtuung zuteil, von der Polizei verfolgt zu werden. 1900 erschien er in Capri mit allem Nötigen versehen, um eine lokale Berühmtheit zu werden. Erst in dem Haus untergebracht, das heute die Pension Tragara ist, vergrößerte er sein Unternehmen bald und übersiedelte in ein häßliches Haus neben der Terrasse der Funiculare, an die er das abnehmbare Schild hängte, das er immer bei sich trug: *Per aspera ad astra*. — Zur Stunde der Fremdenankunft stand er predigend auf der Terrasse und rief den ankommenden Gruppen seinen Schlachtruf zu: „don't kill! ne tuez pas! nicht töten!“, je nach der Nationalität der Ankommenden, die er dann in die eigene Ausstellung führte, Eintrittspreis fünf

Lire, und fast immer gelang es ihm, den Neugierigen eine Kopie seiner berühmtesten Bilder zu verkaufen.

So ging das Geschäft einige Jahre vorzüglich, und die Kolonie der Vegetarianer, die er als Painting guests unterhielt, wurde zahlreich. Aber dann ließ der Verkauf im Maß als die Produktion wuchs nach und das Unternehmen ging zugrunde. Die Nachfolger verliefen sich, und Dieffenbach, der einen Augenblick der Berühmtheit genossen hatte, starb 1913, eine große Erbschaft an Schulden und Kilometer unverkäuflicher Bilder hinterlassend.

Hans Paule, der sich von der Herde behaarter, messianischer Maler ferngehalten hatte, entging dem Untergang infolge seiner Begabung und Liebe zur reinen Kunst: er blieb in Capri, um eines der seltensten Exemplare der lokalen Fauna zu werden. Auf den ersten Blick mit einem Neanderthaler zu verwechseln, verliert sich diese Ähnlichkeit bei näherem Hinsehen, weil er von viel älterer Rasse ist — einer jener Urmenschen, die von Zivilisation und Industrie nichts wissen.

Von Wien kommend, wo er sich an der Akademie ausgezeichnet hatte, entdeckte er seine wahre Bestimmung, und zwar die, ein Höhlenmensch zu sein.

Er nahm also eine Grotte neben den Faraglioni in Besitz und richtete sich häuslich ein. Paules Höhle besaß von Natur aus alles, was er brauchte: ein Gröttchen im Hintergrund als Garderobe und Speisekammer, einen Strand mit den farbigsten Kieseln, ein Federbett aus Porzellanerde. Hier fand er den ihm so nötigen Kontakt mit der Natur, konnte er schlafend auf dem Busen der Mutter Erde ruhen und sich allen Leidenschaften der Kunst hingeben.

Aus dem Nachlaß Dieffenbachs war ihm ein Haufe Papier zugefallen; er benützte ihn, um das Gestrüpp in der Nähe zu Holzkohle zu verbrennen. So, die Riten des Urmenschen erfüllend, opferte er auch seiner Muse, ohne Unterlaß zeichnend, Felsen, Meer und Wolken, auf diese Weise eine Unmenge Studien sammelnd, deren Geldwert er nicht ahnte.

Einmal aber erschien ein Liebhaber in seiner Grotte und führte ihn in Versuchung. So geriet Paule vom Steinzeitalter in das des gemünzten Geldes, fast ohne es zu bemerken. Es folgten andere Käufer, ja Händler stellten sich ein, und in die Strenge brachen Luxus und Weichlichkeit: Tiegel und Töpfe, Geschirr und Waschbecken aus Zink, Waschgelegenheiten einer fortgeschrittenen prähistorischen Kultur. Jetzt begnügte sich der Naturmensch nicht mehr mit Seeigeln, Möweneiern, Gras und Kräutern, er begann sich von Erbsen und Bohnen zu ernähren und erlernte das Kochen. Und wenn er als Vegetarianer an ein Beefsteak am Rost geriet, war es eine wahre Orgie.

Endlich von einer Bewunderin eingefangen, entschloß er sich, seinen Bart zu opfern, die Kleider anzulegen, die er aus Wien mitgebracht hatte, und erschien im

Hidigeigei, eine Zeichenmappe unter dem Arm. In kurzen Stunden war alles verkauft, was er bei sich hatte, ja Wenk, der Direktor des Glaspalastes, lief ihm bis in die Grotte nach und kaufte den Rest auf.

So überfiel den Höhlenmenschen der Wohlstand und er vertauschte die Grotte mit einem Souterrain, das bisher den Fischern als Rumpelkammer gedient hatte. Doch verführte der Erfolg ihn nicht, sich von der Natur zu trennen, und heute noch ist er ihr aus Gründen verbunden, die sein Leben und seine Kunst sind.

Hans Paule hat sich immer als einen von der Natur bevorzugten Menschen betrachtet. Besonders während des ersten Weltkrieges war ihm das Schicksal gnädig. Als er 1915 feststellte, daß alle Deutschen und Österreicher die Insel verließen, kam ihm das merkwürdig vor und er brachte sich nach Positano in Sicherheit. Doch nach einigen Wochen entdeckte ihn eine Zollwache, während er an der Küste zeichnete: er wurde als Österreicher entlarvt und darüber belehrt, daß seine Heimat sich mit ganz Italien im Krieg befände. Seine Beteuerungen, daß er Italien liebe und in Frieden zu leben wünsche, nützten ihm wenig. Er wurde festgenommen, aber insofern zufriedengestellt, als er in Sardinien interniert wurde, einem Land, das er immer hatte besuchen wollen und das auf fremde Kosten jemals sehen zu dürfen er in seinen kühnsten Träumen nicht zu hoffen gewagt hätte. Es war, als habe er den Rompreis erhalten: er wurde Pensionär in einem Land, das wegen seiner wilden Schönheit und seiner Räuberbanden berühmt war! Das Ganze schien ein Märchen!

Sein Glück wurde vollkommen, als er, in einen kleinen Ort im Inneren verbannt, auf einem Berge wirklich einer Räuberbande begegnete, die, vor dem Naturmenschen erschreckend, ihre Gewehre in Anschlag brachten. Aber Paule flößte ihnen so viel Vertrauen ein, daß er sich ihnen anschließen und mit ihnen über Berge und Täler schweifen, in verzauberte Wälder dringen, sich am Anblick eines Landes berauschen konnte, das ein Künstlerauge noch nie gesehen hatte.

Der Mangel an Hilfsmitteln zwang ihn, sich des Holzes zu bedienen, und so fand er im Holzschnitt ein entsprechendes Ausdrucksmittel. Er übersah das Ende des Krieges und zog seine Internierung noch um sechs weitere Jahre hinaus. In diesen zehn Jahren seines Aufenthaltes in Sardinien, in vollster Einsamkeit den eigenen Hilfsquellen überlassen, konnte er seine künstlerische Ausbildung vollenden. Seine Holzschnitte von Land und Leuten Sardiniens fanden in allen Galerien Europas und Amerikas Eingang.

Glücklicherweise muß man sich nicht an alle Maler Capris ihrer Malerei wegen erinnern. Einige sind erwähnenswert, weil sie durch ihr Leben und ihren Charakter den Ruhm erwarben, Typen Capris zu sein: zwischen ihnen ist am bemerkenswertesten Charles Caryl Coleman, Uncle Charlie, wie er genannt wurde.

Er war sehr jung nach Italien gekommen, um Malerei zu studieren, war begeistert vom italienischen Risorgimento, kannte Garibaldi und entschloß sich, unter seiner Fahne zu dienen. Unglückseligerweise wurde er in die Heimat zurückberufen, die vom Sezessionskrieg bedroht war. Er trat freiwillig in ein berühmtes Korps ein, wurde Offizier und kämpfte in der Potomac-Armee.

1864 kehrte er nach Italien zurück, bezog zuerst ein Atelier in Venedig neben dem Campanile, später eines in Rom an der Piazza di Spagna mit Elihu Vedder, und kam endlich nach Capri, wo er mit viel Würde die Rolle des Dekans der fremden Künstler in Italien spielte. Er sandte seine Bilder nach Amerika und hatte viele Käufer und Bewunderer seiner Fin-de-siècle-Kunst. Mehr für sein Publikum als für sich selbst inszenierte er die merkwürdige Behausung des Malerantiquars, mit durchschlagendem Erfolg. Er ist heute in Amerika, wo er viele Käufer fand, fast ebenso vergessen, wie es seine Bilder in Europa sind, die durch die zarte Liebe zu den Bäumen ausgezeichnet waren.

In Capri kaufte er das Gästehaus, das zum Kloster Suor Serafinas gehört hatte und, mit Stuckornamenten überladen, sein geistiges Heim wurde. Hier, vor dem Hintergrund der Pergola, in seinem Maleranzug, erzählte er seinen zahlreichen Besuchern und Besucherinnen nicht ohne Bewegung, daß er das Haus eigentlich nur gekauft habe, um den herrlichen Baum zu retten, der im Kloster wuchs, den schönsten Baum der Insel, ja vielleicht ganz Italiens, — den von der Heiligen vor Jahrhunderten gepflanzten Oleander. Allerdings wurde dieser Suor Serafina so liebe Baum erst 200 Jahre nach dem Tod der Heiligen gesetzt und sie kann ihn nie gesehen haben.

Wie Oskar Wilde in *The house of Pomegranates* schrieb, hat Coleman diesen Oleander nur für die empfindsamen Seelen geschaffen. Und so entstand die Sage von der wunderbaren Schönheit dieses Baumes, den der Amerikaner auf so selbstlose Weise gerettet hat.

In den ersten Jahren seines Aufenthaltes war das Haus der Heiligen zu Ehren mit Barockornamenten überhäuft worden. Doch zu Beginn des Jahrhunderts machte Coleman eine Wendung zugunsten des maurischen Stiles, und nun entstand das erste häßliche Modell arabischer Architektur, in welche der nicht bestehende Stil Capris verfälscht wurde.

Noch einmal wechselte Colemans Geschmack: überzeugt, daß der Künstler von seiner Umgebung beeinflußt wird, bemühte er sich, der Casa dell' Oleandro mit mittelalterlichen Türmchen, Vorsprüngen, Erkern und Verzierungen ein streng romantisches Aussehen zu geben — Versuche, die schließlich im Klassizismus endeten und das Haus einer völligen Umwandlung unterwarfen, mit Triclinium, Impluvium, Atrium und pompejanischem Porticum, die Mauern übersät von

Reliefs und Inschriftstafeln, die Terrassen überfüllt von verstümmelten Statuen, gebrochenen Säulen, geöffneten Sarkophagen und entleerten Urnen. Jetzt wechselte auch der Name und die Villa nannte sich Villa Narcissus.

Zum Ruf der Villa Coleman trug nicht wenig ein Bildwerk bei, das als Bacchantin ebenso bekannt war, wie die berühmte Sphinx der Villa San Michele, beste hellenische Arbeit, die nicht grundlos für ein Original gehalten wird.

Doch die klassizistische Malerei Colemans hatte nicht das Glück, das sie verdient hätte. Sie kam in Verspätung, nachdem Alma Tadema schon alle klassischen Motive ausgebeutet hatte. Plötzlich jedoch, zwischen Marmor, Kirchenstühlen, Missalen, Pergamenten, Stolen und Weihrauchgefäßen, zwischen denen er in seiner Villa erstickte, gelang es ihm, ein Fenster zu öffnen und den Vesuv zu entdecken. Von diesem Augenblick an blieb er ihm treu und malte ihn von allen Seiten und in jeder Stimmung, mit der Pinie seines Rauches um 200 Dollar, mit schneebedeckter Kappe um 300; bis die Eruption von 1906, die einen Teil Ottaianos zerstörte, dem blühenden Geschäft ein Ende machte. Denn das allgemein bekannte Profil des Berges hatte sich verändert, der klassische Hügel sich gesenkt und die Rauchpinie sich in blassen Dampf verwandelt.

Da gab Coleman das Malen auf. 1928 starb Uncle Charlie, von drei Generationen schöner Damen geliebt und verehrt, im hohen Alter von 87 Jahren. Er ruht in Anacapri unter einer echten griechischen Stele im Angesicht des Vesuv, den er so oft gemalt hat. Er war ein Ritter der idealen Kunst, wenn auch eines Ideals, das uns heute ein Lächeln abnötigt, ein Beispiel jenes Capris voller Grazie, in dem die Künstler ihre Zelte aufgeschlagen hatten, um einen fröhlichen Montmartre daraus zu machen, Künstler, wie Sargent, Leighton, Speed und Woodhouse es waren.

Wie wir gesehen haben, legten die meisten der nach Capri gekommenen deutschen Künstler Wert darauf, für Naturmenschen gehalten zu werden. Otto Sohn-Rethel jedoch war ein Kulturmensch, der nur den Fimmel hatte, Schmetterlinge zu sammeln, so daß er in Capri der „Farfallaro" genannt wurde. Erbe eines berühmten Namens, stammte er mütterlicherseits von Alfred Rethel und väterlicherseits von Karl Sohn dem Jüngeren, dessen Vater, Karl Sohn der Ältere, das berühmte Bild Klara Schumanns gemalt hat. Der Vater lehrte an der Akademie in Düsseldorf. Rethel war seit Dürer der größte Holzschneider Deutschlands. Als Knabe ein Wunderkind, wurde er auch bald Lehrer in Düsseldorf, malte den Römer aus, um später, schwankend zwischen Genie und Irrsinn, den Höhepunkt seiner Kunst mit Holzschnitten zu erreichen, die ihn mit dem *Totentanz* berühmt machten.

Es ist das Verdienst der nur aus Künstlern bestehenden Familie Sohn, die Villa Falconieri zum Treffpunkt der Künstler Italiens und Deutschlands gemacht zu haben. Viele von ihnen besuchten Capri und blieben zu längerem Aufenthalt.

39. Die Casa Rossa, die ehemalige Villa McKowens (zu Seite 116).

40. „Pictor Spelaeus" Hans Paule, der Höhlenmaler der Insel.

41. C. C. Coleman, der amerikanische Maler des Vesuvs.

42. Karikatur des deutschen Zoologen Eimer, der als erster die blaue Faraglioni-Eidechse beschrieb.

Aber während im allgemeinen jeder Neuankömmling mit Begeisterung empfangen wurde, wurde der Besuch eines Künstlers, der heute zu den Größen des Jahrhunderts zählt, völlig übersehen. Oskar Kokoschka ging sowohl in Neapel als auch in Capri unbeachtet vorüber.

Ein gebürtiger Österreicher, stellte Kokoschka zu Beginn des Jahrhunderts erst in Wien aus, wurde aber bald zum Haupt des als Reaktion auf den Impressionismus entstehenden Expressionismus. Als Revolutionär verschrien, der Schrecken der Romantiker und Akademiker, erhielt er doch die Leitung des Zeichenkurses an der Akademie für angewandte Kunst in Wien. Doch er entwickelte sich immer mehr zum Porträtisten, und seine Bilder, von den städtischen Galerien in Deutschland angekauft, machten ihren Weg auch bei Kunsthändlern und Liebhabern in Berlin und Paris. 1908 nach Berlin übersiedelt und zum Haupt der Modernen Deutschlands geworden, begann er zu reisen und kam über die Schweiz nach Italien.

In Neapel überwältigte ihn die Mittelmeerlandschaft und in Capri, wo er sich in einem einsamen Häuschen versteckte — es hieß damals Villa Monacone und heißt heute Masgaba, nach dem Architekten der Augusteischen Villen —, begann seine Erneuerung. Dieses Haus, gebaut vom exzentrischen Maurer Ciro Spadaro, er wurde in diesen Blättern schon erwähnt und hielt sich für einen Schüler Masgabas, beherbergte immer nur Ausnahmemenschen: hier wohnte Miradois, ehe er sich der Groteske hingab, lebte der Heiligenmaler Bludoir, und Kokoschka verwandelte es in eine Werkstatt des Geistes. Er bemalte Wände und Türen in lebhaften und dauerhaften Farben, mit Werken, die den Wiener Werkstätten das Wasser im Munde hätten zusammenlaufen lassen. Sie mißfielen jedoch dem Maurer Spadaro, der sich der reinen Kunst der weißen Wand ergeben hatte, wie sie in Capri seit den Zeiten Kaiser Tiberius' geübt wird.

Es kam zu schweren Auseinandersetzungen zwischen dem modernen Maler und dem antiquisierenden Maurer, der nichts wissen wollte von diesen expressionistischen Farbenskalen. Gewiß ist, daß Spadaro die Mauern in ihren früheren kalkweißen Zustand zurückversetzt wünschte und daß der Meister, verärgert von soviel Unverstand, grußlos entwich. Nun sparte Spadaro nicht mit Soda und Kalk, jedoch die Farbe schimmerte immer durch, so daß sich der Maurer zum Schluß genötigt sah, die Wände abzukratzen, damit sie ihre frühere Unschuld wieder gewönnen. Diese energische Ablehnung ist die einzige Erinnerung, die Capri an das Haupt des deutschen Expressionismus bewahrt, — eine echte Offenbarung des capresischen! Zum Glück hat jeder Mensch, heiße er Kokoschka oder Spadaro, das Recht, sich auf eigene Art auszuleben, wenigstens in Capri.

In einem Land, wo alle unversöhnlichen Rebellen der Welt sich sammeln, muß es noch eine capresische Varietät geben, den vollkommenen Rebellen, die Gattung

Pictor, nicht einen Maler der Faraglioni oder sonstiger Touristenmalerei, sondern Raffaele Castello, einen Künstler, der jeder Klassifikation entrinnt und dessen künstlerische Quelle seine starke und wechselnde Persönlichkeit ist; ein abstrakter Künstler, mit Zügen eines herben, persönlichen Naturells.
Lucy Flannigan wurde schon erwähnt; als ein etwas bejahrter Frühling Botticellis, weiß gekleidet, lebt sie in der Erinnerung der Capresen fort.
Eine andere, ebenfalls weißgekleidete Erscheinung, vom Winde verweht und von einem Heiligenschein umgeben — die Capresen nannten sie nur das Segelboot —, war Achsah Barlow Brewster: eine außerordentliche Frau, denn sie hatte, eine Künstlerin und eine Fremde, einen richtigen Mann: Earl H. Brewster, auch er ein seltener Künstler, Schriftsteller und Denker, ein großer Buddhist, dem eine tiefschürfende religiöse Arbeit über die Philosophie, die er vertrat, zu danken ist. Wer sich über dieses sympathische Paar unterrichten will, muß das seltene Bändchen in der Sammlung *Valori plastici* von 1922/23 heraussuchen, das zwei kleine autobiographische Arbeiten und fast 30 Reproduktionen der Werke dieser beiden enthält. Im letzten Kapitel des seltsamen Buches Dorothy Bretts, *Lawrence et Brett* Stock, Paris 1935, *Capri* benannt, ist die Villa Quattro Venti und das Atelier der Brewster beschrieben, bei denen D. H. Lawrence während seiner Aufenthalte in Capri wohnte.
Sie waren amerikanische Impressionisten, die im eigenen Land keinen Atem fanden. Sie schreiben darüber: „wir sind nicht nach Amerika zurückgekehrt, nicht, weil es uns an Liebe zur Heimat fehlt, aber weil wir die Freiheit lieben."
Angeregt von Puvis de Chavannes besuchte Brewster die Malerakademie in Cleveland und vollendete seine Studien in New York, wo Frank Vincent du Mond den französischen Impressionismus entdeckt hatte.
1910 stößt er auf neue Theorien und Anschauungen, läßt sich von ihnen leidenschaftlich ergreifen und stürzt sich in die abstrakte Malerei. Er lernt, wie er sagt, erst jetzt den Unterschied zwischen Natur und Kunst erkennen und ersetzt seine primitive Haltung, die ihn, frei von vorgefaßten Vorstellungen, in direkte Beziehung zum Gesehenen brachte, mit der Vision der Dinge, dem gedachten Schema des Darzustellenden. Er gelangt zum Glauben, daß die Verzerrungen des Futurismus der Wirklichkeit besser entsprechen als die Realistik. So schwört er dem Impressionismus ab und sucht sein Heil im Schematisieren von vorgestellten Formen, sucht nach Formeln und Gründen und bemerkt nicht, daß er Malerei mit Literatur verwechselt und bei diesem Tausch eingebüßt hat; — eine abstrakte Suche, die Earl Brewster als Religiöser, Denker und Buddhist längst überwunden haben muß. Man könnte viele surrealistische Maler fragen, ob die Dichtung nicht geeigneter ist, lyrische Emotionen zu vermitteln, und ob es wirklich nötig ist, abstrakte Schemen

zu konstruieren oder geometrische Figuren mit dem soliden Spiel von Licht und Schatten zu lösen, um seelisch zu erschüttern, und ob es nicht eine gute, wenn auch etwas antiquierte Formel wäre, etwas Seele zwischen die Farbe zu mischen?

Dorothy Brett malte in den wenigen Zeilen, die sie ihrer Ausschiffung in Capri widmet, ein graziöses Bild des Paares Brewster und seiner dreizehnjährigen Tochter, die, der Mutter äußerlich ähnlich, in keiner Weise zu diesen Eltern paßte.

In ihrer Autobiographie zeichnet Achsah ihr inneres Profil als Künstlerin und Idealistin. Geboren in New Haven, Connecticut, studierte sie wie ihr Mann in New York, war wie er durch den Impressionismus gegangen und über Freud zum Symbolismus gelangt. Auch ihre Malerei ist literarisch, voll modernistischer Formeln, eine Kunst, die ihre Wurzeln nicht in Griechenland hat, sondern im Orient, in Indien vielleicht, wohin das Paar 1921 auf ein Jahr verreiste, um mit dem Gedanken Gautama Buddhas erfüllt wiederzukehren, einem Gedanken, der im Nirwana endet und der die Malerin davon überzeugte, daß die Abstraktion in der Kunst damit enden sollte, jeden Versuch und jeden Wunsch nach Ausdruck zu vernichten.

Zur Gruppe der amerikanischen Impressionisten gehörte auch Morgan Heiskell. Er wohnte jahrelang in Villa Discopoli, gehörte zur Gruppe der Pointillisten und illustrierte Jeromes *Roman Memories*. Später lebte er als Diplomat in Paris und vergaß seine Kunst.

Nach dem ersten Weltkrieg tauchte dann kurz ein anderer amerikanischer Impressionist auf — Richard Wallace, ein genialer Dekorateur von Weltruf, der in Paris starb.

In der Zeit, als die Pariser Händler in der Rue de la Boëtie die größten Frechheiten als moderne Malerei ausriefen, begann der Russe Alexander Jakowleff Capri aufzusuchen. Er kam aus Paris, wenn es am allerheißesten war, lebte an der kleinen Marina, zur Zeit Webers, und führte ein fast amphibisches Leben, während der größten Hitze im Meer schwimmend, in der Kühle sich damit unterhaltend, Fische und Badende zu malen, bis er sich mit Salz und Sonne durchtränkt hatte, um im nächsten Jahr wiederzukehren.

Am Ende des ersten Weltkrieges nahm er an der Expedition Citroën im fernen Orient teil und brachte berühmt gewordene Skizzensammlungen mit, nahm dann die Gewohnheit der Capribesuche wieder auf, wurde aber schließlich als Lehrer an die Malschule nach Boston berufen.

Sein Wunsch, seine Asche möchte in der Grünen Grotte in Capri ins Meer geschüttet werden, wurde nach seinem Tode erfüllt.

Unter die wirklichen Exoten ist auch der Maler Lé Van Dé aus Saigon zu rechnen. In der Schule der Professionisten in China herangebildet, wurde er ein revolutionärer Modernist, der in der Kunst nicht mehr eine Beschäftigung für Herren sah, sondern der Bewegung folgte, deren Haupt King Kung pah war. Dieser Erneuerer der asiatischen Kunst hatte seinen Jüngern geraten, auf den alten Stamm der chinesischen Kunst die Erfahrungen und die Technik des Okzidents zu pfropfen, und eiferte sie an, in Europa zu studieren. So kam Lé Van Dé, der in Indochina geboren war, nach Paris. Er porträtierte, doch unterhielt er sich nebenher mit Tätowierung, einer Tätigkeit, die ihm zum Ärgernis werden sollte. Die Polizei nämlich hatte, weil einige indische Persönlichkeiten, wie Chandra Bose, der kommunistische Agitator, und Prinz Tagore, ein Neffe des berühmten Schriftstellers, sich auf der Insel aufhielten und den Verdacht des faschistischen Regimes erweckten, Befehl erhalten, alle Ausländer zu überwachen. Auch Lé Van Dé wurde überwacht und dabei überrascht, wie er den Arm einer Badenymphe tätowierte. Dem Polizeiorgan genügte ein Blick, um Hammer und Sichel auf dem Arm zu erkennen, und Lé Van Dé wurde arretiert. Es war das erste in Capri entdeckte kommunistische Komplott, und der Maler kam nach Regina Coeli, dem römischen Polizeigewahrsam, und erwartete sein Los.

Inzwischen nahm der gesetzmäßige Verlauf seinen Fortgang, und der Richter von Capri wurde beauftragt, den Arm der tätowierten Dame zu untersuchen, wobei sich nichts fand als ein von einem Pfeil durchbohrtes Herz.

Auch Holländer haben ihren Beitrag zur Kunst in Capri geleistet, so die Holländerin Anna Cottrau Fokker, die unauslöschliche Spuren auf der Insel zurückgelassen hat. Sie machte aus Capri das Zentrum ihres Lebens, malte alle Berühmtheiten von Moravia bis Pirandello. Am Gebrauch ihrer Hände durch ein Leiden verhindert, lebt sie nun in Capri ein rein geistiges Leben, in fast vollkommenem Frieden und in Kontemplation der Kunst.

Dann stoßen wir auf Valentino White, den Erben Talmage Whites, dessen akademische Manier fortzuführen er sich weigert. Er weiß nicht genau, was er malt, aber sicherlich malt er das, was es in der Natur nicht gibt und was nur ein inspirierter Künstler sieht. Er ist nie über die Schwelle einer Akademie getreten, aber er weiß, daß das Geheimnis der Malerei darin besteht, jeden Pinselstrich an den richtigen Platz zu setzen.

Wenn Carlo Siviero sich entschließen wird, seine Memoiren zu schreiben, wie es seine Absicht ist, wird es hoffentlich eine Autobiographie, denn Siviero ist nicht nur Maler und Bildhauer, sondern auch Kritiker und Schriftsteller, von einem Farbenreichtum, der ihn zu einem begeisternden Erzähler macht. Wenn seine Bilder auch in allen europäischen Galerien zu finden sind, bleibt er doch der Siviero Capris, der über die Insel schreibt: „Unser Capri war die Quelle meines Charakters, meiner Kunst, ja meines Geschmackes.“ In diesem Brief erinnert Siviero auch an seine Freundschaft mit Casciaro, an seine Beziehungen zu Leto, daran, daß alle diese Männer, die glaubten der Kunst zu dienen, heute Schatten sind, verherrlicht durch einen Hauch von Poesie.

Wenn wir jetzt noch von Mabel Norman sprechen, sei gleich vorweggenommen, daß sie nicht zu klassifizieren oder in irgendeine Schule einzuordnen ist.

Am Beginn des Jahrhunderts nach Capri gekommen, erschien sie immer wieder, um hier zu leben und zu arbeiten. Sie hatte ihre Erziehung im Radcliffe College in Amerika genossen, was einer Erziehung in Oxford gleichzusetzen ist, studierte Kunstgeschichte und Shakespeare. In die Malschule des Museums in Boston aufgenommen, war sie eine strenge Zeichnerin, eng befreundet mit Marbel, in dessen Atelier sie arbeitete und dem sie viel von der eigenen Entwicklung verdankte.

Der Sitz ihrer Arbeit in Capri ist jetzt unter dem Namen *Mabel Norman's Studio memorial* ihr gewidmet, soll später ihre wichtigsten Werke aufnehmen und dem Centro Caprense angegliedert werden, womit die Einrichtung der Freien Kunstschule Capris, einer Gründung Cerios, vervollständigt wird.

XX.

FRÖHLICHE WISSENSCHAFT

Schon um die Mitte des 18. Jahrhunderts blühten in Neapel einige große Geister auf, die sich der Beobachtung der Natur gewidmet hatten, wie Cirillo, Petagna und Tenore, bekannte Botaniker; Poli, Cavolini, Delle Chiaie, die das Meer durchforschten; Breislak als Topograph und Mineraloge; Hamilton und Pilla als leidenschaftliche Geologen.

Das überschwengliche Leben von Erde und Meer, die Nähe eines tätigen Vulkans zog auch im nächsten Jahrhundert Gelehrte an, die sich für Naturwissenschaften interessierten, so daß sich in Neapel eine Schule bildete, an der um die Mitte des 19. Jahrhunderts namhafte Gelehrte tätig waren. Neben den glanzvollen Namen einheimischer Naturwissenschaftler machte eine Gruppe ausländischer Biologen von sich reden, die sich um Anton Dohrn, den Gründer der Zoologischen Station in Neapel, gebildet hatte, einer Gründung, die bald zu einem der Mittelpunkte der biologischen Marinestationen der Welt wurde.

In Capri spiegelte sich dieses Leben in der Tätigkeit des Dr. Ignazio Cerio, des Arztes und Naturforschers, wider, der es unternommen hatte, den Boden zu durchgraben und das Meer zu durchpflügen, um der Insel ihre Schätze zu entreißen.

Professor Francesco Bassani, der die Kontrollausgrabungen der paläolithischen Funde leitete, war einer der hervorragendsten Wissenschaftler, an dessen Namen die Geschichte der in Capri vollbrachten naturwissenschaftlichen Untersuchungen sich knüpft. Von Geburt Venezianer, auf Fischkunde spezialisiert, arbeitete er bei Gaudry in Paris, dann in München an der Schule Zittels. Selbst lehrte er in Mailand und Padua und kam 1889 als Extraordinarius an die Universität Neapel.

So wurde er zum Lehrer einer ganzen Studentenschar, die seine Traditionen weiterführte. 1890 kam er mit seinem Schüler de Lorenzo nach Capri und untersuchte unter der Führung Cerios zum erstenmal die *enigmatische Ellipsactinie* die das Geheimnis der Verkalkung des Appenins offenbart.

Nach einer paläontologischen Forschung im Jahre 1910 erkrankte er und kehrte 1915 nach Capri zurück, um Ruhe und Erholung zu suchen, begleitet von seiner

Frau und Mitarbeiterin Everdine Dekker, einer Tochter Eduard Douwes Dekker, des berühmten Gouverneurs von Holländisch-Indien; Dekker brachte die Übergriffe seiner Regierung unter dem Pseudonym *Multatuli* in dem ausgezeichneten *Max Havelaar* an die Öffentlichkeit und wurde später der bekannteste Schriftsteller Hollands.

Funde von Knochen und Zähnen enormer Pflanzenfresser, Hauer wilder Tiere, Reste, die nur von den Bewohnern weiter Räume stammen können und sich auf der Enge einer Insel niemals entwickelt hätten, bilden den Beweis dafür, daß Capri ursprünglich zum Kontinent gehörte, der vermutlich bis Afrika reichte und von dem sich die Insel gegen Ende des Oligozän gelöst haben muß.

Für diese Auffassung spricht die Identität von Flora und Fauna und die der geologischen Formationen zwischen Capri und auch den von der Insel entfernteren Mittelmeerküsten.

Für einige Arten scheint Capri allerdings einen förmlichen Widerwillen zu haben, so daß selbst eine prähistorische Verwandtschaft ausgeschlossen werden muß: so für eine kleine puritanische Molluske, die, aus Ventimiglia in 100 Exemplaren nach Capri gebracht, in kürzester Zeit wieder ganz verschwand. Was soll man von der geheimnisvollen Anziehung seltenster Pflanzen, lebender Fossilien sagen, die über das Meer kommen, um den Zusammenhang der Erde zu proklamieren, der sich heute in idealer Weise auf der Insel Nummer eins feststellen läßt?

Die Grenzen der Insel und der gegenüberliegenden Küsten zeigen dieselben Konturen, als wären sie vor Jahrtausenden auseinandergerissen worden. Eng an diese Loslösung Capris vom Kontinent ist die Frage über ihre gegenwärtige Formation und Struktur gebunden. Tektonisch, das heißt in der Veränderung der Erdkruste, kann Capri als Fortsetzung der Sorrentiner Halbinsel gelten, unterbrochen durch die vom Meer der Bocca Piccola bedeckte Untiefe. Die tektonische Identität wird bestätigt durch die Gleichheit der Form der Berge von Sant' Agata und San Costanzo über Massa Lubrense, die sich im Monte Solare vollkommen wiederholt.

Angeregt durch die schöne Arbeit Puggaards, *Description géologique de la Péninsule de Sorrento etc.* von 1858, hat der ausgezeichnete deutsche Geologe Johannes Walther 1886 eine Untersuchung der unterirdischen Vulkane im Golf von Neapel durchgeführt und eine einfache und sehr einleuchtende Erklärung der Tektonik Capris gegeben. Ihm scheint die Insel aus zwei Teilen kreideartigen Kalkes gebildet, und zwar wäre der Felsen in der Höhe im Jura entstanden, sein Fuß erst im Tertiär, beide ineinandergedrückt durch eine Senkung des Riffes. Er unterscheidet ferner eine Verschiebung im Tyrrhenischen Meer, die aus der Kreidezeit stammt, und eine im Appenin aus dem Oligozän, die Capri vom Festland getrennt haben muß und der Insel die heutige Form gab.

43. Innenhof des Museo Centro Caprese in Capri.

44. Edwin Cerio.

Inzwischen hat sich die geomorphologische Literatur über Capri um tiefschürfende Arbeiten bereichert und die Geburtsurkunde der Insel sich dermaßen verwirrt, daß sie kaum mehr aufzulösen ist.
Ein anderer gelehrter Deutscher, Oppenheim, wollte nicht zugeben, daß die Walther so teure Ablösung der Insel stattgefunden habe. Dieser ärgerte sich und griff Oppenheim wütend an. Jetzt war Oppenheim beleidigt und publizierte auf eigene Kosten *Die Geologie der Insel Capri*, eine Zensur in Form eines offenen Briefes an Professor Walther, erschienen 1891. Dann wurde 1895 noch eine deutsche Arbeit zu diesem Thema herausgegeben und schließlich schienen sich alle zu beruhigen. Aber 1907 stellte De Lorenzo in seiner *Isola di Capri* fest, daß die Entwicklung der Halbinsel Italien wegen ihrer geologischen Formen theoretisch nur auf Vulkaneruptionen und Erdbeben zurückgeführt werden könne, während Eduard Süß die großen Trennungslinien, die auch im Golf von Neapel auffallen, ebenso hervorhebt wie Walther. Zuletzt tauchte die Theorie der Gebirgsverschiebungen auf, Theorien, die wieder von Di Stefano verworfen wurden. Und so geht es weiter.
Wie Raffaello Bellini schreibt, brandete das Meer in verhältnismäßig junger Zeit noch über den Gipfel des Monte Solaro hinweg, der heute 589 Meter mißt, und zog die Ufer immer tiefer um die Insel, die wie Venus aus dem Meere stieg.
Bellini, der leidenschaftliche und wertvolle Mitarbeiter Dr. Cerios, starb 1930 in Neapel; mehr als ein Geologe, war er selbst ein Fossil, ein seltenes Exemplar jener Fauna der Naturwissenschaftler neapolitanischer Schule, die der modernen, das anatomisch-histologische System anwendenden, voranging.
Er schrieb seinem Freund Cerio nach Capri: „Es fragt sich, ob die übertriebene Spezifizierung des Studiums bis zur Zerstückelung der Argumente, diese aus dem Norden eingeführte Methode, andere begriffliche Resultate zutage fördern, oder ob sie Lehrsystemen weichen wird, in welchen vor allem die Synthese herrscht."
Er selbst war das Gegenteil eines Spezialisten; er konnte eher für einen Naturphilosophen und einen Humanisten gehalten werden. Dem Nekrolog, den Professor d'Erasmo an seiner Bahre hielt, ist ein Katalog von 50 Publikationen angeschlossen, deren größter Teil sich auf Capri bezieht. Er beginnt mit einer Beschreibung des Lebens und Werkes Fabio Giordanos, beschäftigt sich mit Vulkanismus und den Mineralien des Vesuv. Über die Mollusken, seine zweite große Leidenschaft, hat er eine umfassende Studie hinterlassen.
Bellini und De Gasperis erinnern an eine vorgebliche Entdeckung Breislaks, des Autors der Topographie der Campania:
In der über der Grotte della Felce liegenden Grotta dell'Arco hatte Breislak nämlich eine schwärzliche Masse entdeckt, glänzend wie Pech, mit warzenartiger Oberfläche, als wäre sie einst halbflüssig gewesen. Er vergleicht den Geruch der ge-

tränkten Sohle mit dem Geruch der Ziegen. Er ließ die Masse durch einen englischen Chemiker, Thomson, analysieren, der sie zusammengesetzt fand aus einer öligen Materie, Ammoniak und Kohlensubstanz, möglicherweise Tierresten von Ziegen oder deren Exkrementen. Auf Grund dieses Gutachtens fiel es La Cava nicht schwer, anzunehmen, daß dieses Erdpech von einer Ablagerung toter und aufgelöster Ziegen stamme, und es *Caprite* zu nennen. Mikroskopisch entdeckte man allerdings später, daß die Masse von einer Alge herrühre, einer vielleicht der Grotta dell'Arco angepaßten Varietät.

Mit den lebenden Fossilien ist die Seltenheit der capresischen Flora nicht erschöpft. Der blaue Prinz der Felsen Capris ist der *Lithospermum rosmarini-folium*, der von Dezember bis April mit seinem Türkisblau das Blau des Alpenenzians schlägt. Lang ist die Liste der edlen Steinpflanzen, ein Almanach an Adelsnamen in der privaten Flora Capris.

Das wertvollste Stück der Fauna Capris ist die blaue Eidechse der Faraglioni. „Ce n'est en vérité q'un rêve qui frisonne sur une âme!" — Ein Traum jedoch, der alle seine Urkunden in Ordnung hat. Hier sind sie:

Gegen 1870 fand einer der wenigen Kletterer, die sich auf die Faraglioni wagen, um dort Möweneier zu sammeln, von Dr. Cerio beauftragt, nach Pflanzen und Tieren zu suchen, einige Eidechsen, die damals von den Einheimischen „schwarze Eidechsen" genannt wurden, auf einem der Küste entfernten, Scopolo genannten Riff. Von den sonst häufig vorkommenden kleinen Reptilien nur durch unscheinbare Varianten verschieden, waren sie von intensivem Blau, dunkel auf dem Rükken, heller auf den Seiten, und leuchtendblau auf dem Bauche.

Es war nicht schwer festzustellen, daß diese zoologische Einzelerscheinung mit der geologischen des Ortes zusammenhing. Denn die Faraglioni tragen ihre geologische Geschichte auf der Stirne geschrieben: ein Riff, La Stella, und zwei Inselchen, die das Skelett des Vorgebirges bilden, in das sich die Küste vom Tuoro grande ins Meer hinausschiebt, dessen Verbindung aus Schotter und Kalkmasse, von der See zerfressen, Atmosphäre und Brandung verzehrt haben.

Die capresischen Naturwissenschaftler benachrichtigten Theodor Eimer, einen deutschen Zoologen, von dem Phänomen, das er genau untersuchte; er sprach die Ansicht aus, diese Variation wäre durch Zuchtwahl entstanden, eine Ansicht, die zu gelehrter Polemik führte und das reizende blaue Reptil zu einem Zankapfel zwischen den Darwinisten und ihren Gegnern werden ließ.

In diesem Kampf der Meinungen siegte schließlich die Eimers, und auch Brehm nimmt sie in der letzten Ausgabe von *Brehms Tierleben* als richtig an.

Aber die Geschichte der *Lucerta coerulea* ist eine Liebesgeschichte, und darum muß man sich fragen, ob es richtig ist, daß die Zoologen fortfahren sie zu erzählen.

Denn in Capri glaubt niemand an „wahre" Geschichten. — Hätte Homer die Sage der ersten Bewohnerinnen der Insel nicht erdichtet, niemand würde an die Existenz der Sirenen glauben. Hätte Augustus, laut Sueton, nicht vorgegeben, die Fossilien seiner paläontologischen Sammlungen für Menschenknochen zu halten, würde niemand an den capresischen Urmenschen glauben, der durch die leeren Augenhöhlen seines versteinerten Schädels die Mammute auf den grünen oder blauen Wiesen um die Insel weiden sah.

Sollte man nicht lieber, statt auf darwinistische Weise die Erscheinung jenes lieblichen Geschöpfes durch Anpassung und Zuchtwahl erklären zu wollen, an das Märchen der Liebe glauben?

Das tat der Verfasser zuerst in *Love Story of the Blue Lizard* (1944) und mit der Vorlage zu einem Zeichentrickfilm: *Le Lucertole blu* (1945).

Andere Tierwesen haben zwar nicht die Grazie der blauen Eidechse der Faraglioni, sind aber doch Produkte aus dem Experimental-Laboratorium der Natur, die hier vereinzelt erscheinen. Um bei den Mollusken zu beginnen, gibt es hier eine kleine Schneckenart, die das Mauerwerk von Anacapri bewohnt: *Pupa Caprearum*, dann zwei schön gedrechselte Schnecken *Helix elata* und *Helix turrita*, die ausschließlich in Capri und Sizilien vorkommen. Andere seltene Exemplare der Helix sind die *Sorrentina*, die *Posidoniensis*, die *Aetna* und *Aradosi*.

Die *Clausilia paestana* findet sich außer in Capri nur an vereinzelten Stellen des Festlandes, *Testacella drymonia* nur in Anacapri, *Helix Ceroi* nur um das Castell Barbarossa.

Der Grund, warum sich auf einer so kleinen Insel so ausschließliche Gattungen finden, ist im biologischen Prozeß der Auswahl der Arten zu suchen, in der Anpassung an die Umgebung, wie sie auf engem Raum sich viel rascher vollzieht.

Sehr reich ist in Capri die Auswahl der Mollusken. Unter 1100 Arten des Mittelmeeres sind 400 von Cerio und Bellini gefunden worden, als sie den Seegrund um die Insel umbaggerten. In 2000 Meter Tiefe wurde während der von Krupp vorgenommenen Tiefseeforschung ein Exemplar des *Chtenopterix fimbriatus* gefangen, eines der seltensten Weichtiere, deren eines erst in der Straße von Messina geborgen worden war, und zwei Flossenfüßler, *Cuvierina columnella* und *Desmopterus papilio*, sowie das ganz seltene Solenogastrus *Kruppemania minima*.

Aber der wirkliche Aristokrat unter den im Meer um Capri lebenden Mollusken ist *Mitra zonata Marryatt*. Man fand ein Individuum in einem Fischerhaus, ohne seine Herkunft feststellen zu können; drei Jahre später, 1903, fing Cerio eines in einer Reuse in der Grotta Azzurra in 150 Meter Tiefe. Das Wiederauffinden dieser seltenen Spezies beweist das Verbindende in der Natur der Weichtierfauna der Insel; beweist, daß Capri, infolge seiner zentralen Lage im Mittelmeer, zwar einen

Komplex eigener Formen besitzt, diese aber doch eine Synthese der allgemeinen Formen dieses Meeres vorstellen.

Mit dem Sterben der Männer, an die hier erinnert worden ist, schließt nach einem halben Jahrhundert glänzender Tätigkeit eine Periode, die geeignet war, Capri auch auf dem Felde der Wissenschaft zu dienen. Nach langer Pause jedoch, knapp vor dem Ausbruch des zweiten Weltkrieges, fand eine zweite Periode der wissenschaftlichen Untersuchungen statt.

Die Insekten sind eine wirklich privilegierte Tierklasse in Capri. Um die Spinnen kümmerte sich schon seinerzeit Pavesi, der, von Ignazio Cerio unterstützt, 1875 die ganze Insel durchforschte. Es wurde eine Gattung entdeckt, die aus irgendeiner Bosheit der Natur blind in der Blauen Grotte lebt und die Verzauberung der Farbe nicht genießen kann. Um die Käfer haben sich namhafte Entomologen bemüht. Ravel fand eine neue Gattung *Silphidae* in der Grotta delle Stalattiti, auf dem Monte San Michele. Doch die Italiener interessierten sich nicht für diese Entdeckung; erst eine englische Forscherin kam auf den Gedanken, den Fund auszuwerten. Sie kam nach Capri, einige Tiere dieser seltenen Art zu fangen und um teures Geld nach Amerika zu verkaufen. Seither hat man von dieser Silphidae, die auf dem schwarzen Markt der Entomologen horrende Preise erzielen würde, nichts mehr gehört.

Von der Tätigkeit des Malers Otto Sohn-Rethel, dieses gewiegten Schmetterlingsfängers, wurde schon gesprochen. Er besaß die schönste Sammlung großer Falter in Europa. Wenige Jahre vor seinem Tod vereinte er seine Kunstleidenschaft mit der für die Biologie und malte wundervolle Tafeln, Miniaturen der interessantesten Schmetterlinge auf den von ihnen bevorzugten Pflanzen — Szenen aus dem Leben dieser Tiere.

Über all diesen Insekten dürfen die wichtigsten Hautflügler, die Ameisen, nicht vergessen werden, deren wohlklingender italienischer Name *Imenotteri* an ihre beflügelten Hochzeiten denken läßt. Gewiß kann die Insel sich mit den Tropen nicht messen: sie kennt weder die kriegerischen Arten, noch jene, die Schwämme züchten, oder das Laub ganzer Wälder abnagen, keine abnormen Gattungen, aber doch gewisse einheimische Arten, die sich sehen lassen können: Ameisenhaufen, Sitze industrialisierter Staaten, von tüchtigen und fleißigen Arbeiterinnen bevölkert, von Soldaten, furchtbaren Feinden, bewacht, die, wenn sie nicht gereizt werden, nur die Aufgabe haben, die innere Ordnung aufrechtzuerhalten; — die gewöhnliche italienische Ameise, die bescheiden in Häuser schlüpft und ohne sich anzumelden einen Besuch in der Küche abstattet, im Speisezimmer eine Kleinigkeit nascht, um wieder zu verschwinden.

Im Sommer kann man ihrem Hochzeitsflug beiwohnen. Zu diesem feierlichen

Anlaß mit Flügeln versehen, erheben sie sich zur Vereinigung auf Liebe und Tod – die Weibchen, um zu leben, die Männchen, um zu sterben.
Ist ihre Bestimmung erfüllt, fällt das Weibchen auf die Erde zurück, entledigt sich des überflüssig gewordenen Schmuckes und beginnt die Arbeit an dem makellosen Staat, diesem totalitären Staat, in dem es die Vermehrung übernimmt, während den Arbeiterinnen die Sorge um das tägliche Brot aller übertragen ist, in einem Staat, der so vollkommen ist, daß er jeder Ameise zwei Mägen zuweist, einen, um den Hunger aller zu stillen, und einen für die eigene Not. Der Inhalt des sozialen Magens wird nämlich für die Erhaltung der jungen Larven verwendet, denen später die Erhaltung des Ameisenhaufens obliegt, dann als Reserve für die Alten und Kranken aufgehäuft, das heißt erbrochen; erst wenn diesen Bedürfnissen der Gemeinschaft Genüge geschehen und noch etwas im Sozialmagen übriggeblieben ist, geht der Rest in den privaten über. So kann es geschehen, daß eine Ameise, obwohl sie sich tüchtig angegessen hat, Hungers stirbt.
Soweit war der Stand der Forschung gediehen, als ein großer Naturwissenschaftler, Professor Wilhelm Goetsch, aus Breslau nach Capri kam. Er hatte schon alle Ameisenhaufen Europas und Amerikas untersucht und war mit den Ameisen aller Länder vertraut, so daß er in Capri sofort bemerkte, daß hier nicht alles stimmte. Es hatte sich eben bisher niemand in Capri um die Ameise gekümmert, sie war das Aschenbrödel der Insektenkunde.
Goetsch beschränkte sich im ersten Jahr seines Aufenthaltes nur auf Erkundungsgänge: er überquerte die Insel, um Übersicht zu gewinnen, und hatte im nächsten Jahr einen Schlachtplan fertig.
In seinem Werk *Die Staaten der Ameisen*, herausgegeben 1937, erscheint Capri, mit den bestorganisierten Völkern ausgestattet, gut geordnet, in vollster Entwicklung begriffen. Die Insel selbst wird uns in zwei schönen Illustrationen mit dem südlichen Hang und allen für die verschiedenen Ameisenarten wichtigen Zonen gezeigt.
In der Sandwüste um den Leuchtturm begegnet man der *Messor barbarus*, einer prächtigen, sehr angriffslustigen Gattung, in der Strauchsteppe der *Messor minor* und noch tiefer, in der Macchia, der *Lasius emarginatus*, *Messor structor* und einer äthiopischen, nicht genau bestimmten Gattung. In der Steinwüste überwiegt *Acantholepis*, und endlich, in bewohnter Gegend, stellt Goetsch freudig die Gegenwart der *Pheidole* fest. Die beiden erwähnten, Capri darstellenden Zeichnungen sind einer Karte der Westküste von Chile, Peru und Neufundland mit ihren typischen Wüstenameisen-Arten vergleichend gegenübergestellt, und es muß anerkannt werden, daß die Insel in Zahl und Artenreichtum der Ameisen gegen dieses ausgedehnte südamerikanische Gebiet nicht zurücksteht.

Dann begann Goetsch mit biologischen Experimenten zur Veredelung der Rassen in seinem Breslauer Institut. In einer schönen Monographie erschien 1939/40 das zusammengefaßte Resultat: Proben über Geschmacks-, Geruchs- und Tastsinn. Den capresischen Ameisen wurde bei dieser Gelegenheit besondere Aufmerksamkeit zuteil. Während die gemeine Ameise Europas mit Glukose und Süßstoff ernährt wurde, erhielt die capresische Allizol, eine wahre Delikatesse. — Die Ameisen fühlten sich auf Capri wohl und vermehrten sich in einer Weise, daß sie die Insel zu überschwemmen drohten. Sie sind jetzt nicht mehr sehr beliebt. Es genügt, sie nicht allzu unfreundlich zu behandeln, und sie verlassen das gastliche Haus, in das sie eingedrungen sind, nie mehr. Mit Allizol aufgezogen, ernähren sie sich weiterhin ohne Anstand in jeder Küche.
Auch das, was Professor Goetsch für die Termiten getan hat, muß dankbar anerkannt werden. Wer hat früher je von dieser Spezies in Capri gehört? Man kann natürlich nicht verlangen, daß die Insel gleich mit afrikanischen oder australischen Arten aufwartet, mit den imponierenden Verbänden, denen es gelingt, ganze Wälder zu rasieren, ganze Hüttendörfer aufzufressen. Kein Mensch hatte daran gedacht, daß die Sonneninsel ein Feuchtigkeit und Dunkel so liebendes Insekt würde beherbergen können, um so mehr, als die Wälder fehlen, von denen es sich nährt. Aber durch die Initiative Professor Goetschs begann es sich zu entfalten und heimisch zu fühlen, es begnügte sich mit den Büschen der Macchia und mit Telegrafenstangen, und jetzt besitzt die Insel bereits die typische Mittelmeertermite, die *Reticulitermes lucifugus.*
Es ist erhebend, daß ein Wissenschaftler wie Paul Buchner alles andere ist als ein Spezialist. Er ist scheinbar der einzig Überlebende einer Epoche, in welcher der Wissenschaftler noch Humanist war, fähig, jeden Zweig der Gelehrsamkeit zu ergreifen, für den er sich begeisterte. Er war bis 1943 Direktor des Zoologischen Institutes in Leipzig, und seine letzte Monographie über *Symbiose und Anpassung* ist die Synthese aller modernen biologischen Theorien über die Gemeinschaftsbildung von Tieren mit untergeordneten pflanzlichen Organismen. Nachdem zahlreiche Experimente vorgenommen wurden, um die Einsicht in die Natur dieser Gemeinsamkeit zu vertiefen und die Gründe für das Wunder der Symbiose zu erschließen, wird heute fast allgemein angenommen, daß es der Nutzen ist, der das Tier dazu anregt, der Pflanze Gastrecht zu geben.
Karl Buchner war oft in Capri, das letzte Mal 1941. Jetzt hat er sich in Ischia niedergelassen, wo er ein Kulturinstitut unterhält. Zu den vielen biologischen Arbeiten hat er Beiträge über die Naturgeschichte der Insel Ischia gefügt. Ein großes geschichtliches und topographisches Werk über Ischia mit besonderem Hinweis auf die vulkanische Herkunft und das reiche Erbe der Insel war von ihm

vorbereitet und sollte in Deutschland gedruckt werden. Doch der Krieg hat die Publikation dieses monumentalen Werkes verzögert. Aber die Tätigkeit „des Vaters der Symbiosisten" ruht nicht: zur Zeit ist eine Arbeit des Leipziger Professors, der an den Gestaden des Mittelmeeres heimisch wurde, in der Schweiz im Druck und eine vergleichende Studie zwischen der Geologie von Ischia und Capri schließt sich an die reiche Folge von Monographien.

Übrigens hat Professor Karl W. Verhoeff aus München eine neue Art Assel in Capri entdeckt, die er, dem Sohne Buchners gewidmet *Buchnerillo* nennt. Sie ist einer jener kleinen Schmierfinken, die sich an feuchten Orten einrollen. Die Entdeckung wäre nicht nennenswert, wenn Buchner jun. nicht nach einer reichen Ernte von Spinnen, Tausendfüßlern, Asseln und Schnurasseln in Capri erschienen wäre, um hier diese vernachlässigte Welt zu erforschen und reiches Material vorzufinden, das Verhoeff geordnet und gesichtet hat, wobei viel neue Formen zutage gefördert wurden. Wie Cerio sagt, verbietet es ihm die Bescheidenheit, zu erwähnen, daß einer der hübschesten Tausendfüßler *Lithobius Cerii* genannt wurde und auch zwischen den Schnurasseln sein Name nicht unwürdig aufscheint.

Lange Jahre lebte in Villa Discopoli der Baron Jakob von Uexküll, der im Sommer 1944 in Capri starb. Er ist der Entdecker neuer Welten, in welche die Biologen, Zoologen und Physiologen der alten, positivistisch-mechanistischen Schule bisher nicht eingedrungen waren. Das Boot, auf dem er in dieses Mare tenebrosum der Tierpsychologie eindrang, ist das Institut für Umweltforschung in Hamburg. Das kleine Werk, das die Gedanken und Beobachtungen seines Gründers enthält, nennt sich *Streifzüge durch die Umwelt von Tier und Mensch.* Es liegt auch in vorzüglicher italienischer Übersetzung von Dr. Paula Manfredi vor, mit einem meisterlichen Vorwort von Professor Manelli.

Jakob von Uexküll, baltischer Herkunft, begnügte sich nicht mit den Annehmlichkeiten seines Standes, sondern studierte in Dorpat Zoologie, in Heidelberg Physiologie bei Kuhne, und blieb immer in Berührung mit den großen Geistern der Schule Johannes Peter Müllers. Dieser war es, der als erster die Physiologie der Nerven und Sinne der Tiere erforschte, jenen Weg eröffnend, der zwar der Ausgang Haeckelscher Theorien war, mit Uexküll aber, dem entschiedenen Feind von Haeckels Monismus, eine ganz andere Richtung einschlug.

An der Biologischen Marinestation in Rovigno machte er die erste Bekanntschaft mit der Mittelmeerfauna. Er kam dann nach Neapel, wo er an der Station Dohrn wichtige Forschungen über das physiologische und nervöse System der Weichtiere unternahm. Bei der ersten Begegnung erkannte er Dohrn sofort als einen der wasserspeienden Tritone auf dem berühmten Bild Böcklins, dem Dohrn, in Ischia badend, unfreiwillig zum Modell gedient hatte.

Bisher hatte sich die Wissenschaft, die funktionelle Tätigkeit eines Körpers behandelnd, darauf beschränkt, seine Organe zu beschreiben, ohne den äußeren Lebensumständen Rechnung zu tragen, die, wie Uexküll annimmt, die eigene und individuelle Umwelt des in Frage kommenden Wesens ist. Uexküll vertiefte die Forschung, indem er vor allem die eigene Mentalität von jeder Spur von Antropomorphismus befreite, die das Urteil so vieler Naturwissenschaftler noch verzieht. Er begriff, daß Tiere ihre Umwelt anders sehen als die Menschen, sie daher mit eigenen Anschauungen bevölkern. Nun ging er dem Problem mit einer Folge von Experimenten zu Leibe.

Er sagt: Wer davon überzeugt ist, daß die Sinnesorgane der Beobachtung, die Tätigkeitsorgane der Wirksamkeit dienen, wird in den Tieren nicht nur Maschinen, diese Zusammenstellung von Instrument und Maschine sehen, sondern auch den Maschinisten, der in den Maschinenteilen, den Organen sitzt. So daß die Tiere, teilweise als Subjekt betrachtet, in einer Sphäre beobachten und handeln, welche die spezifische Welt jedes einzelnen ist: empfindsame Welt, in der sich alles eröffnet, was das Tier empfindet, und reale Welt, die alles enthält, was es unternimmt.

Da aber der Naturwissenschaftler Uexküll auch ein tiefer Psychologe und ein Dichter ist, gibt er uns eine plastische Schilderung seiner Anschauung über die materiell unsichtbare Welt, um sie dem Geist sichtbar zu machen: auf einer grünen Wiese bewegen sich unzählige Arten, und um jede einzelne ist eine Seifenblase gedacht, die Sphäre der eigenen Welt, die sowohl den Charakter der eigenen individuellen Welt, als auch den Charakter der von der Art erfahrenen Welt enthält. Jedes Wesen, in seiner Seifenblase eingeschlossen, hat auf diese Weise die Vision einer eigenen Welt ... die Eigenart der Wiese verändert sich und bildet für jedes Exemplar das, was Uexküll „Umwelt" nennt.

Seinem Gedankengang folgend, gelangt man zur Serie der Experimente, mit denen er in seinem Institut die Natur befragt: „Wir befinden uns", sagt er, „vor dem Mechaniker und nicht vor den Maschinenteilen ... jede einzelne Zelle vermittelt Erregung und nicht Bewegung, und die Erregung kann nur vom Subjekt, nicht vom Objekt empfunden werden." Wir hören hier die Antwort, die uns von den Wesen gegeben werden, in deren Welt wir mit den Mitteln der Beobachtung und der Erfahrung einzudringen versuchen.

In seinem letzten Werk, *Der unsterbliche Geist der Natur*, erreicht Uexküll sein Ziel: er gelangt, von der Zoologie ausgehend, über die Abkürzung der Biologie zur Philosophie. Sein philosophischer Gedanke, keine Frucht abstrakter Spekulationen, sondern das Resultat naturwissenschaftlicher Erfahrungen, ist die unvorhergesehene Offenbarung eines Genius, der den eigenen Weg gefunden hat, um in kürzester

45. *Hafen an der Marina Grande.*

46. Die Faraglioni von der Punta Tragara aus gesehen.

47. *Torre Saracena mit dem Castiglione im Hintergrund.*

48. Der Campanile auf der Piazza.

Zeit dorthin zu gelangen, wo die abstrakten Denker landen möchten. Seine Weltanschauung ist Naturanschauung.

Dieses Werk läuft in der Form eines platonischen Dialogs vor uns ab, wenn man will, wie ein Traktat Humes.

Als der Philosoph sich vor dem schrecklichen Krieg, für den er Darwin verantwortlich machte, in sein Häuschen nach Capri zurückzog, eröffnete sich ihm die individuelle Welt, in der er fortfuhr, zu beobachten, zu meditieren und zu empfangen. Dann, wie jedem Geschöpf, schlug auch ihm die Stunde, um in die Ewigkeit einzugehen, nicht in die Maschine des Universums, aber zu seinem Schöpfer.

So hat sich die Umwelt jenseits des Grabes in Capri um einen großen Geist vermehrt.

NACHWORT

Nach dieser Wanderung durch Capris Vergangenheit mag der Leser den Eindruck gewonnen haben, als breche das Buch zu unvermittelt ab und als fehle die Brücke zur lebendigen Gegenwart der Insel. Doch das Buch ist ja nicht nur eine Rückschau auf die bunte Menschheit, die seit Urzeiten über die Insel hinweggezogen ist, sondern es will in noch weiterem Maße eine Biographie der Insel selbst sein — und wie kann man eine Biographie als abgeschlossen ansehen, solange die Insel noch lebt und atmet?

Jahrtausende zogen über die Insel hinweg, seit sie nach der Eiszeit den Fluten des Tyrrhenischen Meeres enttauchte. Von da an hat sich ihre äußere Gestalt nicht merklich gewandelt. Wohl streuten die Vulkane des Golfes da und dort Asche, Bimsstein und Lapilli über den Kalkboden der Insel, Wind und Brandung nagten an den zerklüfteten Felsen und die Bewohner vernichteten durch Kahlschläge das grüne Baumkleid, das sie einstmals trug, aber heute wie damals überzieht das Gelb des Ginsters, der Wolfsmilch, des Goldregens die Abhänge des Monte Solaro wie ein kostbares Geschmeide, wuchern die Blumen in farbiger Pracht, läßt der Wind das Laub der Ölbäume silbern schimmern, und heute wie damals spiegeln sich die steilen Felsen und die strahlende Helle des südlichen Himmels im blauen Meer, durchschillert von smaragdenen Untiefen.

Und über dieses Meer kamen die ersten Bewohner, Götter und Halbgötter, der Gott Pan und die Sirenen, die Teleboer und die ersten griechischen Siedler von der Insel Euboia, die hier zwei Städte gründeten, bis zu jener Glanzzeit, da Augustus die Insel erwarb und zu seinem Sommeraufenthalt machte und der Kaiser Tiberius sie elf Jahre lang zur Residenz, zum Mittelpunkt seines riesigen Weltreiches erkor. Sie sah Macht und Glanz des römischen Imperiums, die Zeiten des Verfalls und der Vergessenheit, wurde von Barbaren erobert, von Seeräubern und Sarazenen bedroht, erlebte Kriege, Pest und Fremdherrschaft, den friedlichen Einzug romantischer Naturschwärmer und die bacchantisch laute Invasion der heutigen Capri-Snobs ... und blieb im Grund doch unverändert: ewiger Fels der Sehnsucht im blauen Meer.

Von Edwin Cerio sind ungefähr zehn Bücher erschienen, die Capri zum Schauplatz haben. Die Flora, die Fauna, die Architektur, die landschaftliche Schönheit, die Geschichte und nicht zuletzt die Menschen der Insel boten ihm immer wieder neuen Stoff für seine Bücher, und bei jedem dachte er, das sei das letzte und endgültige Buch über Capri. Doch ist es eben so, daß man über Capri nichts Endgültiges schreiben kann; denn jeder Tag fügt eine neue Szene zu der Dauervorstellung, die nun schon seit mythologisch fernen Zeiten währt. Und ein jeder, der hier lebt oder auch nur für kurze Zeit die Insel besucht, spielt unbewußt seine Rolle auf dieser unvergleichlichen Bühne.

Capri, ein kleines Welttheater im Mittelmeer, ist ein Querschnitt durch dieses vielfältig wechselnde Schauspiel in vielen Akten und, wie wir gesehen haben, ohne letzten Vorhang. Die Insel wird zur Leinwand, auf die der Autor die „dramatis personae“ der Geschichte einem Film gleich projiziert. Kaiser und Heilige, Narren und Weise, Dichter, Künstler und Mäzene, sie gelten hier nur in Bezug auf den blauen Hintergrund und das geistige Klima der Insel.

Jeder Nation, die von Capri geistigen Besitz ergriff, ist in dem Buch von Edwin Cerio ein Kapitel gewidmet.

Die Engländer schufen sich auf der Insel ein Stück „Old England“, eine friedliche kleine Kolonie mit „garden parties“, gelehrten Werken, Plumpudding und Bildern, auf denen auch die entkleideten Caprimodelle „respectable“ und britisch aussahen.

Die Franzosen gründeten die „Ecole de Caprée“, eine ideale Zweigstelle des Prix de Rome, und jeder fand hier, was er sein „Mon Parnasse“ nannte, ein Montmartre mittelmeerländischer Prägung.

Für die Deutschen wurde Capri „die deutsche Perle des Mittelmeeres“, und um sich von ihrer vielseitigen Tätigkeit zu überzeugen, braucht man heute nur eine Bibliographie der Insel zu durchblättern: Der größte Teil der wissenschaftlichen und schöngeistigen Literatur über die Insel stammt von Deutschen. Sie erforschten die Geologie, Fauna, Flora, die Geschichte der Metereologie und fanden Inspiration für ihre Dichtungen und Romane.

Die Russen gründeten unter Aufsicht von Gorki und Lenin eine Schule für die „Technik der Revolution“. Moskau besitzt einen „Roten Platz“; dafür kann Capri das „Rote Haus“ aufweisen, die Wiege der russischen Revolution.

Da die Insel gewissermaßen jenseits aller Grenzen liegt, wurden die Italiener als letzte auf sie aufmerksam und beeilten sich erst dann, den anderen Ländern zu beweisen, daß Capri schließlich rechtmäßig dem italienischen Nationalterritorium angehört. Etwas verspätet sandten sie ihre Futuristen her, doch diesen gelang es nicht, ihre Zukunftsmusik durchzusetzen, denn hier gilt nur der „Eternismus“.

Alle Eroberer der Insel merkten bald, daß sie im Grunde die Eroberten waren. - - -
Nach so viel Vergangenheit bleibt aber dennoch die Frage nach der lebendigen Gegenwart der Insel, und so sei denn das Gedankenbrücklein aus dem silbrigen Nebelglanz früherer Zeiten in die Gegenwart beschritten, auch wenn unser Ausblick mit einer elegischen Feststellung beginnen muß.
Die neue Generation weiß nichts mehr von Platen und Scheffel, und wenige gedenken des wackeren Kopisch, wenn sie sich in die Blaue Grotte rudern lassen. Donna Lucia, die schöne Wirtin des Gasthauses „Zum Kater Hiddigeigei" ist längst gestorben, und mit ihr begrub man wohl auch die Erinnerung an Gregorovius und Heyse und an all die Deutschen, die auf den Spuren Goethes und Winckelmanns mit der Begeisterung des römischen Ehrenbürgers Gregorovius, mit dem forschenden Blick Haeckels, der dichterischen Vision Rilkes, nach Italien gewandert sind. Das vielbesungene Albergo Pagano ist ein Luxushotel geworden, an dessen Eingang nicht mehr verschmitzt lächelnd Don Michele steht, sondern ein betreßter Portier mit dem konventionellen Gesicht aller Portiers in der Welt, einer, der den Wert der Gäste kühl nach der Anzahl der Koffer abschätzt. Nur das alte Sinnbild des Albergo Pagano, die Palme, ist noch da, die in ihrer Jugendzeit auf das wehmütige Haupt Platens und auf das übermütige Treiben der Künstler und Dichter hinabgeschaut hat. Und droben in den Trümmern der Tiberiusvilla drängen sich nicht mehr wie früher die Liebhaber des klassischen Altertums. Die heutigen Touristen bevölkern lieber die Piazza und den Badestrand, und so kann der nunmehr völlig rehabilitierte Geist des großen Tiberius ungestört durch die riesigen Gewölbe seiner ehemaligen Residenz irren, ein schmerzliches Lächeln um die Lippen.
Aber die Menschen, die morgen eine neue Seite zu diesem Buch abgeben könnten, sterben nicht aus. Sie kommen wieder, und sie sind schon da. Man sieht sie selten auf der Piazza oder in den Karawanen der Touristen, doch man trifft sie irgendwo in Anacapri im Zwiegespräch mit Pan, dem heimischen Gott dieser Fluren. Man findet sie vielleicht auf der einsamen Höhe der Migliara, dem Lied der Sirenen lauschend, das der Wind von Anthemoessa, der blumigen Wiese, herüberträgt, oder sie sitzen auf einer Mauer des tiberianischen Palastes von Damecuta und erspähen weit draußen im Meer das rotgeschnäbelte Schiff des Odysseus. Aber sie träumen nicht nur, sie durchforschen den Boden nach Fossilien und vorgeschichtlichen Geräten und klettern auf dem Felsen herum, begierig, die tausend Geheimnisse der kleinen Insel kennenzulernen. Fauna und Flora weichen in eigenwilligen Spielarten oft von denen des Festlandes ab, und selbst die Menschen, die hier süßen Schiffbruch erlitten haben und seßhaft geworden sind, wandeln sich unbewußt vom gewöhnlichen „homo sapiens" zur Abart des „homo caprensis".
Der Krieg hat in dieses Suchen und Schaffen eine jähe Lücke gerissen, besonders

bei den deutschen Besuchern. Doch aus der anonymen Masse der Touristen treten schon jetzt wieder einige Gestalten heraus, die eine Wiedergeburt jenes Geistes erkennen lassen, der der Insel die schönsten und besten Werke schenkte. Ein deutscher Altphilologe, Humbert Kesel, hat die lateinischen und griechischen Inschriften und die Texte der Alten über die Insel gesammelt und kommentiert. Als langjähriger Kenner der Insel und ihrer Geschichte hat er der Übersetzerin dieses Buches, Baronin Nora Urban, bei der Durchsicht der deutschen Ausgabe geholfen. Ein deutscher Astrophysiker hat in Damecuta, auf den Ruinen der kaiserlichen Villa, ein Observatorium errichtet, wo die neuesten Beobachtungen über die Aktivität der Sonne durchgeführt werden, und ein deutscher Botaniker plant ein ergänzendes Buch über die Inselflora. Diese Menschen geben mit ihrer Tätigkeit die Antwort auf die Frage nach dem Capri von heute und morgen, denn sie sind der Beweis, daß die Insel nicht nur ein angenehmer Ferienaufenthalt ist, sondern wie in den vergangenen Jahrhunderten Anregung zu geistigem Schaffen bietet.

Capri, im August 1954 — Claretta Wiedermann-Cerio

INHALTSVERZEICHNIS

ABBILDUNGSNACHWEIS: Photo D'Elia, Capri (31, 32). Photo Ferdinando Lembo, Napoli (9). Kay Yvonne Trüb, Zürich (39, 45, 46, 47). Photo Vera Fotografia, Capri (34). Photo White, Capri (7, 8, 24, 25, 26, 36, 38, 48). Abbildung 4 ist mit Genehmigung von Mr. Daniel Jones reproduziert. Alle übrigen Abbildungen und die beiden Zeichnungen im Text stammen aus dem Privatbesitz des Verfassers oder wurden von ihm aus der Sammlung des Museo Centro Caprese in Capri zur Verfügung gestellt. Die Zeichnungen auf den Vorsatzblättern des Buches stammen von Letizia Cerio.